Julius Posener
Ein Leben in Briefen

# Julius Posener

# Ein Leben in Briefen

*Ausgewählte Korrespondenz 1929–1990*

Herausgegeben
von Matthias Schirren und Sylvia Claus

*im Auftrag der Stiftung*
*Archiv der Akademie der Künste, Berlin*

Birkhäuser
Basel · Berlin · Boston

# Inhalt

# Einleitung

Der Titel dieser Briefausgabe ist Programm. Mit nahezu dem gleichen Recht hätte er allerdings auch «Julius Posener, ein Werk in Briefen» lauten können. Leben und Werk Poseners sind eng miteinander verschmolzen, enger als dies gemeinhin bei Architekten der Fall ist, auch bei solchen, die sich in erster Linie lehrend und schreibend mit dem Bauen befassen. Man könnte sogar behaupten, daß das Erleben das eigentliche Thema seiner Essays und Bücher war und die Architektur nur ihr mehr oder weniger zufälliger Gegenstand. Die zahlreichen Publikationen und Vorträge seiner späten Jahre, in denen er über Architekten sprach, denen er in seinem Leben persönlich begegnet war, seinen Lehrer Hans Poelzig beispielsweise, Heinrich Tessenow und Hermann Muthesius, bis hin zu Heroen der Modernen Architektur wie Erich Mendelsohn und Le Corbusier, ließen sich dafür heranziehen; nicht weniger die Tatsache, daß sein beruflicher Anfang nach dem Abschluß des Studiums an der Technischen Hochschule Charlottenburg im Jahre 1929 ihn als Zeitgeschichtler sah, als einen architektonisch Gebildeten, der über die Bauten seiner Gegenwart und allenfalls der jüngeren Vergangenheit schrieb.

Das dezidiert schriftstellerische Interesse am selbst Erlebten setzte bei Posener dann auch lange vor der Abfassung jener Memoiren ein, die er 1990 unter dem gleichermaßen Gegenwartsnähe wie -abstand bezeichnenden Titel «Fast so alt wie das Jahrhundert» publizierte. Die erste in seinem Nachlaß überlieferte «Autobiography» stammt schon aus dem Jahr 1957. Noch in englischer Sprache geschrieben umfaßt sie immerhin knapp 200 Typoskriptseiten. Und schon diese erste Biographie basierte auf Briefen, und zwar vornehmlich den eigenen an die Mutter, die Posener zu diesem Zweck aus der schwer leserlichen Handschrift auszugsweise hatte transkribieren lassen. Ein nicht unerheblicher Teil der in diesem Band erstmals publizierten Briefe ist sogar nur noch in solchen fragmentarischen Transkriptionen überliefert. Insofern hätte der Titel unseres Buches mit einem gewissen Recht auch «Julius Posener – die Biographie in Briefen» lauten können.

Biographisch bedingt in einem engeren Sinne mag es sein, daß Posener überhaupt gezwungen war, das Erlebte in Briefen festzuhalten und zu reflektieren. Das Schicksal des Emigranten, in das er sich 1933 als in Deutschland geborener und im assimilierten Berliner Bürgertum aufgewachsener Jude widerwillig, aber mit bemerkenswerter Klarsicht fügte, läßt nicht viel anderes zu. Da wo andere die Früchte ihrer Arbeit und Erfahrungen in materiellem Besitz, in Haus und Hof, Familie, Heimat und Vaterland akkumulieren können, da bleibt dem Exilierten allein der geistige Besitz, die Reflexion des Erlebten.

Für diese Reflexion brachte Posener allerdings eine besondere Begabung mit. Schon die ersten Briefe in dieser Ausgabe – Briefe aus der Schul- und Studienzeit übergehen wir schonend – handeln nicht allein von dem Städtchen St. Malô in Nordfrankreich und seinem vom Festungsbaumeister Vauban entworfenen Fort. Vielmehr sind ihr eigentliches Thema die Gefühle und Assoziationen, die das Erlebnis St. Malô in dem Fünfundzwanzigjährigen auslösten. Und indem er ihnen in einer Art Erzählung breiten Raum gibt, ohne ihnen bloß zu verfallen, schwingt Posener sich zum Regisseur des Erlebten auf, zum Autor im eigentlichen Sinne.

Posener schildert St. Malô als Traum. Und der fließenden Logik des Traumes folgt dann auch die Ausmalung der Szenerie. Da ist zunächst das Meer mit seinen intensiven Farben und Gerüchen, den bunten Unterwasserwelten, in denen «die Hügel der Provence versunken scheinen», und dem Wind und der Brandung, die den Aggregatszustand des Wassers gegenläufig zur Erwartung des Tagesbewußtseins zu verändern scheinen: Schildert Posener das ruhige Wasser als «allzuseidigen Stoff», so assoziiert er überraschend mit dem bewegten Wasser gerade die unflexible, ausgehärtete Materie: den «graugrünen Kristall» und die «weiße Druse Schaum».

Dann folgt die Stadt selbst. Posener beschreibt ihre natürliche Lage «auf einem Berg zwischen Meer und Fluß», zugleich aber verortet er sie im Zitatenschatz geflügelter Worte: «die Bucht teilend und beherrschend», das läßt den Lehrsatz vom «divide et impera» (teile und herrsche) anklingen, den man Ludwig XI. zuschreibt. Rhetorischer Topos und die Topographie des Geländes gehen hier unmerklich ineinander über.

In die weitere Schilderung fließen schließlich expressionistische Stadtvisionen ein, die Posener bei seinem Lehrer Hans Poelzig kennengelernt haben dürfte. Ein auf steilem Terrain errichtetes Gemeinwesen, mit einem «Gewühl» von Schornsteinen, engen Gassen, Mauern und Türmen, einer bunten Masse Volkes auf den Straßen, «mörderischen Plätzen» und schließlich einer Galerie, von der aus man über die Mauern hinweg in die Weite sehen kann, wer dächte da nicht an Poelzigs berühmte Filmstadt für den «Golem» Paul Wegeners aus dem Jahr 1920, dessen Stimmungshaftigkeit die Filmkritik der Zeit als ein «freies Spiel architektonischer Dichtung» (Illustrierter Filmkurier) charakterisiert hatte.

Doch drängt sich auch diese Assoziation nicht in den Vordergrund. Sie schwingt nur von Ferne mit, gibt dem entworfenen Bild lediglich eine spezifische Färbung. Keineswegs hat man den Eindruck, als überfremde Poseners Traum das Stadtbild St. Malôs. Vielmehr bleibt er sich in seinem Schildern der

Komplexität des Erfahrens und Wahrnehmens bewußt, in dessen Unmittelbarkeit und Gegenwart immer schon Elemente des Vergangenen und bereits Erlebten einfließen. Der Begriff einer «epischen Architektur», deren Formen und Teile, wie Fenster, Treppenläufe, Balken und Dach etwas von ihrer Herstellung und ihrem Gebrauch durch die Bewohner zu erzählen scheinen, wie ihn Posener in den frühen dreissiger Jahren zur Charakterisierung der Landhäuser von Hermann Muthesius fand, ist insofern bereits in der Traumschilderung St. Malôs angelegt. Gerade in der nach außen gekehrten, gewissermaßen explizierten Komplexität liegt die Stärke der frühen Briefe Poseners, zumal derjenigen an die Mutter.

Gertrud Posener ist bis zu ihrem Tode im Jahr 1939 die wichtigste und vielleicht insgesamt die eigentliche Briefpartnerin ihres Sohnes Julius geblieben. Ihr hat er sein Herz geöffnet wie sonst nur noch dem etwas älteren Bruder Ludwig. Der Vater Moritz Posener tritt verglichen mit diesen beiden in den Hintergrund, obwohl Posener gerade von ihm, dem Maler, die eidetische Prägung geerbt haben dürfte. Es ist bezeichnend, daß Posener schon in dem ersten Brief unserer Auswahl nach der förmlichen Anrede beider Eltern unversehens zum exklusiven Du übergeht, das niemandem anderen als der Mutter gewidmet ist. Daß er von früh an, und lange vor dem von ihm selbst immer wieder erzählten Erlebnis mit Erich Mendelsohn im Kopfraum von dessen Jerusalemer Mühle die Musik als die in ihrer Aussagefähigkeit nicht überbietbare Kunst hinstellt, ist – jenseits der zeittypischen Hochschätzung der Musik als der abstrakten Kunstsprache schlechthin – ganz sicherlich dem Erbteil der Mutter zu danken, die eine ausgebildete Pianistin war.

Erinnern die ersten Briefe aus Frankreich in ihrem feinnervigen Ästhetizismus und latent lyrischen Ton noch stark an die Aufzeichnungen von Rilkes Malte, der knapp dreißig Jahre zuvor in die Großstadt Paris versprengt wurde, so weicht dieser Duktus mit dem Anbruch des Jahres 1933 einem kühleren, analytischeren Stil. Gleichwohl blieb Posener skeptisch gegenüber Versuchen, das Schreiben und Denken ganz in den Dienst der Politik zu stellen. Das große «Fragezeichen», das ihm seine alte Architektenfreundin Lotte Cohn noch 1961 anläßlich seiner Skrupel, endgültig nach Deutschland zurückzukehren, attestiert als «in Ihre [Poseners] Seele eingeschmiedet», dieses Fragezeichen ist genau dieselbe produktive Richtungslosigkeit, die Posener auch 1933 in seinem Brief an Thomas Mann für den Schriftsteller generell einfordert. Von seiner eigenen Einschätzung der politischen Aufgabe des Schriftstellers schreibt er da: «Ich meinte, es sei vielmehr sein [des Schriftstellers] Amt, die politischen Möglichkeiten einer keimschwangeren Epoche, wie es die unsrige ist, vorzuformen und in ihrer ganzen Tiefe lebendig zu machen. Der Dichter, der sich in politicis ausspricht, legt einen Schleier des Mißverständnisses über sein eigenes Werk, ohne als Politiker Einfluß zu gewinnen. Der Dichter, der in einem weiteren Sinne stets politisch schreibt, das heißt die werdende Geschichte vorbeleuchtet, erfüllt damit eine nur von ihm, dem Dichter, zu leistende Aufgabe.» Kurz zuvor hatte er Thomas Mann attestiert, in dem Zwiegespräch Naphta – Settembrini des Zauberbergs die «geistigen Grundlagen dieser Bewegung [des Nationalsozialismus] dargestellt, das heißt durchgefühlt [sic!]» zu haben.

Der Schriftsteller als mit quasi weiblichen Tugenden ausgestatteter sensibler Mensch, dessen Produktivität sich im Erfühlen der in einer Epoche verborgenen Keime zeigt, die ans Licht wollen, eher im «Vorbeleuchten» als im tätigen Eingreifen, das ist noch ganz aus dem Geist der Jahrhundertwende gedacht, aus der Ideenwelt eben Rilkes, Georges und auch derjenigen der Darmstädter Mathildenhöhe, deren Portal zum von Joseph Maria Olbrich entworfenen Künstlerhaus die Worte überspannten: «Seine Welt zeige der Künstler, die niemals war noch jemals sein wird.»

Daß diese durchaus künstlerisch zu nennende Haltung Poseners nichts mit politischer Blindheit zu tun hatte, zeigt seine klare und frühe Einsicht in die Notwendigkeit der Emigration, auch und gerade weil er nicht zur «politischen», vielmehr marxistischen Emigration gerechnet werden wollte. Aber auch dem Zionismus stand er nicht blind gegenüber. Äußerst vielschichtig ist sein Bekenntnis der Mutter gegenüber, wenn er am 28. Februar 1935 schreibt: «Denn Du mußt nicht unterschätzen, daß diese beschränkten zionistischen Gefühle bei mir in einer Heftigkeit vorhanden sind, die es ausschließt, daß ich jemals woanders als im Lande der Juden versuche, glücklich zu sein; ich bin zu sehr überzeugt von der Illusion eines solchen Glückes.»

Trotz seiner zionistischen Option hat Posener der Idee von einer Annäherung der Kulturvölker Frankreichs und Deutschlands länger nachgehangen, als man dies unter den realen Umständen des Jahres 1933 erwarten würde. Die Rolle des Vermittlers, die ihm Hans Poelzig in seinem Antwortschreiben zuweist, hatte Posener als empfindend Beobachtender von vornherein eingenommen – ähnlich wie auf rein literarischem Gebiet übrigens sein Berliner Landsmann Franz Hessel. Zum persönlichen Unglück der frühen Jahre Poseners gehörte, daß eine Annäherung oder Vermittlung gerade im Gebiet der Architektur weder in Frankreich noch in Deutschland wirklich verstanden wurde. Die Verheißung, die ihm die Arbeit bei «L'Architecture d'Aujourd'hui» in dieser Hinsicht zunächst zu sein schien, realisierte sich nicht.

Daß die Position des Mittlers einsam sein kann, dürfte Posener auch bei seinem bereits erwähnten Versuch deutlich geworden sein, für Thomas Manns Haltung in der Frage seiner widerrufenen Mitarbeit beim Amsterdamer Emigranten-Verlag Querido in den Kreisen des Pariser Exils für Verständnis zu werben. Als Emigrant, der sich nicht mit den übrigen Emigranten und ihren Positionen gemein machen wollte, befand er sich gewissermaßen in doppelter Emigration. Das später von manchen in Deutschland gebliebenen Intellektuellen mißbrauchte Wort von der «inneren Emigration», das Thomas Mann in seinem Antwortschreiben aus Zürich noch als eine positive Möglichkeit erwähnt, bekommt in diesem Briefwechsel zwischen zwei Exilanten contre coeur eine ganz eigene Brisanz.

Poseners berufliches Interesse galt in den Pariser Jahren nicht allein den Klassikern Auguste Perret und Hans Poelzig, deren Denken noch ganz aus der kulturellen Blüte der europäischen Belle Epoque vor dem ersten Weltkrieg kam und deren Werk im Zusammenhang mit der allgemeinen Wendung zur «monumentalen Ordnung» (Francesco Borsi) Anfang der dreissiger Jahre Konjunktur hatte. Zu den überraschenden Funden in seinem Nachlaß gehört die Korrespondenz mit dem Kunsthistoriker Max Raphael, einem Gelehrten, der nicht nur wegen seiner jüdischen Abkunft, sondern auch wegen seines Versuches, die Kunstwissenschaft historisch-materialistisch zu fundieren, an deutschen Universitäten der Zeit keine Wirkungsmöglichkeit gefunden hat. Mit Raphael, an dessen 1930 erschienenes Buch über den dorischen Tempel sich Posener Anfang 1945 anläßlich seines Aufenthaltes als Soldat in der Nähe von Paestum dankbar (und sehnsuchtsvoll) erinnern sollte, bereiste er die mittelalterlichen Kirchen Frankreichs. Und wie wir nun aus den beiden Polemiken Raphaels zu Gottfried Semper und Le Corbusier erfahren, tauschten sie sich auch über architekturtheoretische Positionen und ihre Begründungen aus. Posener tritt hier als Verteidiger Le Corbusiers in Erscheinung, dessen scheinbar willkürliche Ästhetik er sub specie aeternitate interpretierte. Hierzu paßt, daß Le Corbusier Posener bei dessen Weiterwanderung nach Palästina mit einem Empfehlungsschreiben ausrüstete, das es ihm erlaubte, im Namen Le Corbusiers Aufträge anzunehmen und zu akquirieren. Auch später hat Posener auf Le Corbusiers Fürsprache immer wieder zurückgreifen können.

Wenn irgendjemand – neben dem älteren Bruder Ludwig – unter Poseners Korrespondenzpartnern so etwas wie das väterliche Prinzip verkörperte, so war es Erich Mendelsohn. Anders als Le Corbusier scheint Mendelsohn von Anfang an erkannt zu haben, daß Poseners eigentliche Fähigkeit im Schreiben und Darstellen liegt und nicht im Bauen selbst. Daß Posener, der mit einer Einladung Mendelsohns in der Tasche nach Palästina gegangen war, eine Zeit lang tatsächlich als Angestellter im Jerusalemer Büro Mendelsohns arbeitete, war nur dem Scheitern der Pläne zu der von Mendelsohn geplanten Academie Mediterraneénne geschuldet. Dem usurpatorischen Anspruch, mit dem der Ältere seine Fürsorge und Zuneigung für den Jüngeren vermischte, hat sich Posener allerdings immer wieder zu entziehen vermocht. Und wieder kam ihm dabei seine Fähigkeit zu Hilfe, komplex zu reagieren und die Verhältnisse und Ansprüche in ihrer ganzen Vielschichtigkeit wahrzunehmen. Sein Glückwunschschreiben zu Mendelsohns 50. Geburtstag im Jahre 1937 ist ein Meisterstück vielschichtiger und dieses Mal impliziter Rede. Das beginnt mit der Wahl des Mottos, das einem damals noch nicht öffentlich bekanntgemachten Brief Erich Mendelsohns an seine Frau Louise entnommen ist. Wahrscheinlich hatte Mendelsohn selbst ihm diesen und wohl auch andere Briefe von sich gezeigt, um Posener Material für die von ihm erwarteten Geburtstagsartikel an die Hand zu geben. Als «Bruch des Vertrauens», das ihm Mendelsohn schenkte, hätte es Posener nun aber verstanden, aus seiner intimen Kenntnis Kapital für eine Würdigung oder Kritik zu schlagen. Am Ende seines mit tiefer Ironie gespickten Briefes, dessen Kürze in der Wendung «wes' das Herz sehr voll ist, das wird verschwiegen» aufgehoben ist, stehen die Worte, mit denen Mark Anton in Shakespeares Julius Caesar gegen die Falschheit der Rede des Brutus auftritt: «So let it be with Caesar.»

Die ironische Distanz und die Fähigkeit, mit Bedeutungen ein nicht unernstes Spiel zu treiben, erlaubte es beiden Briefpartnern, sich zu verständigen – über alle Meinungsverschiedenheiten hinweg, die immer wieder zu mehr oder weniger eleganten Florettfechtereien in ihrer Korrespondenz führten. «I see. I get you. You are speaking to a sensible man», läßt Posener beispielsweise einen Brief im Jahre 1943 beginnen, mit dem er auf die Übersendung von Mendelsohns gerade erschienenem Vortragsbändchen «Three Lectures on Architecture» reagiert. Und er gibt auch Homers Odyssee in der Übersetzung Lawrence von Arabiens als Quelle für die Worte an. Schlägt man nach, so erfährt man, daß dies die Worte sind, die Odysseus zu dem Sauhirten Eumaios spricht, als er sich von ihm unerkannt zu seinem eigenen Haus führen läßt, wobei dieser ihm, dem vermeintlich Fremden, nun umständlich die Örtlichkeit erklären will.

Palästina, später Israel ist schließlich sowohl für Posener als auch für Mendelsohn das Land geblieben, in dem sie vergeblich versuchten, sich zu verwurzeln, Posener als der scheinbar ewig Unentschlossene und Träumende, das «Edelholz», wie ihn Mendelsohn einmal despektierlich nennt, dem die Eigenschaften des «konstruktiven Eisenbetons» abgingen, Mendelsohn als der Mann der Tat, der bis in das Stakkato seines Briefstiles hinein die Rolle der überlegenen Führungspersönlichkeit übernahm. Daß in ihm selbst ein «deutscher Adam» steckte, der nicht dadurch schon einfach überwunden war, daß er emigriert war und seit 1941 auch mit seinem Landsmann Posener nur noch auf Englisch korrespondierte, hat Mendelsohn selbst in seinem Brief vom 15. August 1943 bemerkt. Und wohl nicht zufällig ist ihm dies anläßlich seines Versuches deutlich geworden, seine eigene, ganz aus dem deutschen Jugendstil der Jahrhundertwende entwickelte Bauphilosphie theoretisch zu reflektieren, die der alten Rede vom Bauwerk als eines Organismus», eine neue, nahezu biologistische Dimension hinzufügte. «Meine architektonischen Visionen, die nicht nachahmbar sind und von mir selbst im besten Fall nur variiert werden können, sind Organismen» hatte er schon am 6. Februar 1937 an Posener geschrieben und war fortgefahren: «Wollen Sie oder sonst jemand dem Hund seinen Schwanz wegdiskutieren, so werden Sie alles andere, nur keinen Hund beschreiben.»

Anders als Mendelsohn und die meisten der von Deutschen staatlich sanktioniert vertriebenen Juden hat Posener 1945 den Rückweg nach Deutschland angetreten. Und wie die Briefe in seinem Nachlaß zeigen, hat er sich schon bei seinem ersten Aufenthalt mehr auf dieses Land und seine Menschen eingelassen, als man es von einem deutschstämmigen Juden in der British Army erwartete. Dem Selbstverlag, in dem er 1947 in Jerusalem seinen Bericht über die Eindrücke aus seinem ehemaligen Heimatland erscheinen ließ, gab er das Pseudonym «Dr. Peter Freund». Daß es Posener dann 1948 unter den Bedingungen des heraufziehenden kalten Krieges nicht gelang, in Deutschland wieder Fuß zu fassen, dürfte jenseits aller accidentiellen Geschehnisse, die daran beteiligt gewesen sein mögen, symptomatisch zu verstehen sein. Nicht nur seinen Vorgesetzten im Intelligence Service der British Army of the Rhine, auch den Verwandten in Palästina scheint sein Engagement zwischen den Stühlen mitunter suspekt geworden zu sein.

Die Entscheidung für England, die wohl nur oberflächlich betrachtet allein seiner jungen Ehe mit einer gebürtigen Britin geschuldet war, brachte bezeichnenderweise keine Ruhe in seine Vita, doch immerhin konnte er in London seit 1948 seiner Befähigung zur Lehre folgen. Den Durchbruch zu seinem späten Ruhm verschaffte ihm erst die mit Hilfe seines ehemaligen Kommilitonen Klaus Müller-Rehm zuwege gebrachte Berufung an die Hochschule der Künste in Berlin im Jahr 1961. Die Studenten des Technical College in Kuala Lumpur, wo Posener seit 1956 eine eigene Architekturabteilung aufgebaut hatte, mögen, wie es vereinzelte Briefe von dort bezeugen, in Posener einen guten Lehrer geschätzt haben. Den Nerv der Zeit und des kulturellen Milieus konnte Posener mit dem, was er zu bieten hatte, erst im Klima der sechziger bis achtziger Jahre treffen, und zwar gerade im Westteil Berlins, der ein Zentrum der Studenten- und später der Hausbesetzerbewegung wurde, und wo sich Erinnerungen an die Kriegs- und Vorkriegszeit nicht nur weniger übertünchen ließen als anderswo in Deutschland, sondern auch eher gefragt waren.

So markiert Poseners Rückkehr nach Berlin noch einmal eine biographische Wendung im doppelten Sinne. Und niemand wußte das besser als Posener selbst. Dabei war er sich seiner darstellerischen Fähigkeiten jenseits der Buchstaben durchaus bewußt. Nach der Ausstrahlung von Franz Tumlers Filmporträt im deutschen Fernsehen, das ihn an die Stätten seines Lebens begleitete und das ihn auch während seiner berühmten, nach seiner Emeritierung an der Technischen Universität in Berlin gehaltenen Vorlesungen zeigte, schrieb er 1979 an

Lotte Cohn: «Ich war etwas verwundert darüber, wie angenehm ich doch letztenendes sein kann, war auch über meine Wirkung als Vorlesender erstaunt, ich meine, über den Eindruck, den ich auf mich selbst dabei machte. ‹Mann›, sagte Margit Scharoun am Telefon, ‹Sie spielen ja alle an die Wand, Sie sollten Rollen kriegen.› Ergo, Sie haben recht: man kennt sich nicht. Ich kenne das Üble an mir, glaube ich, sehr genau. Wovon man sich keine Vorstellung macht, ist eben die Wirkung auf Andere. In meinem Falle ist sie mir immer noch ein Rätsel. Ich war ganz vergnügt, als der Film zuende war, daß er mir nicht peinlich gewesen ist.»

Ist die Korrespondenz im Nachlaß in den dreissiger bis zu den späten vierziger Jahren relativ umfangreich, so geht die Anzahl der erhaltenen Briefe in den fünfziger bis zu den späten siebziger Jahren auffallend zurück, um dann in den achtziger Jahren ins nahezu Unüberschaubare anzusteigen. Insgesamt sind im Nachlaß etwa 15000 Briefe von und an Posener erhalten, die sich auf 1421 Briefpartner verteilen. Wie auch immer die Schwankungen zu erklären sein mögen – ob durch einen partiellen Verlust der Überlieferung oder dadurch, daß Posener tatsächlich in der Zeit seiner eigentlichen Berufstätigkeit als akademischer Lehrer kaum Muße für seine briefstellerische Passion hatte, braucht hier nicht entschieden zu werden. Der erzählerische Duktus, den er in seinen frühen Briefen ausbildete und der noch seinem wissenschaftlichen Hauptwerk, dem dickleibigen «Berlin auf dem Wege zu eine neuen Architektur: Das Zeitalter Wilhelms II.» (1979) die besondere Färbung gibt, hat Posener beibehalten, so sehr, daß man manchesmal die neue Sicht auf die moderne Architektur, die seine Beobachtungen ermöglichten, nahezu vergißt.

Matthias Schirren

# Editorische Notiz und Dank

Die sehr unterschiedliche Überlieferungsform der einzelnen Briefe (Handschrift, Maschinenschrift, Durchschlag oder auszugsweise Abschrift) ist in den Anmerkungen, die auch das Briefverzeichnis enthalten, aufgeführt. Hier ist auch vermerkt, wenn der jeweilige Brief nicht in deutscher Sprache abgefaßt wurde. Jede überlieferte Vorlage wird in vollem Umfang und ohne Auslassungen abgedruckt. Wo in unserer Ausgabe Anrede oder abschließende Grußformel und Unterschrift eines Briefes fehlen, wie etwa bei den meisten der auszugsweisen Abschriften aber auch bei manchen der frühen Briefe, entspricht dies dem Überlieferungsbefund. Nicht immer läßt sich bei den Briefen ohne Unterschrift eindeutig entscheiden, ob es sich um ein Brieffragment handelt, oder ob der Brief tatsächlich ohne Unterschrift verfaßt und abgesandt wurde.

Abkürzungen wie «u.» oder «+» für «und» wurden stillschweigend aufgelöst, wo sie den Lesefluß störten. In einigen Fällen, etwa in den Briefen Max Raphaels, haben wir sie belassen, weil Raphael sie konsequent auch als Stilmittel einsetzt. Unterstreichungen im Original wurden nur da, wo sie für das Textverständnis wichtig sind, durch Kursivschrift kenntlich gemacht. Eckige Klammern umfassen Ergänzungen der Herausgeber, wie sie für das Verständnis im Sinnzusammenhang des Textes notwendig sind, so z.B. fehlende Jahresangaben.

Bei der Transkription der Briefe von den überlieferten Vorlagen wurde die Rechtschreibung behutsam den Regeln des Dudens angepaßt. Insbesondere in seinen frühen Briefen hat Posener einen geradezu poetischen Umgang mit der Orthographie, so wenn er in dem ersten Brief aus St. Malô von «Garneelen» und von «Bethunien» spricht. In der Emigrationszeit verwandte Posener selbst in den deutsch verfaßten Briefen kaum noch das «ß». Auch später schrieb er Worte, die dem englischen oder lateinischen Sprachraum entstammen, gern mit «c» statt mit «z». In dem Wort «Fascismus» haben wir eine entsprechende Schreibeigenart in die Ausgabe übernommen, gleichsam als Hinweis – pars pro toto – auf den polyglotten Autor. In diesem Sinne wurden auch Orts- und Eigennamen wie «Beyrouth» oder «Malaya» in der von Posener bevorzugten englischen Fassung belassen. In das Register wurden diese Eigennamen sowohl in Poseners als auch in der üblichen deutschen Schreibweise mit entsprechenden Querverweisen aufgenommen. In den Anmerkungen verwenden wir die übliche deutsche Schreibweise.

Um den Anmerkungsteil nicht unnötig aufzublähen, werden Namen nur dort erklärt, wo dies für das unmittelbare Verständnis der jeweiligen Textstelle notwendig ist. Das kommentierte Namenregister hält darüberhinaus Erläuterungen und Kurzbiographien bereit. Sie sind nicht auf lexikalische Vollständigkeit hin angelegt, sondern sollen in erster Linie den Bezug Poseners zu den jeweiligen Personen deutlich werden lassen.

Wir danken dem Thomas-Mann-Archiv der ETH Zürich, Dr. Thomas Sprecher, der Fondation Le Corbusier in Paris, Evelyn Tréhin, dem Germanischen Nationalmuseum in Nürnberg, Dr. von Adrian-Werburg (Nachlaß Max Raphael), der Kunstbibliothek Berlin, Prof. Bernd Evers und Esther Mendelsohn Joseph, San Francisco, Frau Racheli Edelmann, Schocken-Publishing, Tel Aviv und Prof. Klaus Müller-Rehm, Berlin (†), für die Erlaubnis, Briefe aus ihrem Besitz bzw. Briefe, an denen sie Urheberrechte haben, in diesem Band abzudrucken.

Alle Briefe und sonstigen Archivalien, auf die im Register und in den Anmerkungen ohne nähere Angaben zum Aufbewahrungsort verwiesen wird, befinden sich im Julius-Posener-Archiv der Stiftung Archiv der Akademie der Künste, Berlin. Es umfaßt den gesamten beruflichen Nachlaß Poseners und konnte mit Hilfe Alan Poseners, Berlin, mit einem umfangreichen Briefbestand aus der weiteren Familie ergänzt werden.

Für Hinweise und Hilfestellungen bei der Kommentierung uns zunächst rätselhafter Briefstellen und Abkürzungen und für Hilfe bei der Suche nach weiterer Korrespondenz Poseners danken wir Dr. Eva Maria Amberger und Helga Linnemann, Berlinische Galerie, Berlin, Cornelia Bernini, Thomas-Mann-Archiv der ETH Zürich, Prof. Gabriel Epstein, Paris, Barbara Geis, Deutsches Filmmuseum Frankfurt, dem Verteidigungsattaché der britischen Botschaft in Bonn, Brigadier Isbell, Dr. Sigward Lönnendonker, APO-Archiv der Freien Universität Berlin, Renate von Mangold, Literarisches Colloquium, Berlin, Prof. Stanislaus von Moos, Zürich, Michael Mühlenhort und Klemens Wolber, Projekt Klassikerwörterbuch, Universität Freiburg, Dr. Reiner Niehoff, Berlin, Prof. Wolfgang Pehnt, Köln, Dr. Anja Peleikis, Zentrum Moderner Orient, Berlin, Silke Schaeper, Jerusalem, Dr. Hannah Schütz, Centrum Judaicum, Berlin, Axel Sowa, Paris, Prof. Pierre Vago, Paris.

Alan Posener hat stellvertretend für die Familie Posener das Unternehmen von Beginn an wohlwollend begleitet. Bei der Aufarbeitung des Nachlasses Julius Poseners wirkten Francesca Rogier, Berlin, mit und vor allem Dorothea Balzer, die im Rahmen eines Werkvertrages nahezu die gesamte Korrespondenz verzeichnete.

Die Übertragung der Briefe in ein Rohmanuskript lag zum großen Teil in den Händen von Dörte Engmann, Berlin, die dabei zeitweise von Heidemarie Bock, Karin Gohlke und Jürgen Kaulfuß unterstützt wurde.

Der Birkhäuser Verlag, und hier insbesondere Ria Stein, Berlin, haben das Verdienst, dieses Buch angeregt und mit einer nicht unbeträchtlichen Summe die Bearbeitung des Julius-Posener-Archives unterstützt zu haben. Dafür sei, wie allen hier genannten, herzlich gedankt.

Berlin, im Juli 1999 Matthias Schirren, Sylvia Claus

# An Gertrud und Moritz Posener

St. Malô le 10. août 29

Geliebte Eltern!

Es gibt vollkommene Traumgestalten: Maria-Theresienstraße in Innsbruck: *Die* Alpenstraße zum Beispiel.

Es gibt auch für alle Menschen den Traum: die Seefestung. Man begnügt sich nur meist mit den Dingen, die ähnlich sind, und träumt ihn nicht zu End. Kann man auch nicht. Wenn man St. Malô[1] gesehen hat, begreift man, warum man das von sich aus nicht träumen kann. [Skizze]
Entschuldige: da ich schreibe (an meinem Fenster!) habe ich dies kleine Detail vor mir: ein Fort von Vauban auf einem Felsen. [Skizze]

Es muß zu solchem Traum ein Meer sein in einer zackigen, felsigen Inselbucht. Das Meer selbst in der intensiven Farbe eines Alpensees, die Mediterranée ist nicht hell, nicht frisch genug. Und ganz und gar durchsichtig. Sein Schaum das Reinste, was sich denken läßt. Die kleinen Teiche, die zwischen den Klippen zurückbleiben, von der mystischen Helle der Becken eines Gebirgsbaches. In ihnen siehst Du Tentakeltiere Jagd machen auf durchsichtige Garnelen. Kleine Fischchen. Wenn sie sich wenden, blitzen sie meerblau auf. Es gibt Bekken, in denen die Hügel der Provence versunken scheinen: Meeresmoose von Olivenblattfarbe, solche die rostrot sind und andere mit dem wärmeren Graugrün der Ginster. Dazwischen leben Muscheln schon subtropischer Form (man weiß nämlich nicht, daß dieses Meer bereits jenseits des Überganges liegt), Muscheln und Schnecken mit dicken Schalen, herrlichen Farben, Zeichnungen, Formen, rötlichen Mäulern.

Das Wasser hat nicht den scharfen Tanggeruch der nördlichen Meere, sondern einen Duft nach Austern und Herbstblumen. Der leichte Wind, den es ausatmet, ist die dauernde Bekräftigung, daß es sich gelohnt hat, geboren zu sein. Die Brandung hebt einen Augenblick den allzuseidigen Stoff auf, um zu zeigen, daß es in Wahrheit aus graugrünem Kristall besteht. Nur einen Augenblick, weil im nächsten der neue Kristall, die weiße Druse Schaum sichtbar wird. Sein Rauschen (das ich nachts höre, mit dem ich einschlafe und aufwache) scheint noch größer und musikalischer, als das der Ostsee.

Wäre soweit das Meer «in Ordnung», so müßte sich auf dem Lande nun die alte Stadt befinden: auf einem Berg zwischen Meer und Fluß natürlich, die Bucht teilend und beherrschend. Sie muß befestigt sein mit den dicksten Türmen, den breitesten Zinnen, den glattesten Mauern. Man träume wirklich konsequent: Turm über Turm, ein Tor, barock, führe ins Nichts, d.h. auf einen Serpentinenweg über das Meer. Die Felsen schließen an die Mauern an; es gebe Spitzen und Kurven, so etwa. [Skizze]

Man versage sich keine Treppen, die ganz steil hinauf auf die Wälle führen, durch Gewölbe mit Turm und runden Fenstern. Und man male vor allen Dingen die alte Stadt richtig. Mittelalter? Fachwerk? Kaff! Eine Barockstadt natürlich. Aber eine ganz steile; steil, wie alle Seestädte. [Skizze]

Vergiß nicht über den reinen und englischen Fronten das Gewühl der ebenso englischen Schornsteine. Ja, ganz andere Schornsteine, als die von Paris, die mich immer wieder stören. Mehrzahl persische Schornsteine, barocke Schornsteine. Schornsteine, Straßen, Treppen, Mauern, all das diene schließlich nur dazu, das Licht zu brechen, dieses ganz zarte, windige Licht, das vom Meer herkommt.

Aber man darf sich in diesem Traum nicht ersparen, daß die alte Stadt voller Läden, bunter Sachen und Menschen ist, daß ein Platz da ist zwischen der Stadtmauer, einem barocken Tor, sehr groß, sehr geruhsam, dieses Tor (schon ein wenig nach Bizetscher, südlicher Unerbittlichkeit riechend) den strengen Fronten der Häuser und dem Schloß. Daß dieser mörderische Platz voller Menschen ist, Käffner, Stühle, Musik. Nein, man darf ja nicht irgendwo nachgeben. Ein Kloster ist da, strengbarock, graubarock mit einer offenen Galerie zum Meer. Es sind auch Wege da: Eine Straße hört auf. Mauer, bröcklich, eine Tür: jardin publique. Über der Mauer eine brennend-grüne Reihe Ginster in den Himmel gestellt. Der jardin publique befindet sich hier [Skizze]

auf dem äußersten Turm der Stadt.

Man denke auch an die Segelboote mit riesigen Segeln, die dauernd auf dem Fluß ins Meer schweben.

Man denke endlich an den Strand unmittelbar unter den Mauern (bei Flut ganz an diese herangedrückt). Und man lasse das Land, die Feigenbäume in den Gärten, die Astern, Petunien, die südlichen Lebensbäume, das Obst, die Zäune, die Üppigkeit, man lasse all das nicht aus. Denn man muß in solchem Traum England, Frankreich und den Süden verschmelzen können.

Wenn man das alles sich vorgestellt hat, so wird man ein halbes St. Malô geträumt haben.

Brief vom 10. 8. 1929 an die Eltern,
Seite 1 mit Skizze der Seefestung

## An Gertrud und Moritz Posener

St. Malô!

14. 9. 29

Geliebte Eltern!

Jeder Tag ist anders. Man hatte den grauen Tag. Gestern war der Tag im Schleier: halb grau, halb sonnig: Uferstücke glimmen in einem ganz milden gelben Nebellicht auf, die See ist dunkel und voll verhaltener Farbe. Am Nachmittag kommt die Sonne durch. Alle Wolken fliegen in hellen Fetzen ins Land. Ein heller Nebel bleibt, hinter dem die Sonne ein sehr weiches, gedämpftes Licht gibt. Das Wasser, von starkem Wind aufgeworfen, zeigt seine wahre Farbe: ein göttliches Grün. Nachts kein Wind mehr: Geräusch sehr zart, Klarheit und alle Sterne. Und heute früh herrscht die herbstliche Überklarheit. Das Wasser ist blau, der Himmel rein, aber wolkig. Der Beobachter, der an seinem Fenster sitzt, ist riesengroß, weil alle Dinge klein und nah sind. Man fühlt die Klippen mit der Hand ab. Der Kirchturm von St. Malô piekt in die Handfläche beim Ansehen, während die hohe Insel, an deren Spitze dieses Schwein, der Chateaubriand, begraben liegt, sich angenehm anfühlt, ganz richtig eine Handform. (Der Mont St. Michel müßte jetzt sehr «pieken».)

Warum verlassen die Leute jetzt das Meer? Niemals atmet es solchen Wind aus, niemals ist sein Licht so innig, wie im Herbst. Aber die Pensionsmutter, die Dir jeden Morgen mit vertrauendem Gesicht sagt: «Mais il fait beau temps aujourd'hui» und die «Totengräber», die gegen Mittag, wenn man nichts Böses ahnt, mit hartem Geräusch wieder eine Reihe Strandstühle zusammen bündeln, die Gesichter an den anderen Tischen, die die gedeckten Tische zählen. (Man bekommt einen kalten Schrecken, wenn man einen fehlen sieht – hoffentlich ist er «nur» krank –), das immer dünner werdende Geschrei des «Strandes»; und dann in den Gärten schon der scharfe Geruch verendender Petunien; ab und zu wird man von einer Melancholie gepackt, ganz plötzlich, die überstark ist, wie alles hier. Dann sieht man, wie ein Mädchen in roter Kappe ein Segelboot hochhebt: das kleine Segel flattert leicht, leuchtet noch einmal so weiß auf, und man meint, es hülle sich sofort in die drei Elemente: den Schaum, den Geruch und das Licht.

Meine Rückfahrkarte ist ein häßliches Ding. Paris! Selten hat ein junger Deutscher mit weniger Wonne dein gedacht. In Paris habe ich immer Heimweh. Hier nicht: Wenn ich versuche, mir Berlin vorzustellen, mein Gott, so etwas Murkliges gibt es ja gar nicht. Paris ist nicht murklig, das ist mehr. Seine Schönheit fasziniert mich immer wieder; aber es ist nicht die Stadt, mit der ich jemals ganz warm werde. Marseille ist es in einem ganz anderen Maße. Und dann erbittert einen an Paris die entsetzliche Selbstbespiegelung. So ein Narzißmus hindert die Stadt absolut, Fortschritte zu machen. Paris wird noch eine Weile verwöhnt werden, lächeln, immer wehmütiger lächeln, und dann werden die Reisenden auf einmal eine andere Stadt «entdecken» [Der Brief ist unvollständig erhalten.]

## An Gertrud Posener

17. 6. 33

Du hast mir am 20. April gesagt, welchen Eindruck Dir die gemeinsame Hoffnung gemacht hat, die sich auf allen Gesichtern widerspiegelte, als Du durch die Rheinstraße[2] gegangen bist. Nun, solchen Eindruck wirst Du hier[3] nicht haben, auch nicht an dem welken, ganz idyllisch und süß gewordenen 14. Juillet. Wenn eine Revolution erst eine rührende Erinnerung geworden ist... Geschichte, wie sie dem Volk gelehrt wird, ist überall Fälschung. Es ist aber doch ein Unterschied, ob diese Fälschung ins Heroische stilisiert wird, oder ins Süßliche mit einem leisen méchanten Nachgeschmack. Du, die Du viel mehr zu unserer Generation gehörst, als zu Deiner eigenen, Du weißt, daß wir nicht ohne den «gemeinsamen Glanz in den Augen» leben wollen. Vielleicht sehen wir ihn in Palästina wieder. Ich klammere mich an den Gedanken Palästina, der indessen nicht verhindert, daß Tag und Nacht Deutschland mein Gedanke ist. Lies diesen Brief keinem vor, geliebte Mutter. Die Juden werden ihn lächerlich finden; und ich weiß ganz genau, daß er es ist; aber ich kann mir nicht helfen. Ich kann übrigens zweierlei Gefühle verstehen: den Schmerz des Exilierten und seine Rachsucht, seinen Haß. Aber die Dreistigkeit, mit der die meisten von hier «ihr» Frankreich willkommen heißen, in das sie sozusagen «zurückgekehrt» sind, mon Dieu, gibt sie nicht *jenen* ein bißchen recht mit ihrem Ausdruck von «Vaterlandslosen»?

## An Gertrud Posener

24. 6. 33

Ich habe einen langen Marsch gemacht. Sonnabends ist mittags Schluß, und die Tage sind herrlich lau. Ich bin, auf der Suche nach einigen modernen Siedlungen, bei herrlichstem frischem Regenabend einige Stunden gelaufen. Hoch über Paris durch den Wald von Clamart nach Fontenay, dem Landstädtchen Châtenay, wo Voltaire geboren ist, Le Plenis,[4] mit riesigem Blick über die tief grünblaue Ebene von Paris. Der Himmel war so, wie Du ihn liebst: mit tiefdunklen Regenwolken, Sonne, Glut, Himmelsblau in heitersten Farben. Die Landschaft hier in Schatten getaucht, mit schrägen Regendünsten, dort in einem stechend goldenen Licht glühend. In der Luft wiegten sich ein paar Flieger; es war kühl; man hatte überall den Duft des Waldbodens, der hier nicht stark nach Erde riecht, sondern ganz zart duftet. Die Gehölze, die Abhänge mit Apfel- und Kirschbäumen, die kleinen Städtchen, deren etwas nüchterne, vornehme Häuser in einem Gewirr von riesigen Kastanien, Eichen, Ulmen und hinter den vielen hellen oder bewachsenen Mauern untergehen, die die Straße begleiten: alles enthüllte heute seinen letzten Charme. Und damit die Gegenwart nicht zu kurz kam: plötzlich standen, in einer unerwarteten Fernsicht, die beiden riesigen Luftschiffhallen von Orly vor mir, die ganze Ebene beherrschend.

Das ist der Ausgangspunkt allen modernen Bauens in Frankreich: Hallen von 50 m Höhe an einer dünnen Betonschale von 15 cm Stärke am Scheitel: es ist das Prinzip des Wellblechs auf Eisenbeton übertragen: wenn man die Wand durchschneidet: ein «Faltwerk». Keine Rippen.[5]

Es war ein sehr schöner Ausflug.

## An Gertrud Posener

Paris, d. 2. 7. 33

... Dann habe ich einen neuen Bekannten, einen Herrn von Rosen, baltischen Juden mit Berliner (Goi[6]) Frau, einen Bauingenieur, der in St. Cloud oben auf dem Berg mitten in einem alten Obstland ein Häuschen bewohnt (d.h. in einem Häuschen 2 Zimmer und Küche). Nichts ist schöner, als diese Apfelgärten mit Wiese, Rankrosen, Johannisbeeren; vorn ein paar Lilien, schön, stark und großblumig: la fleur de France, ein wenig Goldlack, Löwenmaul, Tränendes Herz. Hundert Meter weiter beginnt der riesige Park von St. Cloud, von dem die Frem-

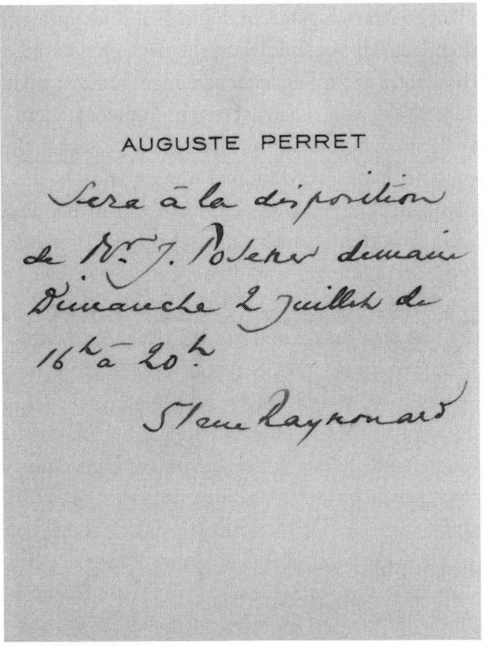

AUGUSTE PERRET

Sera à la disposition de M. J. Posener demain Dimanche 2 juillet de 16h à 20h.

51 rue Raynouard

Visitenkarte Auguste Perrets aus dem Nachlaß Poseners

den nur den Anfang kennen, unten an der Seine. Hier oben ist es ein Baum- und Wiesenland mit Gehölzen, mächtigen Alleen, mit ganzen kleinen Ortschaften darin. So ein Park war königliche Jagd, nicht Ziergarten. Aber doch, bis in die fernsten Winkel, gehalten von einem System von Reitalleen, also auch nicht Wildpark.

Herr von Rosen ist ein äußerst intelligenter, gebildeter, frischer, origineller Mann von etwa Karls[7] Alter. Karl würde sich gut mit ihm verstehen. Wir haben den Sonnabend Abend so verplaudert, daß mir schließlich, um 1 1/2 Uhr (als ich auf die Uhr sah), nichts übrig blieb, als draußen zu nächtigen. Die Nacht in der guten, kühlen Luft war délicieuse. Sonst ist mein Verkehr beschränkt auf einige nicht sehr interessante Alt-Blauweißlinge,[8] die im selben Viertel wohnen, und mit denen zusammen man – mal bei dem, mal bei dem – billig zu Abend essen kann: Sardinen, Käse, Obst.

Unterdessen versuche ich, die Architekten, die der Revue[9] nahestehen, kennenzulernen. Le Corbusier, der neuerdings eine ganze Masse gebaut hat und baut, habe ich geschrieben;[10] mais il n'a pas encore daigné répondre. Dagegen hat mich Perret für heut Nachmittag eingeladen, zu ihm zu kommen. Ich freue mich sehr.

Die ganze Jugend hier geht von Le Corbusier fort, und zu Perret. Man verläßt die reine Kunst. Man besinnt sich, in Deutschland auf die unkünstlerischen Werte des Hauses als eines Gegenstandes: des bedeutendsten, lebendigsten, vielseitigsten, den es gibt; in Frankreich auf die unkünstlerischen Werte des Hauses als einer Konstruktion. Schule Perret und Schule Poelzig müßten sich verbinden, damit endlich anstelle von Kunstwerken Häuser gebaut werden. Ich sehe da eine Aufgabe der Revue.

## Von Hans Poelzig

Hans Poelzig, Berlin-Charlottenburg 9, Tannenbergallee 28

25. Juli 1933

Lieber Freund Posener!

Ihr Brief[11] hat mir sehr gefallen – ich hätte ihn gern länger und ausführlicher beantwortet, sitze aber gerade in sehr unerquicklichen Dingen – hauptsächlich in Steuersachen – daß ich wenig Zeit und Stimmung dafür habe.

In dem, was Sie über die verschiedenen Schulen – Perret – Poelzig – sagen, haben Sie im wesentlichen recht. Wir versuchen ja aber auch Organismen zu schaffen, nur sind die Voraussetzungen bei uns in Deutschland andere als in Frank-

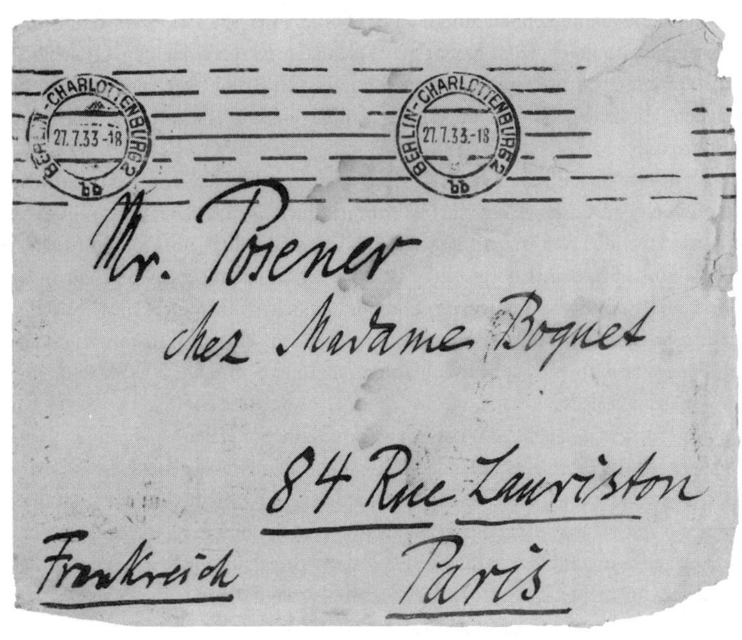


Umschlag des Briefes von Hans Poelzig

reich, vielfältiger, auch unklarer, gärender. So sehr ich den klaren, doch irgendwo klassizistischen, freilich auf gotischer Grundlage basierenden (Viollet le Duc) Aufbau Perrets bewundere, so können wir doch selbst nicht so arbeiten – und alle Versuche, es den Franzosen möglichst gleich zu tun, sind in Deutschland gescheitert. Wo die Franzosen rationalistisch klar sind, werden wir trocken. Viollet le Duc hat auf meine damaligen Lehrer, Schäfer, Hartung, sehr stark gewirkt, ich selbst habe ihn eifrig studiert. Aber was wir dann machen, *muß* anders werden – oder es wird ausdruckslos. Die französische Glätte liegt uns nicht, wir haben im Mittelalter, Rokoko, Klassizismus von den Franzosen übernommen, und wie haben sich Gotik und Rokoko bei uns gewandelt! Die berlinische Art kommt der französischen noch am nächsten, früher wohl schon durch die vielen Emigranten.

Vielleicht haben die heutigen Emigranten die Aufgabe, Frankreich und Deutschland kulturell zu nähern, Verständnis zu wecken, vor allem eben auf Seiten der Franzosen, das wäre schon eine sehr schöne Aufgabe.

Und Ihnen, lieber Posener, wünsche ich von Herzen, daß Sie sich drüben einen Boden schaffen, auf dem Sie wirken können. Es bleibt ja schon nichts anderes übrig – selbst wenn Sie die Sehnsucht nach Ihrer Heimat nie ganz überwinden. In der Hoffnung, Sie doch bald einmal wiederzusehen und mit den besten Wünschen für Ihre Arbeit bin ich Ihr
stets ergebener

Poelzig

## An Gertrud Posener

Oktober 33. Paris

Geliebte Mutter,

also wieder: Ankunft in Paris, morgens. Vielleicht will sich diese Stadt daran gewöhnen, Heimat zu werden? Bisher nicht. Als ich an der Gare d'Orsay, etwas verloren, mit meinem Koffer stand, näherte sich – ein Droschkenkutscher. Ich dachte: auf Kosten der Revue.[12] An- und Abfahrt zum Bahnhof sind einbegriffen, und so segelte ich: klipp–klapp–klippe–klappe durch ein schlafendes Paris, an den Quais entlang, auf denen die Laternen brannten, an der Chambre des Députés vorbei, die gerade ein Kabinett stürzen sah, über eine Brücke, dicht am Eiffelturm, durch schmale Straßen aufwärts, über eine breite Avenue mit dem Arc[13] im Grunde, wieder aufwärts. Und ich muß sagen: Mein schwankendes Gefühl paßte so gut zu diesen Ufern und Straßen, daß es vielmehr die spärlichen Autos waren, die da und dort schon aus einer Gasse kamen, die als Anachronismus wirkten.

Zu Hause fand ich dann Deinen schönen Pyrmonter Brief,[14] der mir Sehnsucht machte. Ich freue mich sehr für Dich, daß die Tage so schön sind, daß die Freunde die alten geblieben sind. Ich habe in [unleserlicher Ortsname] einen Präzisionsingenieur – und Handwerker (man kennt hier noch das edle Wort «artisan») kennengelernt, und seine Tochter, die, bei uns würde man sagen: «Landwirt lernt»; sie sagte mir, als ich sie nach ihrer Arbeit fragte: je travaille la culture. Ein äußerst herbes, adliges Wesen, aus normannisch-vendéischem Blut, groß, mit germanisch langem Kopf, aber einer gedrungenen, sehr zarten Nase und stark geschwungenen, lebhaften Lippen. Wir haben uns gut vertragen, wenn sie auch, wie ihr Vater, einen naiven Chauvinismus nicht verleugnet. Der Vater selber ist ein Mensch von großer Feinheit, Menschlichkeit und unbegrenztem Können und Wissen. Vom Uhrwerk bis zum Hausbau kennt er alles, was construire heißt. Technik ist bei ihm ein Humanum, so wie für einen Antiken.

Malgré aller dieser Kultur habe ich, wenn ich Deinen Brief lese, wieder Sehnsucht. Aber daran ist Dein Brief nicht schuld. Ich habe sie immer. So kitschig es ist, auf dieser Sehnsucht aufzuhören: ich tue es, denn Papier und Zeit ist alle. Grüße herzlichst Schückings, vor allem Frau Professor, und sei umarmt von Deinem Sohn Julien.

Mein Mantel ist noch nicht angekommen. Was das Zimmer angeht: ich muß mich doch umtun. Ich muß doch wenigstens Ordnung halten *können* ... Ich muß mehr verdienen.

## An Thomas Mann

Paris, 1 bis, rue Troyon. (17). Triumphs Hôtel.

d. 19. 11. 33

Sehr geehrter Herr Thomas Mann,

Sie wissen, daß Ihre Haltung in diesen Tagen der Gegenstand einer lebhaften Diskussion in den Kreisen der deutschen Emigranten ist.[15] Man kritisiert Sie in verschiedenen Graden; aber man kritisiert Sie sehr allgemein. Die heftigsten Kritiker wollen Ihnen nicht das Recht zubilligen, sich in der Emigration jeder Stellungnahme zu den Geschehnissen in Deutschland zu enthalten. Sie sehen in diesem Schweigen bereits die Möglichkeit eines Einverständnisses mit diesen Vorgängen und behaupten, es sei Ihre Sache, sich ausdrücklich und wörtlich von denen zu sondern, die sich zu der gegenwärtigen Regierung bekannt haben und diese Regierung mit aller Wucht Ihrer Autorität anzugreifen. Ich kann dieser Kritik nicht zustimmen: Sie haben durch die Tatsache Ihrer Auswanderung sich in einer unmißverständlichen Form geäußert. Es muß Ihnen überlassen bleiben, wie weit Sie sich ferner mit dem Geist identifizieren wollen, der sich in der Presse der Emigration ausspricht. Die nächste Kategorie, die behauptet, Sie hätten sich auf jeden Fall einer Aufforderung, die an Sie ergangen ist, nicht entziehen dürfen, ist mit dem selben Argument abzutun: Man kann nicht, im Namen einer Solidarität der Exilierten, einen Schriftsteller zwingen wollen, sich einer Art Schrifttum anzuschließen, die ihm aus vielerlei Gründen unsympathisch sein mag.

Aber es ist ja etwas anderes geschehen: Sie haben nicht eine Aufforderung zur Mitarbeit an einem Journal rundweg abgelehnt; Sie haben sie vielmehr angenommen; haben dann Ihre Zustimmung zurückgezogen, nachdem Sie gesehen haben, daß es sich auch in dieser Zeitschrift um eine Äußerung der Art handelt, wie man sie vom Neuen Tagebuch[16], den Blauen Heften[17] oder all den anderen Neuerscheinungen her kennt; und, besonders unglücklicherweise, findet sich diese Zurücknahme in Koinzidenz mit dem Erscheinen Ihres neuen Romans.[18] Diese Umstände machen die Diskussion ungemein schwierig. Sie wird leider auch durch Ihre Erklärung in der Deutschen Freiheit nicht erleichtert.[19] Folgendes hält man Ihnen vor:

1) Ein Mann wie Thomas Mann, welcher die deutschen Schriftsteller (und in diesem Fall die Beteiligten an der neugegründeten Zeitschrift) besonders gut kennt, hätte vorher wissen dürfen, welcher Art dieses Journal sein würde. Er hätte, ohne Schaden, seine Zustimmung gleich zurückhalten können und auf diese Weise sich und seinen Freunden viel erspart. Das Argument von der väterlichen Schwäche, das man diesen Angreifern entgegenhalten könnte, tritt Ihnen etwas nahe; und es genügt auch nicht völlig, um diese Frage zu beantworten.
2) Thomas Mann lehnt ausdrücklich den «Markt» als Grund für seine Zurücknahme ab.[20] Aber er spricht davon, daß er wünsche fortzufahren, zu einem innerdeutschen Publikum zu sprechen. Hier ist der Punkt des größten Mißverständnisses. Da Sie nicht erklären, warum Sie wünschen, gerade in diesem Augenblick zu einem innerdeutschen Publikum zu sprechen, so kommt man immer wieder auf den «Markt» zurück, mit einer peinlichen Hartnäckigkeit; und sei es auch nur der Markt der Eitelkeit, welcher es schmerzlich ist, die alten Stimmen nicht mehr loben zu hören, die alten Gemüter nicht mehr zu berühren. Man sieht eine Weichheit in dem Nachgeben diesem Wunsch ge-

genüber, die man, je nachdem, mehr nach der eben angedeuteten oder nach der finanziellen Seite deuten will; denn,

3) man behauptet recht einheitlich, daß gerade ein bedeutendes Werk Zeit habe; daß es keinen zwingenden Grund gebe, es gerade jetzt und gerade in Deutschland herauszugeben.

Ich kann mich dieser Meinung auch nicht anschließen; ich habe mir Argumente für Ihre Stellungnahme zurechtgelegt; aber ich bin darin durch Ihre eigenen Äußerungen keineswegs autorisiert und wende mich deshalb an Sie selbst, mit der Bitte, mir mitzuteilen, ob und in welchen Punkten ich mich täusche.

Ich muß zunächst voraussetzen, daß ich, trotz einiger Mühe, die ich mir darum gegeben habe, bisher noch nicht Gelegenheit hatte, Ihren neuen Roman zu lesen. Ich gehe also von dem aus, was ich aus Ihren übrigen, mir bekannten Schriften über Ihre Art zu denken entnehme und komme zu folgendem Ergebnis:

Sie nehmen nicht teil an der in der gesamten Presse der Emigration vertretenen Ansicht, daß es sich bei dem, was heute in Deutschland vorgeht, um einen von Kapitalisten inszenierten und finanzierten Putsch handle. Sie haben vielmehr die bestimmte Ansicht, daß das Wort von der Volksbewegung keine Phrase ist; daß das, was in Deutschland geschieht, alle Zeichen eines historischen Ereignisses trägt. Sie haben in dem langen Zwiegespräch Naphta-Settembrini[21] zu gut die geistigen Grundlagen dieser Bewegung dargestellt, das heißt durchgefühlt, um sie nun in der Geschichte zu verkennen, und wenn Sie sich zeitweilig ganz auf die Seite Settembrinis geschlagen haben, so waren manche Ihrer Leser (ich muß mich zu denen rechnen) erstaunt, daß Sie «das Gleichgewicht der ungeheuren Waage» plötzlich so ganz vergessen konnten.

Bedenken derart kamen mir beim Lesen der Rede «Von deutscher Republik».[22] Ich glaubte, daß es nicht der Beruf des Schriftstellers sei, sich über politische Gegebenheiten so eindeutig auszusprechen. Ich meinte, es sei vielmehr sein Amt, die politischen Möglichkeiten einer keimschwangeren Epoche, wie es die unsrige ist, vorzuformen und in ihrer ganzen Tiefe lebendig zu machen. Der Dichter, der sich in politicis ausspricht, legt einen Schleier des Mißverständnisses über sein eigenes Werk, ohne als Politiker Einfluß zu gewinnen. Der Dichter, der, in einem weiteren Sinne, stets politisch schreibt, das heißt, die werdende Geschichte vorbeleuchtet, erfüllt damit eine nur von ihm, dem Dichter, zu leistende Aufgabe. Obwohl Sie also in der Rede «Von deutscher Republik» scharf Partei genommen haben, kann es Ihnen, im Lauf der dann folgenden Jahre, nicht entgangen sein, daß die andere Seite ihre Wahrheit in sich hat. Denn mir scheint, daß eben Sie zu den Dichtern gehören, die in allem, was sie schreiben, in einem weiteren Sinne Geschichte schreiben; daß Sie Politik, in dem Sinne, in dem sie seit einiger Zeit Deutschland bewegt, prüfen und zu erhellen versuchen. In diesem Zusammenhang kann ich mir denken, daß es Ihnen wichtig erscheint, ein neues Buch gerade jetzt und gerade in Deutschland erscheinen zu sehen. Es ist dies der einzige Weg für Sie, für den Schriftsteller, einzuwirken, und eben politisch einzuwirken. Sie drücken sich in Ihrer Erklärung in der Deutschen Freiheit eindeutig darüber aus, welchen Wert Sie dem direkten Angriff beilegen, wenn er von Politikern, oder gar von Schriftstellern, in der ausländischen Presse deutscher Sprache gegen das Dritte Reich lanciert wird.

Wenn ich bis hierher richtig interpretiert habe, dann glaube ich zu wissen, warum Sie in Ihrer Erklärung, diese Gründe Ihrer Haltung verschwiegen haben. Sie öffentlich auszusprechen hätte geheißen, hundert neue Mißverständnisse schaffen: man hätte Sie sofort in der Presse der Emigration als geistig gleichgeschaltet behandelt, und man hätte in der deutschen Presse festgestellt, daß Sie «hintenherum» und auf die ganz feine, künstlerische Art, Sabotage treiben wollen. Sagen wir also, Sie haben Ihre Erklärung mit Absicht so gefaßt, daß sie noch zu Mißverständnissen der oben erwähnten, äußerlichen Art, Anlaß bieten konnte, um auf jeden Fall die höchst schädlichen Mißverständnisse über die Frage: «Die Haltung und Aufgabe des Schriftstellers in dieser Zeit» zu vermeiden. Sie hätten, wenn das Ihre Gründe gewesen sind, allen Seiten, am meisten aber der Emigration und Deutschland selbst, einen Dienst geleistet. Sich selbst freilich nicht durchaus. Sie haben es auf sich nehmen müssen, ein wenig schief dazustehen, nachdem Sie die Unvorsichtigkeit begangen haben, sich in eine Sache einzulassen, die vielleicht nicht Ihre Sache war.

Soweit meine Deutung. Ich bitte Sie nun, mir in voller Ehrlichkeit zu schreiben, ob diese Deutung ungefähr die Richtung trifft. Ich habe freilich keinen Anspruch auf eine derart vertrauliche Mitteilung von Ihrer Seite; aber einmal ist der Streit nun aufgerührt, und es ist vielleicht für Sie selbst nicht ganz ohne Wichtigkeit, unter welchen Aspekten er in der privaten Diskussion ausgefochten wird (– die Zeitungen wollen wir nicht überzeugen –). Dann verbindet sich mit Ihrer Person der Nimbus «Geistiges Deutschland». Es ist wichtig, ganz klar zu wissen, wo Sie nun wirklich stehen. Endlich finde ich diese ganze Frage höchst aufregend, tragisch, ungelöst: Ist es möglich, überhaupt nur theoretisch möglich, daß, in und außer Deutschland, die Stimme der vielen, vor allem jungen Leute laut werde, die sich nicht mit dem Heil der einen und gewiß nicht mit dem sturen, leichtfertigen und selbstgefälligen Geschreibe der anderen begnügen können? Gibt es eine Position, die man einnehmen darf, ohne sich verdächtig zu machen; oder muß man nun um der Solidarität der gemeinsam erlittenen Verfolgung willen sich denen anschließen, die man haßt wie die Pest, denen, die den Fehler dreimal begehen müssen, der sie und uns beim erstenmal so viel gekostet hat? Oder muß man vollends schweigen (– und sich damit jenen zuzählen lassen –)? Auf einer Barrikade fallen, ist nicht schlimm. Aber etwas sträubt sich in mir dagegen, auf der falschen Barrikade abgeschossen zu werden, wie es dem unglücklichen Landauer ergangen ist. Das verfälscht die eigene Wahrheit bis über den Tod hinaus (Landauer, der «Marxist» (!)). Muß man diese Verfälschung auf sich nehmen? Meine Freunde, oder vielmehr Gegner in dieser Diskussion werden sagen, daß ich Ihnen die Worte in den Mund lege, die Sie nur zu unterschreiben brauchen. Ich bin indessen von Ihrer strengsten Ehrlichkeit in so wichtiger Sache überzeugt: Wenn ich Ihnen andere Gründe geborgt habe als die, die Sie tatsächlich zum Handeln bewogen haben, so werden Sie mir das sagen.

In dieser Überzeugung bin ich

mit größter Hochachtung

Julius Posener.

## Von Thomas Mann

Dr. Thomas Mann, Zürich-Küsnacht.
33 Schiedhaldenstraße

29. XI. 33

Sehr geehrter Herr Posener,

ich danke Ihnen aufrichtig für Ihren Brief und für Ihr freundliches und keineswegs fruchtloses Bemühen, sich in meine Lage zu versetzen. Tatsächlich, ob Ihre Freunde und Diskussionsgegner es nun glauben oder nicht, haben Sie mir manches in den Mund gelegt, was ich wohl selbst hätte sagen können und mit anderen Worten hie und da gesagt habe. Sie haben recht, ich habe nicht nur den «Zauberberg» geschrieben, sondern auch die «Betrachtungen eines Unpolitischen»,[23] die, wenn ich sonst noch etwas dazu getan hätte, dem heutigen Deutschland recht wohl zu einer seiner Bibeln hätten werden können. Ich weiß über den deutschen Charakter, den alten deutschen Protest, nicht schlecht Bescheid, und daß ich ihn wiedererkenne im Heutigen, setzt mich in Stand, das Echt-Geschichtliche an dieser Revolution zu erkennen, so sehr es auch mir widersteht, ihr diesen Namen zuzubilligen. Abscheu und Verachtung vor einem Niveau, dessen Miserabilität ganz bestimmte soziologische Ursachen hat, mischen sich in mir mit einer gewissen, dem Emigrantentum in der Regel nicht eigenen Einsicht in die mythische Echtheit dieses ganzen Vorganges, und es ist diese Gefühlsmischung und Gedanken-Kompliziertheit, die mich etwas hemmt und mich zum Kampf, zur Haßpolemik nicht in der selben Weise aufgelegt macht wie andere, die Deutschland heute meiden. Nietzsche hat gesagt, die Deutschen seien Schuld an allen großen Kulturverbrechen der letzten Jahrtausende. Er denkt an ihre Renitenz gegen die römische Universalität, an die Reformation, an die Verhinderung der Napoleonischen Synthese, und wenn er heute zusähe, würde er sicher in dem deutschen Benehmen eine Wiederholung dieser Protestaktionen erkennen. Denn die Widerspenstigkeit gegen das Europa des Völkerbundes ist wesentlich nichts Anderes, als eine der kulturellen Quertreibereien großen Stils, die Nietzsche meint. In den «Betrachtungen» habe ich ausführlich von diesen Dingen gesprochen, damals mit einem positiven, kriegerischen und apologetischen Vorzeichen. Nach 1918 habe ich dieses Vorzeichen geändert und, da ich die Republikanisierung Deutschlands für schicksalsgegeben hielt, mich bemüht, zum Guten zu reden und den Deutschen behülflich zu sein, sich in ein demokratisches Europa einzugliedern. Ich habe mir Freunde durch diesen gutgemeinten Versuch gemacht, aber unendlich mehr Feinde, und er ist der Grund des Hasses, den ich in wachsendem Maße bis zur Katastrophe dieses Jahres zu tragen hatte. Ich wurde als ein Exponent der verhaßten Republik betrachtet, und das machte viele auch vor meiner rein künstlerischen Arbeit kopfscheu, die sonst vielleicht empfänglich dafür gewesen wären. Die völlige Fruchtlosigkeit meiner Bemühungen wurde mir auch sehr bald klar, und nur aus Pflichtgefühl hielt ich aus und habe bis zum letzten Augenblick, so lange die Sprache noch frei war, gegen das unaufhaltsam Heraufziehende mit meinem Wort zu wirken versucht. Man kann darüber streiten, ob mir nun heute daraus die Pflicht erwächst, weiter zu reden, weiter zu kämpfen, oder ob ich mir nicht vielleicht eben dadurch das Recht erworben habe, jetzt einmal eine Weile zu schweigen, um die Dinge in der Außenwelt und in mir sich entwickeln zu lassen.

Die Sache mit der «Sammlung» war einfach eine dumme Geschichte, die ich mir leicht hätte ersparen können. Man ist keineswegs in mich gedrungen, daß ich meinen Namen hergebe; ich habe es recht gedankenlos getan, und erst mein Verleger, der mit den heimischen Verhältnissen natürlich vertrauter ist als ich, mußte mich auf die wahrscheinlichen Folgen aufmerksam machen. Ich habe das ja in dem Brief nach Wien erzählt. Ich habe darin auch gesagt, daß ich mich solange wie irgend möglich, von meinem deutschen Publikum nicht trennen zu lassen wünschte. Ich füge hinzu, daß ich mir sogar die Rückkehr in das Land, so unmöglich und undenkbar sie jetzt aus inneren und äußeren Gründen ist, nicht für alle Zeit zu verbauen wünsche. Was mir in Deutschland gehört, ist zur Zeit mit Beschlag belegt, auch die mir zukommenden Honorare, und es ist ungewiß, ob ich für mein neues Buch je einen Pfennig bekommen werde. Anderseits haben auswärtige Verleger mir bedeutende Angebote dafür gemacht: Es ist also wirklich unrichtig, vom «Markt» zu reden. Mein Interesse ist vielmehr ein ideelles und auf

Schonung der Zukunft gerichtetes. Zweifellos gibt es das, was man die «innere Emigration» nennt; sie hat großen Umfang und für die Zukunft große Bedeutung. Die Rücksicht auf sie scheint mir mindestens so berechtigt wie die auf die äußere, mit der ich es durch meine Haltung jetzt ein wenig verdorben habe. Ich muß das in Kauf nehmen. Aber Briefe, wie der Ihre, zeigen mir doch, daß es auch draußen guten Willen zur Entschuldigung und zum Verständnis gibt.

Erörterungen wie diese in Briefform behalten heute immer etwas Unzulängliches und Unbefriedigendes, aber ich muß hoffen, daß meine Andeutungen Ihnen immerhin mehr Klarheit über mein Denken und Fühlen gegeben haben, über das Sie ja ohnedies intuitiv nicht schlecht im Bilde waren.

Mit hochachtungsvoller Begrüßung

Thomas Mann.

## An Gertrud Posener

16. 12. 34

Geliebte Mutter,

wenn Karl[24] mir nicht Champagner unter allen Tränken am strengsten verboten hätte: jetzt wäre er am Platze. Was stelle ich bloß an, um mit Euch zu feiern und vergnügt zu sein? (Soweit sich meine mit keinem Titel bedeckte Kleinheit überhaupt noch traut, in dieser Familie «wir» zu sagen und die Doctores mit Du anzureden.) Also, ich bin froh und voll Bewunderung, denn es ist wirklich keine Kleinigkeit in Berlin den Dr. phil. in Mathematik und theoretischer Physik mit magna cum laude zu bestehen.[25]

Dieses freudige Ereignis hilft mir zugleich, mich in die Gunst einer sträflich vernachlässigten Familie wieder einzuschleichen. Ich Ungeheuer hätte längst schreiben sollen; aber ich war in einem komischen Zustand von Arbeit und nur Arbeit, und sonst nur essen und schlafen; jetzt ist mir etwas leichter: die Nummer abgeschlossen, in der ich alles allein gemacht habe,[26] und die nächsten Dinge eine Spur geduldiger. So werde ich also aus meinem komischen Zustand von Lethargie wieder herauskommen und menschlich genießbarer werden.

Jetzt bin ich schon einen Monat in Portugal ( – le temps passe – ),[27] zwischen den beiden Klavierjüngern, die wirklich musterhaft brav sind (ich glaube, ich geniere sie sehr), dem leisen und noblen da Canto mit seinem etwas zu ausdrucksvollen Mund und seiner etwas zu ausdruckslosen Plastik, dem stumpfnäsigen Diener Manuel da Costa, der im Atelier Eisen hämmert, Formen reinigt, laut und ziehend dabei pfeift (melancholische Melodien mit viel Wendungen, wie

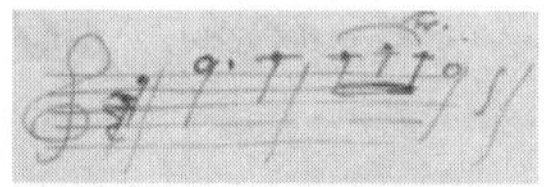

äußerst azorisch; endlich Maria mit dem Kind Aurelia auf dem Arm. Maria breit, mit großen Zügen, einem merkwürdig unergründlichen Lächeln undserener Schmutzigkeit; Aurelia [unleserliches Wort], mit kleinen Freudenschreien, mit 9 Monaten äußerst kokett und flirtant, und in gewissen hygienischen Dingen ebenso unbekümmert wie die Mutter... Dieses Kind weckt in mir Vatergefühle, die nicht am Platze sind, nimmt Katers Stelle bei mir ein und wird verwöhnt, was zur Folge hat, daß es brüllt, sowie ich aus dem Zimmer gehe, und äußerst unleidlich ist, und daß Maria selbst etwas von der bäuerlichen und monumentalen Unschuld verliert, die das Beste an ihr ist. Gesprochen wird im Hause nur portugiesisch, was zur Folge hat, daß ich französisch als meine Muttersprache zu betrachten anfange, denn portugiesisch zu lernen habe ich nicht viel Lust und muß mich einstweilen damit begnügen zu sagen: «O, Maria, trage auf: Blumenkohl, Kartoffeln und Fisch; bringe auch einen Teller heran, Früchte und kleine Kuchen.» Oder: «Herr Manuel, ich gebe Dir diesen schmutzigen Anzug nebst dem linken Schuh: Reibe dieselben!» Oder auch: «Hören Sie, Maria, Dein Kind Aurelia hat auf dieser Ecke Pipi gemacht. Einen Lappen, ich wäre Dir verbunden!» Sonst viel stumme Unterhaltung. Ob ich mit diesem Sprachschatz einmal in Lischboa meinen Mann stehe?

Außer dem Hauswesen habe ich, ganz neuerdings (!) Shakespeare entdeckt und den Coriolan wieder und wieder gelesen:

Have the power still
To banish your defenders; till at length
Your ignorance, which finds not, till it feels,
Making not reservation of yourselves,
Still your own foes, deliver you as most
Abated captives to some nation
That won you without blows! Despising,
For you, the city, thus I turn my back:
There is a world elsewhere.[28]

Oder Macbeth:

Ross: Alas, poor country!
Almost afraid to know itself. It cannot
Be called our mother, but our grave: where nothing,
But who knows nothing, is once seen to smile;
Where sighs and groans and shrieks that rend the air,
Are made, not mark'd; where violent sorrow seems
A modern ecstasy: the dead man's knell
Is there scarce asked for who; and good men's lives
Expire before the flowers on their caps,
Dying or ere they sicken.
Macduff: O, relation
Too nice, and yet too true![29]

Aber die «aktuellen» Verse, in denen jedes Wort zählt und voll von präzisem Wissen ist, sind nur eine ganz nebenbei gemachte Beute. Was mich mehr packt als jemals vorher, das ist die Symphonie der Gesten zwischen den Worten, die ich jetzt erst genau *sehe*, das nicht Loslassen der Aktion, die auch in den kleinsten Nebenszenen lebt, obwohl solche Nebenszenen oft aus dem Drama herausdrängen und eine Welt jenseits der «Handlung» streifen. Die Fülle von atmenden Wesen, die in jeder dieser Weltkugeln zusammengeballt sind:

Der kleine Leutnant Cassio im Othello:

Reputation, reputation, reputation! O, I have
lost my reputation! I have lost the
immortal part of myself,
and what remains is bestial.
My reputation,
Iago, my reputation![30]

Oder Menenius im Coriolan: dieser alte, gebrechliche, halb närrische Mann, ganz Adel, ganz durchdrungen vom Begriff «Staat»; unglaublich, weil er so glaubhaft ist; so gar nicht übertrieben, sondern in seiner ganzen Noblesse und zugleich in seiner ganzen Schwäche hingestellt. Bei aller patrizischen Hautainität, der einzige in diesem Parteistück, der entsetzt, indigniert ist über den Kampf in der Stadt, über den Kampf selbst. In dem heftigsten, unflätigsten Getümmel ruft er das prachtvolle und naive: «On both sides more respect!»[31]

Respekt vor dem Staat, vor der Erziehung, vor der Tatsache, daß man Römer ist. Er distanziert sich mit dem einen Wort von dem, which «is about to be», das er «confusion» nennt und nicht versteht.

Und über all dem die völlig symphonische Musikalität, die immer stärker in den letzten Stücken wird, in denen der Vers, ganz weit gespannt und aufgelöst, ein Instrument wird, das alle Schattierungen eines unendlichen Gedankens und alle Schwebungen dieser dramatischen Musikalität aufnehmen kann. Eben auch wieder am stärksten im Coriolanus.

Anfang: Straße. Aufständische Bürger:
First Cit.: Before we proceed any further, hear me speak.
All: Speak, speak.
First Cit.: You are all resolved, rather to die, than to famish?
All: Resolved, resolved.
First Cit.: First, you know Gaius Marcius is chief enemy to the people.
All: We know 't, we know 't.
First Cit.: Let us kill him, and we'll have corn at our own price. Is 't a verdict?
All: No more talking on 't. Let it be done: away, away!
Sec. Cit.: One word, good citizens...
First Cit.: We are accounted poor citizens. The patricians good...[32]
folgt, zum erstenmal im Stück, eine längere Periode.

Das ist absolut symphonisch. Man kann es wörtlich in Musik übersetzen. Der Anfang des Caesar,[33] den Du kennst, ist hart dagegen, der des What You Will[34] süß. Vergleichbar an Musikalität höchstens der des Tempest,[35] der auch ein spätes Drama ist. Aber so geht es weiter durch das ganze Stück. Coriolanus, von den Patriziern bestürmt, von seiner Mutter befohlen, kehrt zu den Volkstribunen zurück, um sich zu rechtfertigen. Hier das Ende der Szene.

Coriolan: Look, I am going.
Commend me to my wife. I'll return consul;
Or never trust to what my tongue can do
I' the way of flattery further.
Volumnia (die Mutter): Do your will (exit)
Cominius (der Consul): Away! The tribunes do attend you: arm yourself
To answer mildly; for they are prepared
With accusations, as I hear, more strong
Than are upon you yet.
Coriolan: The word is «mildly». Pray you, let us go:
Let them accuse me by invention, I
Will answer in mine honour.
Menesius: Ay, but mildly.
Coriolanus: Well, mildly be it then. Mildly![36]

Du verstehst: die Gesten:

Coriolan, der nicht gescholten sein will: look, I go! (Ich geh ja schon), und dabei in seinem Akzent seiner ganzen Wut Spielraum läßt.

Die Mutter, die nicht bitten will und sehr kurz abbricht und geht.

Der Konsul, ungeduldig: Komm schon!, und höchst besorgt, weil er Coriolanus und die Ankläger kennt.

Die letzte Reservatio mentalis: on mine honour und sofort das besorgte: Ay, but mildly von Menesius, und endlich der Schlußsatz, das kopfschüttelnde, besiegte, verachtende: Mildly be it then ... Mildly, des Coriolan.

Das die Gesten, die zwischen den Worten sichtbar werden. Und nun die Musik. Diese Coda fugata auf das Thema: Mildly.

Das ist absolut spätes Quartett von Beethoven. Unerschöpflich als Dichtung eben durch diese Musikalität, die neben dem dichterischen einen neuen Raum öffnet, ohne dazu Mittel der anderen Kunst selbst zu benötigen, wie Beethoven im Chor der Neunten.

Bei all dem ist es weit davon entfernt «vollendet» zu sein, in dem Sinne, daß etwa jede Zeile unantastbar wäre. Ja, es sind ganze Stellen von Kitsch, von Sentimentalität, von schlechter Unwahrscheinlichkeit, welche diesem höchsten Gebilde lebensschaffender Kraft die Rauheit der Skizze lassen; etwas, woran man noch fortdenken kann und was, eben dadurch, Generationen von neuen Werken schafft (fertiger, aber nie so voll). Diese Werke sind wie die Stelle aus dem Wintermärchen sagt: Perdita spricht von Blumen, die gezüchtet sind und nicht in ihrem Bauerngarten wachsen:

Perdita: I have heard it said
There is an art, which in their piedness shares
With great creating nature.
Polixenes: Say, there be;
yet nature is made better by no mean,
but nature makes that mean: so over that art,
Which, you say, adds to nature, is an art,
That nature makes.[37]

Diese Kunst, die ich früher durch die «schönen Stellen» hindurch geahnt habe, lerne ich heute voll begreifen (soweit dies möglich ist), mit einer traurigen Freude, die Kleinheit der Epoche und die eigene Insuffizienz bedenkend.

## Von Max Raphael

Leysin (Suisse-Vaud)
Pension Sylvana, d. 15. 11. 35

Lieber Herr Posener,

haben Sie vielen Dank für die Übersendung der beiden deutschen Architekturzeitschriften.[38] Ob und wann ich sie praktisch verwenden kann, ist ungewiß, da der Kongreß[39] verschoben worden ist. Ich habe daher auch die Entwürfe nur flüchtig durchgesehen, u. es schien mir, als ob sie mindestens in technischer Hinsicht sehr viel klarer u. sauberer sind als die italienischen u. russischen. Auch daß man in Deutschland zugibt, daß der ideologische Ausdruck *nicht* erreicht ist, ist mir viel sympathischer als das Herumreden der Russen – so unsympathisch mir natürlich die Ideologie an sich ist. Haben Sie über diese Entwürfe geschrieben u. was? Es würde mich natürlich interessieren.

Ich habe indessen auch den 2. Band der «Entretiens» von Viollet-le-Duc[40] fast zu Ende gelesen. Abgesehen von der ermüdenden Polemik gegen die Akademie ist er insofern beinahe interessanter als der erste, als V. hier auf die Schwierigkeiten der Eisenarchitektur stößt u. sein theoretisches Credo noch viel klarer enthüllt als im ersten Band: es ist das von Perret u. Le Corbusier. Der Begriff der funktionalen Architektur findet sich vollständig entwickelt u. enthält die starke Seite (Konstruktion) wie die schwache (Unabhängigkeit von Konstruktion u. Füllung). Er interpretiert die Gotik von hier aus, aber er überzeugt mich nicht. Er sieht nicht, daß die gotischen Stützbogen u. -pfeiler am Außenbau neben der konstruktiven eine räumliche Funktion in der Gestaltung des Baukörpers haben u. daß die gotische «remplissage»[41] eine vermittelnde Funktion hat zwischen der Wölbung + Pfeilern innen u. den contre-forts[42] + Bögen außen u. daß sie in dieser Hinsicht als etwas Volles von unendlicher Dünnheit konzipiert ist. Der prinzipiellste Fehler Viollet le Ducs scheint mir der zu sein, daß er die christlichen Kirchen als Architekt untersucht, ohne ihren Zusammenhang mit der christlichen Religion zu untersuchen, was doch für einen Funktionalisten (in dem Sinne, daß der Grundriß den Bedürfnissen, materiellen oder geistigen, genügen muß) ein Widerspruch zur eigenen Theorie ist. In jedem Fall: die Auseinandersetzung mit Viollet le Duc als dem Ahnherrn der ganzen modernsten funktionalen Architektur würde eine schöne Arbeit sein – aber wer würde sie drucken?

Da Sie ein so guter Deutscher sind, möchte ich Ihnen eine Stelle aus Sempers «Stil»[43] nicht vorenthalten, die mir vor einigen Wochen in die Hände fiel u. sich klar gegen die Theorie Viollet le Ducs wendet. Er geht von 2 Thesen aus:

1) daß der aufmerksame Beobachter gewisse Grundformen oder Typen der Kunst findet, die älter sind als alle Gesellschaftsorganismen, von welchen sich monumentale (d.h. architektonische) Spuren erhalten haben;
2) daß diese Typen den verschiedenen technischen Künsten entlehnt sind (textile u. keramische Kunst, Zimmerei u. Maurerei) u. fügt dann hinzu: «Die oben angedeutete... konstruktiv-technische Auffassung des Ursprungs der Grundformen der Baukunst hat nichts gemein mit der grob-materialistischen (!!) Anschauung, wonach das eigene Wesen der Baukunst nichts sein soll als durchgebildete Konstruktion, gleichsam illustrierte u. illuminierte Statik u. Mechanik, reine Stoffkundgebung.»[44]

Die Konstruktion als reine Stoffkundgebung, als grober Materialismus – das finde ich einerseits echt deutsch u. selbst echt protestantische Konfusion, aber andererseits zeigt es doch, *daß* die Theorie Viollet le Ducs unvollständig ist. Nur ist es doch unannehmbar, die «Ergänzung» dort zu suchen, wo sie Semper sucht: daß die technischen Künste – als das Werden der architektonischen Grundformen beeinflussend – zu betrachten sind

1) als Resultat des materiellen Dienstes oder Gebrauches, der bezweckt wird (was Viollet-le-Duc nie ausschließt)
2) als Resultat des Stoffes, der bei der Produktion benutzt wird, sowie der Werkzeuge u. Prozeduren, die dabei in Anwendung kommen – also Stoff u. Werkzeug sind weniger «grob-materialistisch» als die Konstruktion! Da haben Sie anno 1878 denselben deutschen Protestanten des reinen Glaubens, des guten Willens – kurz der Unfähigkeit zu realisieren, der anno 1300 keine contre-forts sehen ließ u. dem ihr künstlerischer Sinn nie aufgegangen ist.

Entschuldigen Sie dieses Kolleg! Aber ich weiß, wie brennend diese Fragen Sie interessieren, u. da darf ich ja wohl man fachsimpeln. Im übrigen möchte ich nach meiner Rückkehr mit Ihnen einige Kathedralen ansehen.

Nochmals besten Dank u. herzliche Grüße

Ihres

Max Raphael

## An Gertrud Posener

Boulogne le 28. 2. 35

Ich selbst habe dem von mir in den vorigen Briefen[45] Berichteten kaum etwas hinzuzufügen. Erfolg und Schwierigkeiten steigern sich gegenseitig, weil eben dieser Erfolg die Legalität (das heißt, die moralische) meiner Situation aufs Tapet bringt. Und weil es im Hause[46] Leute gibt, die mein Erfolg beunruhigt, und die sich diese, meine Situation als Fremder zunutze machen, um mich ein bißchen «einzudämmen». Ich kann Vago ganz gut verstehen, muß mich aber meiner Haut wehren. Nun, das ganze bringt mich zu guter Zeit zu Deinem Brief zurück und zu Deiner ewigen Frage nach meinem palästinensischen Herzen. Palästina ist für mich eine unausweichliche Notwendigkeit, vom egoistischen Standpunkt aus, weil ich nicht ewig der leise tretende kleine Mann sein will, der sich wegen seines Daseins entschuldigen muß und auch noch etwas mehr: Ich empfinde, außer diesem egoistischen Standpunkt, doch für alle Juden und mit allen Juden und wünsche, daß sie sich alle zusammen täten und «ja» sagten zu ihrem Volk und «nein» zu dem Schicksal, das immer wieder versucht, Geduckte und Geduldete aus diesem Volk zu machen. Ich kann mir kein «endgültiges» Schicksal meines Lebens oder irgend eines jüdischen Lebens denken, ohne daß dieser Zustand überwunden wäre, der nun als Zweifel, als Feindschaft, schließlich als trübselige Gewißheit unser ganzes Leben bedrückt hat. Ich kann mir nicht denken, daß ich diesen Zustand etwa einem Kind weiter vererben sollte, damit es wieder liebt, wo es gehaßt wird, und wirkt, wo man es ungern duldet. Und ich meine: kein Jude kann. Ich bin aufs Höchste erstaunt und zornig, wenn ich Juden sehe, die «es» noch nicht begriffen haben, die dem Frankreich schmeicheln, das ihnen Fußtritte gibt; oder solche, die sich in schönen Fabeln von der «Mission» des «Wandervolkes» begraben und scheinheilig von einer Pflicht zu diesem Wanderdasein sprechen. Ich glaube auch, daß die Tatsache, mich unter denen zu befinden, von denen man frei und ohne falschen Klang wird «wir» sagen können, auf mich ebenso wirken wird, wie auf alle Menschen mit einigermaßen offenem Geist.

Das ist der ganze Umfang meiner Gefühle für Palästina. Nicht mehr. Nichts, in der Tat, von Heimatland; und noch nicht sehr viel von Heimatvolk. Keine Sehnsucht nach dortigen Traditionen meiner Urväter; eher sogar eine leichte gêne, wie vor einem Kostüm, das man mir beim Betreten dieses Landes anbieten wird, und das ich abzulehnen haben werde, nicht anders als ein französisches Kostüm. Wunsch, selbstverständlich, jüdisches Schrifttum, Wesen etc. kennenzulernen, wie es selbstverständlich ist beim Eintritt in ein Land, in dem man leben und sterben will. Aber Pflicht, mich nicht damit zu behängen und nicht zu suchen, mich zu sehr darin zu verwandeln. Keine reservatio mentalis, durchaus

Das 1935 von Posener gestaltete Redaktionsbüro der *L'Architecture d'Aujourd'hui* in Boulogne sur Seine, Fotografie aus dem Nachlaß. Auf der Rückseite der Fotografie notierte er: «Redactionsbureau der Architecture d'Aujourd'hui. Architecte Jules Posener. Die leere Ecke im Hintergrund wird in das Mobiliar noch einbezogen, das sich bis zum Fenster fortsetzen wird. Tische: Metall und Glas. Mobiliar: Metall, hellblaugrün gestrichen. Fußboden: Parkett. Fensterrahmen: Eiche. Schiebefenster, horizontal verschiebbar. Vorm Fenster ein kleiner Gartenhof mit Berberis, Phlox, Astern, Rittersporn, Stiefmütterchen, Spiräen, Zwergahorn etc. Im Bureau Vago, Bloc, Mattei, Hermant, ich (unsichtbar).»

nicht, sondern einfach eine Art Scheu vor Vorwegnahmen, um nicht nach Palästina selbst das Galutschicksal[47] des kleinen Juden einzuschleppen, der sich, nach Wunsch und Willen, verwandelt, wo er ein Land betritt; (oder sagen wir: zu verwandeln glaubt, während die Echten, von beiden Seiten, mit den Fingern auf ihn zeigen und ihn «erkennen»).

Es scheint mir ganz gewiß, daß man mit diesem Gefühl ein sehr nützliches Mitglied des jüdischen Volkes sein kann, und sogar ein glückliches. Denn Du mußt nicht unterschätzen, daß diese beschränkten zionistischen Gefühle bei mir in einer Heftigkeit vorhanden sind, die es ausschließt, daß ich jemals woanders als im Lande der Juden versuche, glücklich zu sein; ich bin zu sehr überzeugt von der Illusion eines solchen Glückes.

## An Max Raphael

24. 4. 35

Lieber Herr Raphael,

ich bin nicht *so* unhöflich, wie Sie glauben. Aber ich war nicht im Lande, was Ihnen Mattei, hoffe ich, mitgeteilt haben wird.

Ich war in Berlin, mit dem Erfolg, daß ich mein Palästina-Zertifikat (Kapitalist!!!!!!) in der Tasche habe.

Geht es Montag?

Sonst wäre ich Ihnen dankbar, wenn Sie mich anrufen wollten.

Ich freue mich ungeheuer, Sie wiederzusehen.

Vielen Dank

Ihr

Julius Posener

## Von Max Raphael

8/VIII. 35

Mr.
Jules Posener
7 rue du Chalet
Boulogne s/Seine

Lieber Herr Posener,

eben erhalte ich auf der Île de Ré (vor la Rochelle im Ozean) Ihren Brief vom 2. d. M.[48] u. die Nachricht von Herrn Schäfer, daß die H.B.M.-Nummer[49] bei ihm angekommen ist. Vielen Dank!

Vielleicht beruhigt es Ihre Reiselust ein wenig, wenn ich Ihnen sage, daß die Zahl der Denkmäler so groß ist, daß die Hauptsache dieses Reisens das Verzichten wäre, wenn der kl. Rest nicht noch soviel Vergnügen bereiten würde. Ich reise – wahrscheinlich Samstag früh – nach Surgères, Aulnay, Saintes (u. von dort in eine ganze Reihe kleinere Orte), dann über Cognac nach Angoulême. Da ich nie weiß, wieviel Arbeit ich vorfinde, ist es schwer, genaue Zeiten anzugeben. Einen Teil des allerdings zum großen Teil sehr schlechten Ansichtskartenmaterials schicke ich morgen an Herrn Schäfer – falls Sie es dort anschauen wollen. Leider gibt es sehr wenig.

Waren Sie bei Mendelsohn?[50]

Viele herzliche Grüße u. alle guten Wünsche

Ihres

M. Raphael

## Von Max Raphael

Le Grand Hotel des Quatre Sœurs

Bordeaux, d. 24. VIII. 35

Lieber Herr Posener,

ich war heute nachmittags in Pessac,[51] u. ich schreibe Ihnen, um mich von dem niederschlagenden Eindruck zu befreien. Als ich hinausfuhr, sagte ich mir alles, was zur Gerechtigkeit nötig ist: daß es sich um frühe Arbeiten von Le Corbusier handelt; daß ich eben sehr gute und also entgegengesetzte Architektur gesehen habe etc. etc. Trotzdem: was ich vorfand, ist ein ideologisches, trockenes Delirium, ist die organisierte Anarchie, ist ein Formalismus im Abstrakten, wie ihn gewisse deutsche Philosophen gepflegt haben.

Ich will Ihnen einfach die Folge meiner Eindrücke aufzählen. Zunächst frappierte mich die vollkommene Beziehungslosigkeit der Häuser zur Landschaft. Da seit den Impressionisten weder die ältere noch die jüngere Generation ein neues Naturgefühl hervorgebracht hat, bin ich weit davon entfernt, aus dieser Diskrepanz Le Corbusier persönlich einen Vorwurf zu machen. Was ich ihm aber vorwerfe, ist, daß er mit einer Naturromantik in seinen Theorien spielt, daß er sich also über diesen entscheidenden Punkt nicht im klaren ist.[52]

Dann erschlug mich mit einem wirklichen Entsetzen das vollkommene Fehlen eines jeden Materialgefühles. Nehmen Sie jene weiße Farbhaut, mit der unsere preußischen Protestanten die mittelalterlichen Kirchen entstellt haben (übrigens in der Saintonge die Franzosen ebenso), kolorieren Sie diese Farbhaut bläulich, grünlich oder weinrot – u. Sie haben das Material Corbusiers: etwas, was da ist u. doch nicht da ist, die Verblasenheit eines Ersatzstoffes, der keinen Widerstand leistet. Sie werden sagen, daß das eben die Leichtigkeit des Betons ist. Nicht nur Perret beweist das Gegenteil. Es handelt sich hier nicht um Beton, es handelt sich um einen enduit[53] oder, wenn Sie noch präziser wollen: um den Anstrich des enduit als Baumaterial. Es ist dasselbe Materialgefühl, das Sie auf den Bildern Le Corbusiers finden u. das nur besagt, daß er die Realität der Schwere, des Gewichtes der Dinge nie gefaßt hat, daß er sich im «reinen Bewußtsein» dreht.

Ich will nicht von der Fülle leeren Raumes in praktischer Hinsicht sprechen, obwohl der Verlust an Wohnfläche, die hohen Mauern ohne Schutz etc. etc. ja ein wesentlicher Einwand sind. Ich will in seiner Ebene der Ästhetik bleiben: daß dies alles nur gemacht ist, um einem abstrakten Formalismus zu genügen. Mit Architektur hat das in keiner Hinsicht etwas zu tun: weder in praktischer (denn immerhin handelt es sich um Wohnhäuser), noch in konstruktiver, noch im Sinne der Raumgestaltung. Es ist richtig u. falsch, wenn ich sage, daß Le Corbusier ein Böcklin u. ein Hodler der Architektur ist. Es ist richtig insofern, als er eine konfuse, aus falschen Assoziationen, aus romantischen, unkontrollierten Vorstellungen bestehende Vision hat (was ihn zum Verführer macht), es ist falsch insofern, als er eine jüngere Entwicklungsstufe dieser seiner Landsleute darstellt, die wie er von «Visionen» verfolgt waren, die sie nicht realisieren konnten, weil sie schon als Konzeption unrealisierbar sind.

Das Überraschende für mich war, daß diese Häuser ohne jede Beziehung zum Menschen (nicht nur für Wohnbarkeit!) konzipiert sind, u. daß daher die Menschen keine Beziehung zu ihnen gewonnen haben. Sie werden sagen, daß das eben am französischen Kleinbürger liegt. Ich glaube es nicht. Dieser Kleinbürger liebt das Stückchen Garten, bearbeitet es, so gut er kann. Und in Pessac ist nicht nur eine große Anzahl Häuser zu vermieten – nein, die Gärten sind verwahrlost. An einem regnerischen Tag – und es ist der zweite! – sind fast alle Rolläden heruntergelassen, hier u. da ist ein Spalt von 20 cm Höhe offen, u. die Menschen gucken durch diese Löcher, obwohl die ganze Mauer *ein* Fenster ist. Welcher Effekt! Ich wußte in den meisten Fällen nicht, ob ich an Särgen (u. sehr schlecht erhaltenen!) vorübergehe oder an Häusern. Wenn Le Corbusier seine berühmte joie de vivre schaffen wollte, es ist ihm schlechthin das Gegenteil geglückt. Nur dort, wo die Menschen das ursprüngliche Haus durch eine Veränderung verunstaltet haben, bekommt das Haus ein menschliches Gesicht. Spricht das für das Haus?

Sie werden von mir nicht annehmen, daß ich das Chaos irgendeiner banlieue billige oder liebe, aber es ist doch so, daß jedes dieser häßlichen Häuser den Charakter seiner Menschen hat, u. daß das Chaos den Individualismus unserer «Gesellschaft» widerspiegelt:[54] Nicht, daß dieser ganze ästhetische Dreck spricht u. uns gerade durch das, was er menschlich aussagt, so anekelt. Hier wird aber nichts Menschliches mehr gesagt, es sei denn die Beziehungslosigkeit des Menschen zu allem: zur Natur, zum Material, zum Menschen, zu allem, was konkret ist – es bleiben ein paar abstrakte Formeln, um ein Chaos zu organisieren u. es um das zu betrügen, was es noch als Chaos interessant macht. Eine Formel, der ich nur mit einer Formel antworten kann: das ist das trockene Delirium eines verworrenen Ideologen, der seine «Visionen» nicht realisieren kann, weil sie au fond unrealisierbar sind. Das ist das Ende der Architektur – nicht nur als Konstruktion im Sinne Viollet-le-Ducs oder Perrets, sondern schlechthin. Es ist ein unbewußter Schwindel, u. daß er unbewußt ist, ist mein schwerster Vorwurf.[55]

Nun, entschuldigen Sie, daß ich Ihnen wiederhole, was ich höchstwahrscheinlich oft gesagt habe. Aber angesichts der Gefährlichkeit dieses Menschen kann man es vielleicht nicht oft genug sagen.

Ich habe einige Wochen lang kleine Dorfkirchen in der Charente-Inférieure abgesucht. Welch eine Mannigfaltigkeit innerhalb eines ziemlich engen Schemas. Leider habe ich nur einen kleinen Teil sehen können, aber die Schwierigkeiten, die Orte zu erreichen, waren bei der Hitze zu groß. Hier in Bordeaux herrscht eine andere Epoche, einiges ist sehr eindrucksvoll, z. B. la Place de la Bourse.

Ich werde jetzt Agen, Moissac, Toulouse (vielleicht Carcassonne), Albi, Périgueux, Angoulême, Poitiers sehen; u. am 1. Oktober denke ich, in Paris zu sein.

Wann werden Sie abreisen? Hoffentlich gibt Ihnen Palästina Arbeit u. Ruhe zugleich. Ich wünsche Ihnen von ganzem Herzen, daß Sie zur Praxis Ihres Berufes kommen u. zugleich zum Reflektieren über die theoretischen Grundlagen.

Mit den besten Grüßen

Ihr

Max Raphael

## An Max Raphael

26. 8. 35

Lieber Herr Raphael,

einige Worte zu Ihrem Le Corbusier-Brief:
Pessac ist eine Jugendarbeit. Man hat durchaus das Recht, Jugendarbeiten von diesem Umfang, und besonders solche, die sich mit einem Thema befassen, das so wichtig ist wie das der Siedlung (und auf das der Autor aus naheliegenden Gründen, auch in seinen Projekten, nicht mehr zurückgekommen ist) als grundsätzlich wichtig aufzufassen und den Autor an Hand ihrer zu demaskieren. Nur muß man zugeben, daß Le Corbusier später bestimmte Fehler von Pessac, wo nicht vermieden, so doch geschickt verborgen hat, und man muß fürchten, daß eine Kritik, die auf Pessac basiert, von den Anhängern immer mit diesem Ausdruck «Jugendarbeit» und dem Hinweis auf spätere Glorie abgetan werden wird.

Sie wissen natürlich so gut wie und besser als ich, daß die wirkungsvollste Kritik die ist, die die besten Sachen angreift; man folgt den Gedanken des Autors bis zu seinen letzten Konsquenzen (oder Inkonsequenzen) und man gewinnt zwei wichtige Ergebnisse: Einmal zeigt man, daß eben wirklich der ganze

Corbusier die Eigenschaften besitzt, die Pessac so erschreckend deutlich zeigt; dann aber auch darf man sich, am Ende einer solchen Kritik, die Frage stellen, inwieweit die Übel eines Le Corbusier mit denen der Epoche selbst coinzidieren. Diese Frage, die Ihnen doch an sich sehr nahe liegt, vermisse ich in Ihrem Pessac-Brief.

Um Mißverständnisse zu vermeiden: Ich bin ebensoweit entfernt von Le Corbusier wie immer (wenn ich auch seiner «Verführung» mich schlecht entziehen kann). Aber ich glaube, daß das Experiment Le Corbusier unvermeidbar und notwendig ist. Nicht Perret, noch Muthesius, noch Gropius, noch Taut waren imstande, uns die Aufschlüsse zu geben, die uns Le Corbusier gegeben hat. Keiner von ihnen hat Gedanken, die offenbar in der Luft liegen, falsche Folgerungen aus Tatbständen unserer Epoche, so säuberlich bis in ihre letzten Inkonsequenzen hinein entwickelt, wie Le Corbusier. Alle anderen, und am meisten vielleicht Perret, haben an entscheidender Stelle gemantscht, gemogelt (keiner hat es besser aufgedeckt als Sie).[56] Wenn ich die Wahl habe, zwischen einem Mann, der auf die Prinzipien des reinen Ausdrucks der Konstruktion zurückgehen will und der diese Prinzipien in eben dem Material darzustellen sucht, das sich am wenigsten dazu eignet, das aber (hélas) *das* Material der Zeit ist, und einem anderen, der den Dualismus: utilité – esthétique und die anderen Dualismen, die daraus entspringen, einfach akzeptiert, um auf dieser Basis das Gebäude seiner Konzeption aufzubauen, so neige ich immer mehr dazu, den Letzteren zu akzeptieren.

Kein Mensch weiß besser als Sie, welche verzweifelten Anstrengungen Perret macht, um sein unmögliches Material zu «architektonisieren». Wie er, um Gesimse, Profile, Plastik seiner Fassaden zu begründen, sich in ein unentwirrbares Netz falscher Logik verstrickt. Wie er die «ewigen Prinzipien», die unentwegt und immer gültigen Proportionen anruft, um zu so unmöglichen Dingen zu kommen, wie der «galbe» in den Pfeilern seines Marineministeriums (man stelle sich die gebogene coffrage vor!).[57] Die «ewigen Prinzipien», die zu der Ausdrucksästhetik der Konstruktion hinzu*addiert* werden, sind sie im Grunde etwas anderes, als der «Lyrismus», den Le Corbusier zu seiner Utilitätsästhetik hinzuaddiert? Im letzteren Falle ist der Betrug ein wenig kindlicher, offener. Im ersteren Falle mit mehr Komplikation und Bildung verkleistert, schwerer zu entlarven.

Und die Ausdrucksästhetik der Konstruktion selbst, ist sie, in dieser Form, im Eisenbeton möglich? Wird hier wirklich die Konstruktion ausgedrückt? Die Frage ist ebenso berechtigt wie die, die man an Le Corbusier stellen kann: Ist deine Nützlichkeit wirklich nützlich? Nur daß bei Le Corbusier alles gröber ist.

Es ist also wohl – leider muß ich als armer Nicht-Marxist sagen – nicht so, daß Le Corbusier ein in einem unmöglichen Traum befangener unbewußter

Schwindler und Schwärmer ist, sondern vielmehr so, daß auch bessere Träumer unserer Zeit das Dilemma nicht haben überträumen können, das hierin liegt: Die Konstruktion ist in einer Richtung fortgeschritten, die Ausdruck nicht mehr erfordert, ja nicht einmal mehr nahelegt. Man kann ihn suchen, wenn man will. Man beschränkt sich dann bewußt und läuft Gefahr in alle Widersprüche zu gelangen, in denen Perret befangen ist. Es ist nicht der naive Ausdruck der Struktur mehr möglich, sondern nur die Romantik des Strukturausdrucks, und ich bin überzeugt, daß in stillen Stunden der Meister des béton armé dieses Material zu den Teufeln wünscht, und sich nach Holz oder nach Stein sehnt. (Das alles sage ich Ihnen, von dem ich es gelernt habe! Und noch mehr: daß nämlich das Dilemma ein gesellschaftliches sein muß, von der Struktur unserer Epoche nicht zu trennen!) Sie entwickeln es sehr überzeugend in ihrem Brief, wenn Sie vom Naturgefühl und vom Materialgefühl Le Corbusiers sprechen. Sie sagen, er habe keine Ahnung von der Schwere, der Substanz der Dinge, keine Ahnung vom Charakter des Gerätes.

Kehren wir zu Perret zurück, um diesen Punkt zu kommentieren: Perret hat eine Ahnung von all dem, eine sehr ausgesprochene sogar. Er liebt eben diese Dinge, und zwar so, daß er sie auszudrücken sucht, selbst da, wo es gar nicht nötig, gar nicht sinnvoll ist, sie auszudrücken. Er *weiß*, daß es der Widerstand ist, der die Schönheit schafft, und er *sucht* diesen Widerstand, obgleich ihm dämmern sollte, daß es ihn nicht gibt. Er ist ein Romantiker der Schwere. Er spürt das ganze Unbehagen, das uns alle vor dem Begriff schüttelt, daß man alles machen kann. Le Corbusier ist von diesem Unbehagen frei. Perret versucht gegenüber diesem «alles machen können» einen Gerichtshof aufzurichten, der darüber bestimmt, was man in dieser moralisch bodenlosen Situation denn nun machen *dürfe*. Le Corbusier akzeptiert die Situation und begibt sich heiter daran, sie auszunützen.

Das, worum sich beide hilflos drehen, ist das gleiche Übel, und es scheint mir nicht in dem Calvinismus und in dem Schweizertum Le Corbusiers, noch auch in der sécheresse Perrets begründet zu liegen. Das sind lediglich zwei Ausdrucksformen der gleichen Krankheit, an der wir alle kranken.

Man könnte von Le Corbusiers Naturgefühl das Gleiche sagen: Denn er besitzt welches, er hat es in Garches und Poissy[58] bewiesen. Nur, es ist eben das Naturgefühl des Mannes, der sich die Natur wie ein Bild an die Wand seines Zimmers hängt. Es gibt ein solches Bild auf der Terrasse von Poissy, wenn man die Rampe heraufsteigt. Es entwickelt sich da, in die Betonschutzwand eingeschnitten, ein Bild der Hügellandschaft von Poissy von bezwingendem Reiz, aber zugleich empörend, theaterhaft, abstrakt. Eh bien, wollte Le Corbusier die Schwere der Natur in seinen Häusern fühlen lassen, so wäre er nur ein Romantiker anderer Färbung, aber immer noch ein Romantiker. Wenn man das will, so muß man schon Blut und Boden wollen, Neubauerntum und mehr oder weniger alles, was damit zusammenhängt. Das sind dann ungefähr die «Ziele», mit denen ich selber immer wieder kokettiere.

Denn, enfin: alles, was ich hier gegen Perret sage, sage ich gegen mich selbst. Ich habe leider die überaus schmerzliche Erfahrung gemacht (und Sie haben mir dabei geholfen!!!), daß ich durch Perret hindurch, zum zweitenmal die Unmöglichkeit meiner eigenen Konzeption habe einsehen müssen (das erste Mal war durch Muthesius hindurch). Der Zusammenbruch des Nationalsozialismus (der ein Tatsache ist, auch wenn Adolf «an der Macht» bleibt) läßt mich, wie einige Millionen meiner deutschen Landsleute (es waren übrigens nur einige tausend: die anderen sind gar nicht so gute Nazis gewesen) auf einem Müllhaufen von zerschlagenen Ideen und Romantiken zurück. Als Architekten macht er mich milde gegen Le Corbusier, weil ich keinen Enthusiasmus mehr für seine Gegner empfinde. Ich sage mir: Der arme Teufel tanzt auf den gleichen spitzen Steinen, wie die anderen auch. Er weiß es sogar vielleicht etwas besser, weil er weniger subtil ist.

Die einzige Gewißheit, die mir bleibt, ist die: Bei genauem Betrachten der Institution «Architekt» muß man zu der Schlußfolgerung gelangen, daß diese Institution des Teufels ist. Das Problem unserer Zeit wird von ihr nicht gelöst werden (man könnte diesen Satz, hélas, geradezu mathematisch beweisen). Sie muß also zugrunde gehen. Kann sie in der gegenwärtigen Ordnung zugrunde gehen? Nein. Also muß die gegenwärtige Ordnung zugrunde gehen. Sie sehen, eine etwas drollige Art, Revolution zu machen, aber auch dieser Weg führt nach Rom: Um die Architektur zu retten, die Architekten abzuschaffen, und mit ihnen die gegenwärtige Ordnung!!! –

Dieser Brief wird sie amüsieren, obwohl er gar nicht amüsant ist. Ich weiß aus der Situation gar keinen Ausweg und um auf den Eingang und Ausgang der Diskussion zurückzukommen: ich bin bereit, Le Corbusier zu verteidigen, denn «er ist nicht schlechter als die Anderen.»

Mit diesem wenig erfreulichen Satz möchte ich für heute schließen, und Ihnen für Ihre Wünsche danken. Sie wissen gar nicht, wie sehr ich beides nötig habe: zur Praxis zu kommen und über die Grundlagen nachzudenken. Vielleicht werde ich eine Weile durch die Praxis hindurch denken müssen. Die Resultate (wenn welche da sein werden) werde ich Ihnen mitteilen.

Bis dahin, mit besten Wünschen für das Ende Ihrer Reise

## Von Le Corbusier

Le Corbusier & P. Jeanneret
Architecte
35, Rue de Sèvres
Paris
Tél.: Littré 39-84

Paris, le 10. Septembre 1935

Monsieur Julius Posener
à L'Architecture d'Aujourd'hui
5, rue Bartoldi
Boulogne s/ Seine

Cher monsieur Posener,

meine besten Wünsche zum Erfolg sollen Sie auf dem Weg nach Palästina begleiten.

Im Laufe dieser letzten Jahre habe ich Ihre Zuverlässigkeit und Ihr Wissen im Bereich der Architektur schätzen gelernt.[59] Ich bin überzeugt, daß Sie mit Ihrer Willensstärke in der Lage sein werden, die Schwierigkeiten zu meistern, die mit Ihrer Niederlassung in Palästina verbunden sind. Ihre Fähigkeiten werden Ihnen Anerkennung verschaffen.

Gern bestätige ich, was ich Ihnen bereits mündlich mitgeteilt hatte: daß ich Ihnen zur Verfügung stehe, wenn sich für Sie die Möglichkeit ergeben sollte, ein Projekt in Angriff zu nehmen, dessen Umsetzung durch meine Mitarbeit vorangetrieben werden könnte. Die Zusammenarbeit würde so aussehen, daß ich Ihnen die wesentlichen Ideen in Plänen bereitstellen würde, während Sie die notwendigen Untersuchungen vor Ort durchführen und die Ausführung der Arbeiten bewerkstelligen würden. Soviel zur allgemeinen Methode – die Details werden von den jeweiligen Umständen abhängen.

Kurzum, ich bestätige Ihnen, daß Sie sich unter bestimmten Umständen meines Namens bedienen dürfen, sofern mir die Aufgabe zusagt und ich mich imstande sehe, sie lösen zu können (Frage von Zeit bzw. Anwesenheit).

Veuillez agréer, cher Monsieur, mes salutations les meilleures.

Le Corbusier

LE CORBUSIER
&
P. JEANNERET
ARCHITECTE
35, RUE DE SÈVRES
PARIS
TÉL.: LITTRÉ 39-84

PARIS, le 10 Septembre 1935

Monsieur Julius POSENER
à l'ARCHITECTURE D'AUJOURD'HUI
5, rue Bartoldi
BOULOGNE S/ SEINE

Cher monsieur Posener,

Mes meilleurs souhaits de réussite vous accompagnent dans votre départ pour la Palestine.

J'ai eu l'occasion au cours de ces dernières années d'apprécier le côté sérieux de votre caractère et la connaissance que vous avez des choses de l'architecture. Je suis persuadé qu'avec votre volonté vous arriverez à surmonter les difficultés d'une installation nouvelle en Palestine et qu'avec vos capacités vous saurez vous faire apprécier.

Je vous confirme ce que je vous avais dit de vive-voix, c'est que, s'il vous arrivait d'avoir l'occasion d'envisager un problème où ma collaboration puisse en favoriser la réalisation, je suis à votre disposition. Il s'agirait donc, à cette occasion-là, d'une collaboration dans laquelle je vous apporterais les idées essentielles par les plans, tandis que de votre côté vous feriez les enquêtes utiles sur place et suivriez ensuite à l'exécution des travaux. Cette méthode est tout à fait à titre indicatif ; les circonstances disposeront.

En résumé, je vous confirme que vous pouvez, en certaines circonstances, employer mon nom, sous réserve que le problème me convienne et que je me trouve en situation de pouvoir le résoudre (question de temps ou de présence).

Veuillez agréer, cher Monsieur, mes salutations les meilleures.

Le Corbusier

Brief vom 10. 9 1935 von Le Corbusier

## An Gertrud Posener

Messageries Maritimes, A Bord du Providence, le 6. 10. 35

Geliebte Mutter,

dieser Reisetag war herrlich. Das Schiff wird ein Sommerhotel: Terrassen, Promenaden, helle Schuhe, leichte Kleider, Sonne und ein tiefdunkles Meer, das aus einer schwerflüssigen Masse zu bestehen scheint. Darin hängen überall gelbgrüne, braungeränderte Schirme von Quallen, die das Schiff leider unbarmherzig zerreißt (wenigstens fürchte ich, daß es sie zerreißt. Man sieht nur den Anprall in einem leuchtenden Berg von Schaum).

Frühmorgens haben wir die Straße von Messina durchfahren. Dunkle Berge von Sizilien rechts, helle Felsen von Reggio links. Diese Felsenberge sind wie eine Reliefkarte. Eine geographisch sehr ausdrucksvolle Landschaft. Ein Fluß gießt sich breit ins Meer und steigt in einer breiten S-Kurve bis zu seiner Quelle, 800 m hoch, an; alle seine Zuflüsse fließen aus den Felsspalten des zerfurchten Kalkblockes, der sich so, aus hunderten von übereinandersteigenden Kegeln aufbaut bis zu den Kammhöhen. Jeder Bach reißt ein wenig Grün mit sich in den Felsen, und alle diese grünen Furchen vereinigen sich breit im unteren Flußtal zu einem Olivenwald, von dem aus, an allen Hängen aufwärts, die runden dunklen Tupfen einzelner Ölbäume ausgehen. Höhere Terrassen in den hellgraubraunen Bergen sind mit zartgelbgrünen Terrassen besetzt: Wein; und darüber wieder, in Reihen, die dunklen Punkte junger Ölpflanzungen, in einzelnen, weit im Gebirge verteilten Feldstücken. Das Ganze von einer ganz feinen Harmonie von Farben und Linien, auf einem nicht zu dunklen Meer schwimmend, und unter einem hellen Himmel: ein grauer Stein mit Stellen grünen, dunklen, braunen Mooses.

An der Bergstraße fangen diese rundlichen, schön gekämmten Weinhügel an, die von einem höheren Kamm aus nach Westen in die Ebene vorrücken. Im Elsaß werden sie auf der Gegenseite von denen der Vogesen begleitet. Das wunderbare grüne Tal des Doubs (ganz dunkelgrüne Wiesen mit hellen Steinhäusern und grauen Dächern mit etwas kleineren Ziegeln als im Elsaß) frißt sich in diese Geländestufe hinein, die wieder als der große Nord-Süd-Weinberg vor einem liegt, wenn der Zug hinter Besançon dieses Tal verläßt. Aber jetzt beginnt er sich in sanftesten Kuppen zu staffeln, besetzt mit Wein, Weiden, Hecken, überall verstreut einzelnen Büschen und Bäumen, weißen Häusern mit weit bis zur Erde abgeschleppten, breiten, dunklen Dächern, Schlößchen zwischen hellgelben und rostroten Reihen von Weinreben; jetzt beginnen auch die Treppengiebel an den Gehöften, unverkennbares Merkmal des Beaujolais. Die Landschaft ist sanft wie der Wein.

Plötzlich wird sie stumpfer in der Farbe, graublaue Gehölze erscheinen in der Ebene und die gegenüberliegende Bergstufe, das südfranzösische Hochland, beginnt, ab und zu, in der Ferne sichtbar zu werden. Zugleich ergreift die Häuser ein neuer Rhythmus. Sie reihen sich jetzt zu dreien und vieren aneinander, verschieden hoch, die Traufen der flachen Dächer der Straße zugekehrt. Das Einzelhaus verschwindet, und die gebaute Gruppe beginnt, sichtbar zu werden. Schon erscheinen auch, vereinzelt, flachere Dächer, mit den halbrunden römischen Ziegeln gedeckt. Noch eine halbe Stunde und sie beherrschen das Bild. Der Süden beginnt. Das ist etwa bei Bourg.

Die Berge des Jura werden jetzt höher, bewaldet, sehr düster. Die Weinberge verschwinden. Wein wird (wenig) in der Ebene gepflanzt. Der Ain, ein breiter grauer, strudelnder Bergfluß kommt wie aus einem Felsentor hervorgeschossen. Eine Ebene breitet sich nach Südwesten aus, sehr bebaut: Mais, Weizen, auch Wein. Und nun sieht man endlich, ganz fern im Süden dieser Ebene, die wahre Mauer, die der Jura bisher verdeckte: Schneegedeckte, große Alpenketten.

Die weitere Reise kennst Du: Lyon und dann den großen Rhonegraben zum Süden. Die tolle Fahrt stellt die ganze Reise vorher in den Schatten. Sie hat mir, unter einem regnerischen, düsteren Himmel, einen noch größeren Eindruck gemacht, als im Frühjahr. Das farbige, bewegte Tal mit dem wilden grauen Strom bei Lyon und Vienne, die großen Durchbrüche durch schroffes dunkles Gestein bei Valence, mit ihren Felsnestern zwischen Zypressen und ihren unheimlichen Schlössern und Kirchenfestungen. Die Ebene der Provence: Weinfelder, graues, zartfarbiges Land, rosige Ackererde und Felsen, Ginster, Wacholder und die römischen Steinbauten von Orange, Avignon, Arles. Die trostlose Camargue, bei trüber Dämmerung, und endlich, nachts, die Hunderte von Lichtern von Marseille, herabsteigend zum alten Hafenbecken. Ich kam, nach dieser schrecklichen Camargue, etwas niedergedrückt in Marseille an, auch etwas [unleserliches Wort] nach den Eindrücken dieser wahnsinnigen Reise, und gewann auf einmal meine gute Laune wieder, als am Bahnhof etliche 10 kleine, dicke Kerle mit umrandeten braunen Augen auf mich losstürzten und sich in diesem maßlos komischen Patois von Marseille meine Koffer streitig machten. *Viel* schlimmer kann es in Haifa auch nicht sein.

Und damit beginne ich, mich rückzuerinnern, daß ich auf dem Wege zum Orient bin, vor welchem ich Dich noch einmal herzlich umarmen möchte als

Dein Sohn Jul.

## An Gertrud Posener

A Bord du Providence, le 9. 10. 35
(Alexandria)

Geliebte Mutter,

so, jetzt weiß ich also auch, wie das ist. Die Einfahrt und die Spaziergänge in dieser orientalischen Stadt haben mir einen ungeheuren Eindruck gemacht. Um es allerdings gleich zu sagen: Es war nicht der Eindruck des zu Hause Seins in einer wiedergefundenen Heimat, von dem Frau Ahlbach spricht. Dieses Gefühl der «eigentlichen Heimat», das sich bei Großstädtern sehr leicht beim Betreten eines Landes regt, ganz besonders bei Juden, kenne ich und habe es empfunden: In Holstein, in Schweden, in der Dordogne, in der Normandie (nicht in Süddeutschland und gar nicht in den Alpen). Hier dagegen ist, für mich wenigstens, das Tolle eben der Eindruck von etwas völlig Neuem und Fremden, trotzdem man natürlich an jeder Ecke irgendwann gesehene Bilder aus dem Orient wiederzuerkennen glaubt. Also um zu erzählen:

Das Meer, in den letzten Tagen von einem unbeschreiblichen, reinen Blau, wird auf einmal grün, da sich das Schiff der Nilmündung nähert. Zugleich taucht, vorn auf dem Meer schwebend, ein zerklüftetes hellgelbgraues Uferland auf von einem Leuchten, wie man es in den südlichen Meeren nicht ahnt. Kuben von Häusern, dunkle Stiele mit runden Köpfen darauf, Pylonen, zeichnen sich links von dem Sandboden ab, dort, wo die letzte Düne der Wüste unmittelbar ins Meer gleitet. Rechts steigen, aneinandergedrängt, hinter einem Wald von bunten Schornsteinen, Masten, Fahnen, Leuchtsignalen, die gelben Kuben der Häuser von Alexandria auf, beim Näherkommen immer heftiger leuchtend, unter dem fast weißen Band des Nachmittagshimmels. Steigt aus diesem Gewirr, irgendwo, das helle Grün einer Dattelpalme auf, so ist das Seligkeit. Vor dieser Wand aber breitet sich nun, Frieden atmend, ein Hafenbecken, spiegelglatt, voll von Segeln, Möwen – und den blitzend grauen, herrlichen, kanonenstarrenden Kriegsschiffen der Home-Fleet. Und während unser französisches Schiff, etwas beklommen von dieser drohenden Parade der «Freunde», langsam in den inneren Hafen eingeschleppt wird, ertönen neben ihm die gar nicht orientalischen Laute eines englischen Bootsmannes im Hafen von Alexandria, und mich überkommt ein Gefühl der Sicherheit, mit dem brodelnden Osten zugleich die Ruhe und Klarheit des Union Jack zu finden.

Kaum angelegt, wird das Schiff von einem Haufen von merkwürdigen, braunen Gestalten in langen schmutzigen Hemden überflutet. Breite Gesichter, vor allem sehr breite Nasen und starke Backenknochen, Gesichter von unbeschreiblicher Grobheit und wie von der heftigen Sonne verzerrt. Geldwechsler, Kofferträger, der Vortrupp der Armee von Zigarettenhändlern, Akrobaten, klingelnden altertümlichen Droschken, langen, flachen Wagen, die heftig lärmend über das Pflaster rollen (auf jedem steht, aufrecht, ein graubehemdeter Mann mit Turban oder Fez und knallt mit einer enormen Peitsche auf kleine, heftig klingelnde Pferdchen). Kurz, des herrlichen, schmutzigen, schreienden Heeres von Wilden (denn das sind sie: zähnefletschend, krächzend, schlagend), die die Beute aus Europa erwarten: Zauberer, Kletterer, die sofort ihre Bühne vor dem Schiff aufschlagen, Polizisten, Soldaten, Zollbeamte, Bettler, Händler, Chauffeure und Kutscher, Freunde der Fremden, die Dir, weil sie ganz plötzlich von einer herzlichen Freundschaft für Dich ergriffen werden, sofort das Fest des Königs zeigen wollen, (das erst morgen Abend, und außerdem in Kairo, gefeiert wird ...), junge, edle Menschen, welche Dich fragen, ob Du Jude seist, und auf die Antwort: «Nein» gerührt seufzen. Auch sie seien – Franzosen. Und müßten mir, dem Bruder, dem Einsamen, diese herrliche Stadt zeigen: Das einzige Alexandria: Paradies, Oase, voller herrlicher Zigaretten, nackter Frauen, Wasserpfeifen, Feste, und fremder Genüsse. Natürlich kenne ich Alexandria wie meine Tasche. Ich bin weder Jude, noch Franzose. Ich bin ein peruanischer Reisender. Aber doch besteht der Freund darauf, mich zu begleiten. Und sei es, um mich vor den Betrügern zu bewahren, deren es in der Stadt einige gibt. («Hören Sie, beim himmlischen Ehrenwort eines ehrlichen Mannes» – ich verstehe plötzlich kein Wort deutsch – «by the blood of my father, who was like me» – kein Wort englisch – «ayez pitié d'un malheureux, Monsieur, d'un homme, qui gagne dur sa vie et qui a souffert») – und erst nach einigen hundert Metern, schon tief in der alten Stadt, fühle ich, wie das Ziehen an meinem Ärmel nachläßt. Ich sehe mich um. Ich bin in einer engen Gasse, die ganz von einem strengen Geruch nach Weihrauch, Granatäpfeln und gebratenem Ziegenfleisch erfüllt ist. Die Sonne ist vor einer Viertelstunde untergegangen, der Himmel ist nur noch schwach hell – aber in der Straße ist ein gedrängtes, leuchtendes Leben. Wo ein Licht ist, öffnen sich Gewölbe. Männer, Weiber, liegen im Staub, graben mit den Fingern in den Körben mit irgend etwas an Früchten: rote Datteln, hellgelbe Zitronen, dunkelgrüne Melonen, fleischrot an den Schnittstellen, violette Feigen; Erdnüsse, Café, weiße, gelbe, grüne, braune Körner liegen in riesigen flachen Körben und Sieben.

Über den Gewölben sind die Häuser aus Holz, auf schrägen Stützen in die Straße hineingebaut, die oben von ihnen fast geschlossen ist. Die Fenster sind oft vergittert mit einem dichten Holzgeflecht, oft sind ganze Häuserreihen gezahnt im Grundriß, damit die Fenster schrägstehen, um das Leben in der Straße besser beobachten zu können. Dieses Leben wird immer dichter, je weiter ich komme. Hier öffnet sich ein Basar; eine niedrige Gasse, ganz von bunten Tüchern überdeckt, mit Holzbuden an beiden Seiten, in denen die farbigsten Shawls, die schönsten gestickten Tinnef-Schuhe, Schnallen, Ketten, Kleider, Feze feilgeboten werden. Hier riecht es nach Leder, nach Café, nach den Bügeleisen der Tarbusch-Bügeleien, nach Staub, nach Nilpferdhaus im Zoo.

Etwas weiter, an der Einmündung in eine Hauptstraße, ist ein kriechendes Gewimmel. Wagen mit Früchten, mit Fleisch, mit Backware stehen mitten auf dem Damm, vor der öden, grünlich gestrichenen, unten schlächterladenähnlich gekachelten Höhle eines Cafés. Davor, darin auf niedrigsten Hockern sitzen Männer, in schmutziggraue, schleppende Hemden gehüllt, mit spitzen, schwarzen Wollkappen auf dem Kopf und ziehen an ihren Wasserpfeifen. Diese schmutzigen, schleppenden Hyänen kriechen durch den Haufen von Weibern, die auf der Erde liegen, Kindern, die zwischen den Marktstraßen herumlaufen, an den Fleischstücken beißen, Bonbons lutschen.

Plötzlich müde, lasse ich mich auf einem der Hocker nieder und bekomme bald einen schönen Mokka und ein Glas Wasser. Ich sehe folgende Szene: An dem Wagen vor mir, an dem an Eisenhaken lauter Kalbsgekröse hängen: Speiseröhre, Lunge, Herz, Nieren, tritt ein Mann, befühlt das blutige Herz eines Gekröses, die nassen Lungen eines anderen, holt es vom Haken, betrachtet es lange, führt es zur Nase. Der Herr des Wagens tritt an ihn heran. Ein kurzes, recht erregtes Gespräch folgt. Ich sehe einige Münzen aus der Hand des Herren in die des Verkäufers gleiten, ein furchtbar altes Stück Zeitung erscheint. Das Fleisch wird eingewickelt, und der Mann drückt es an seinen Leib – geht aber nicht fort, sondern bleibt stehen, wickelt das Fleisch aus, beriecht es von neuem, zieht das Gesicht größten Ekels, tritt wieder an den Verkäufer heran, vor sich auf den gestreckten Armen das Gekröse. Der Verkäufer packt es, fluchend, wirft es auf den Wagen, spuckt aus, tritt das Papier mit den Füßen, kehlt ein paar Worte. Es beginnt der wahre Handel. Alle Stücke werden abgefühlt. Endlich ist man wieder einig, ein neues Stück Papier tritt in Erscheinung, und der Käufer verläßt langsam, oft böse Blicke zurückwerfend, den Stand.

Unterdessen habe ich meinen Café getrunken, sehr zufrieden, inmitten dieses schönen Marktes zu sitzen, und wäre nicht die entnervende, gekehlte, leidenschaftlich sich übergebende Arabermusik aus der Kachelhöhle hinter mir, so hätte ich Lust auf Wasserpfeife ... Einstweilen möchte ich meinen Durst kühlen. Ich greife nach dem Wasserglas. Ein Kind erscheint, mit schönen schwarzen Augen (dessen eines leider erloschen ist), greift nach dem Glas, nimmt einen guten Schluck, setzt es nieder und empfiehlt sich mit höflichst dankender Gebärde, ohne ein Wort.

Dieses, liebe Mutter, war meine erste Begegnung mit dem Orient. Daraufhin war ich so erlöst, als ich in Haifa ein schönes, ruhiges Mittelmeerland fand, und der Schuk (Basar) von Jerusalem, der Lotte[60] mit solchem Grauen erfüllt,

Jerusalem: Felsendom und Klagemauer, Postkarte aus dem Nachlaß.

Israelische Landschaft, Postkarte aus dem Nachlaß. Auf der Rückseite notierte Posener: «Griechische russische Klostersiedlung bei Jerusalem. Das Bild ist eines der wenigen, das die feinen Stufungen und die Fülle verschiedener Gruppen und Formen in der Berglandschaft wenigstens andeutet. Bis zur Spitze ist der Berg mit Terrassen mit Wein und kleinen Obstbäumen besetzt. Die Häuser sind eingebettet in Gärten aus Zypressen, Kiefern, Feigen, Rankjasmin, Iris, Agaven, Löwenmaul, Margueriten, Sempervivum. Jetzt blüht alles.»

erscheint mir vornehm, stilvoll, schön und beinahe europäisch. Es ist doch ein Unterschied zwischen Afrika und Asien.

Ich bin aber ganz froh, Alexandria vorher gesehen zu haben, denn daraufhin war Palästina fast ein vertrautes Land, ich meine selbst das arabische Palästina.

## An Gertrud Posener

Jerusalem, d. 15. 10. 35

Geliebte Mutter,

Du hast natürlich recht. Die Reise war gesteigert bis Haifa. Aber vielleicht am meisten deswegen, weil ich in Haifa zum erstenmal die bräunlich-rotgrauen, dunklen Berge des Landes sah (an einem hellblauen frischblauen Meer aufsteigend). Das Land ist aber für mich noch schöner gewesen als Haifa, schon deshalb, weil es so völlig unerwartet ist. Alle Palästina-Filme und Bücher und ein guter Teil der Erzählungen lassen die Vorstellung zurück von einem tödlich blendenden, gelben Wüstenland, groß aber bedrückend. Palästina ist sanft, von schönsten runden Formen auch in den öden judäischen Bergen, leicht geschwungen wie die Provence (weniger herb) in der sogenannten Ebene, die nur an einem schmalen Küstenstreifen wirklich Ebene ist.

Ein Mittelmeerland, bei aller Größe überall von zartester Gliederung. Kein weiter Blick ist ohne einen Vordergrund; sei es nur ein Baum, eine hellgrüne Zypresse, in blauem Himmel vor einem Hintergrund von Gebirge lebend; sei es ein leicht kuppliger Hügel von roter Erde mit grauen Steinen darin, bestanden mit dunklen Nadelzypressen, kugligen, grauen Ölbäumen und hellgrünem Mandelgebüsch; sei es, im Fruchtland, ein leuchtend grüner Orangengarten oder ein junges, durchsonntes Maisfeld; oder auch das graue Geschachtel eines arabischen Dorfes auf einer flachen Kuppe. Der Himmel ist eine helle, flache Schale. Nur im Bergland, über Jerusalem, ist er höher und tiefer blau. Wenn man sagt, daß das Land farbig ist, so stimmt das; aber in einem ganz anderen Sinne, als wir uns das dachten. Alle Farbe wächst hier aus einem dunkelhell schimmernden Grund von tiefbraun, hell-eisenrot, gelb bis weiß-grau. Tiefbraun der Boden am Bergland und auch in den Bergen selbst, die aus einer Unzahl braun-hellgelber Terrassen aufgeschichtet sind. Hellrot der Boden in den Orangengebieten von Tel-Aviv; gelbgrau, rosagrau und weißgrau das Gestein und aller Steinbau. Jerusalem ist, vom Ölberg gesehen, ein schimmernd rosengrau und kalkgraues Gewürfel von dunklen Wipfeln und spitzen Zypressen durchsetzt, hinter der hohen rostroten Zinnenmauer. Ganz vorn aber, gleich hinter dieser Mauer, treten die Häuser zurück und lassen eine hellgrauweiße Platte frei, in deren Mitte, ein Türkis, das blaue Achteck des Felsendomes strahlt. An die Mauer schließen sich Terrassen, die kleinen Kuben jüdischer und arabischer Friedhöfe, Ölbäume, grau auf rötlichem Steingrund aufsteigend aus dem Tal von Gethsemane, am Hang des Ölberges.

Wendet man den Blick von der Stadt ab, so sieht man, zuerst, eine brennendgraugrüne Zypresse, darunter in einem gepflasterten unregelmäßigen kleinen Hof eine bescheidene, verlassene Kuppel. Dorfhöfe drängen sich heran. Man hört den Singsang der arabischen Schüler und riecht Düfte aus Ställen und Küchen. Unter dieser Kuppel (nicht in der Mitte!) ist der Stein, von dem Christus in den Himmel gestiegen sein soll. Dahinter aber (denn alles dies ist nächster Vordergrund) senken sich braunrote wüste Bergrücken immer tiefer bis zu dem nahen Spiegel (nah: 35 km) des Toten Meeres und der blauen Bergmauer dahinter. Siehst Du aber wieder neben der Stadt ins Tal, so siehst Du ein paar Kirchen, ein paar Gärten, Oliven, Tamarisken, Mauern, in Kurven am Berghang hinauf, steinige Wege begleitend, und Du kannst nicht umhin, ergriffen zu sein von der lieblichen Einfachheit dieser Stätten: dort der kleine, häßliche, rührend blühende Klostergarten bei der scheußlichen russischen Basilika ist Gethsemane. Hier die kleinen Steinblöcke im Hof unter uns sind die höchsten Altäre der orthodoxen und katholischen Kirche. Die komische Dorfmoschee daneben ist alles, was die mächtigen Moslimun[61] bis an diese staubige und heilige Stelle vorzurücken gewagt haben. Land und Himmel strahlen in einer ernsten Heiterkeit, und es kommt wirklich auch dem Ungläubigen heilig vor. Man sieht ständig Schwalben und Tauben in der Luft, und wo etwas blüht, fliegen große, gelbrote Wespen, wie fliegende Blüten und lassen die langen roten Beine wie Staubgefäße hängen.

All das ist wunderschön und erzeugt eine Ruhe und ein «Gott wird für mich sorgen».

## An Le Corbusier

Posener, Jerusalem, King George Avenue, George Davids Building.
Bei Dr. Liebstaedter.

3. II. 35

Monsieur Le Corbusier, architecte
35, rue de Sèvres
Paris

Cher Monsieur,

entschuldigen Sie bitte, daß ich Ihnen mit der Maschine schreibe: Es ist sehr kalt (in Jerusalem!), und ich habe klamme Hände, weshalb meine Handschrift noch weniger lesbar wäre als sonst.

Sie haben Interesse an meiner Reise bekundet. Daher erlaube ich mir, Ihnen einige Eindrücke mitzuteilen.

Es ist zweifellos die interessanteste Reise, von der ich je geträumt habe. Auf diesem schmalen Landstreifen zwischen Kleinasien und Afrika folgen die Landschaften in einer ganzen Skala aufeinander: die Küste mit ihren Sanddünen; das grüne Land (auf einem rötlichen Boden von sehr dunkler Farbe); Orangengärten: das echte jüdische Land, d. h. ein Land, das jüdische Arbeit vollständig verwandelt hat. Da, wo Wüste war, die man noch überall dort antrifft, wo die Araber im Besitz des Landes sind: die Steppe, die kaum mehr als Weidegrund für Schafe und schwarze Ziegen abgibt, deren Herden einen dunklen Fleck auf dem farbigen Grau der Landschaft bilden, hat die Arbeit dieser europäischen Pioniere grüne Gärten geschaffen, mit gepflegten Häusern geschmückten Alleen (dies sei angemerkt, ohne in die Erörterung ihres architektonischen Wertes einzutreten ...). Wenn Sie auf einen dieser niedrigen, mit Zypressen und Olivenbäumen bepflanzten Hügel steigen, erstreckt sich der Blick von diesem heiteren Gartenland bis zu den rosa-grauen Bergen Judäas. Die Luft ist dort schwer, das Klima im Winter sehr milde, im Sommer sehr heiß. Um diese Hitze ertragen zu können, muß man bei der Ausrichtung der Häuser den ständig vom Meer her (Westen) wehenden Wind auszunutzen suchen. Einer der Umstände, denen der Architekt Rechnung tragen muß.

Nach Osten hin folgt dem Orangenland eine Steppe, ein schmales Band zwischen den Gärten und den Bergen. Der Boden dort ist braun, schwer. Das Land könnte viele Früchte tragen, doch wird es nicht bewirtschaftet. Das ist das schöne Land der Ziegenherden, der Lämmer und der Kamele, der schwarzen Nomadenzelte, der Dörfer aus grauen Kuben, die auf einem der niedrigen,

Israelische Landschaft, Fotografie aus dem Nachlaß. Auf der Rückseite notierte Posener: «Landschaft. Das Tal Jesreel. Jüdische Kulturlandschaft.»

runden Hügel sitzen, die sich aus dieser leicht gewellten Ebene am Rande des Gebirges erheben. Abrupt ändert sich diese graue und ruhige Landschaft am Eingang zum Gebirge. Die Täler strahlen vor Farbe. Die Höhen bilden runde Rücken (von unerhört schöner Form), gebildet aus unzähligen Terrassen eines gelbgrauen Kalksteins, von einer Schicht roter Erde bedeckt. Stellen Sie sich den farblichen Zauber dieser Berge vor, die mit Reben, Olivenbäumen, Mandelbäumen, Pinien bewachsen sind: eine ganze Palette von Grüntönen vom «blonden» Grün der Olivenbäume bis zu den vollen Tönen der Zypressen. Zu jeder Stunde des Tages wechseln diese Farben unter einem stets klaren Himmel (außer wenn er die Szene der ergreifendsten Wolkenspiele ist), dessen Licht jedoch vom Morgen bis zum Abend in sehr zarten Nuancen zu- und abnimmt.

Aber die farbliche Schönheit reicht längst nicht an die des Reliefs heran, an die der Skulptur dieser Berge, die in Terrassen abgestuft, von kurvenreichen, zwischen zwei Mauern verlaufenden Wegen bewegt, von den reinen und klaren Araberdörfern gekrönt sind.

Ich habe viel an Sie gedacht bei der Betrachtung dieser Landschaft, die ich nach manchen Ihrer Zeichnungen aus Algier[62] wiederzuerkennen meinte. Die Maler des Landes (ganz zu schweigen von den Architekten) haben jedoch offenbar nichts wahrgenommen, und statt dieses göttliche, in das heilige Licht des biblischen Himmels getauchte Relief zu neuem Leben zu erwecken, beschäftigen sie sich mit kleinen «orientalischen und pittoresken» Sachen.

Das Gebirge erreicht seine größte Höhe in Jerusalem. Der Gipfel dieses letzten Hügels wird vor den vom Toten Meer und von Transjordanien wehenden Wüstenwinden gerade einmal durch den sehr hohen Kamm des Ölberges geschützt. Gerade dies macht die Lage dieser Stadt so einzigartig.

Vom Ölberg taucht der Blick in zwei Welten: im Westen die heilige Festung, von dem großen Leerraum des Tempelplatzes dominiert, von Tälern mit grünem, belebtem Grund umgeben. Im Westen [sic! richtig: Im Osten, Anm. des Übersetzers] die nackten, roten Rücken der Steinwüste, die 1200 m bis zum ruhigen Spiegel des Toten Meeres abfällt.

Und alle diese Landschaften vom Mittelmeer bis zum Toten Meer drängen sich in einem Küstenstreifen von 100 km Breite. Frankreich ist ein enorm vielgestaltiges Land. Aber man kann den vielfältigen Charakter einer französischen Landschaft nicht mit den dramatischen Wechseln vergleichen, die dieses kleine Land bewegen. Dies ist eine Brücke mediterraner Erde am Zugang nach Asien und nach Afrika. Man begreift, daß seine Geschichte mehr noch als die Frankreichs ein ständiges Hin und Her von Völkerschaften gewesen ist.

Zudem spreche ich nur von dem Land, das ich kenne. Jedoch hat man mir berichtet, daß das Jesreel-Tal im Norden, die Berge von Galiläa, der Hula-See und der See Kinnereth gänzlich andere Landschaften sind, ebenso im Süden die Wüste von Judäa, die Sinai-Halbinsel und der Golf des Roten Meeres.

Diese Vielgestaltigkeit des Landes ist der angemessene Rahmen für die Vielzahl hier lebender Völker. Leider decken sich die Grenzen der Völkerschaften überhaupt nicht mit denen der Regionen. Alle Nationen wohnen überall. Ein kleines arabisches Dorf hat ein Tscherkessenviertel, im Gebirge liegt ein russisch-orthodoxes Kloster unweit eines griechisch-orthodoxen; die russischen Mönche haben einige Häuser auf dem Gebiet des Klosters, die griechischen Brüder haben ein ganzes kleines Dorf von gänzlich griechischem Aussehen: mit bläulicher Kalkmilch getünchte Häuser, mit Zypressen und Feigenbäumen bepflanzte Terrassengärten. Einige Schritte weiter haben Juden einen Wald von Aleppokiefern gepflanzt, der diesem Hügel den Charakter einer «Kuppe» des deutschen Gebirges verleiht; daneben hat eine deutsche evangelische Gemeinde ein ganzes Dorf gebaut, wie man es in Württemberg finden könnte, so ordentlich sind die Häuser, so grün die Gärten, so anheimelnd und «gemütlich» die Straßen.

Zu allem Überfluß ist der historische Ort des Dorfes vermutlich römisch (wovon noch einige italienische Bäume zeugen – Bäume werden hier uralt –), und im Talgrund zeugt die Ruine einer dreischiffigen romanischen Kirche vom Wirken französischer Architekten in diesem Land zur Zeit der Kreuzzüge.

Übrigens muß man zugeben, daß alle diese Völker und Sekten es verstanden haben, ihre Bauten in durchaus harmonischer Weise in die Landschaft einzufügen. Zweifellos ist es nicht das schöne Licht, das die Verbrechen der «Landschaftsverschandelung», wenn es denn solche gäbe, weniger sichtbar machen würde. Denn bedauerlicherweise existieren aus jüngster Zeit solche Verbrechen, und sie sind leider ziemlich sichtbar und recht schockierend.

Insbesondere in Jerusalem haben sich die Regierung und die Juden größte Mühe gegeben, die Stadtsilhouette zu zerstören. Übrigens ist ihnen das völlig gelungen. Niemals habe ich so viele Zeugnisse der Barbarei, so zahlreiche Fehler im Maßstab, so viele Mängel im Verständnis der primitivsten Elemente der Architektur angetroffen. Ein Trost nur, daß Kaiser Wilhelm II. bereits vor dem Krieg begonnen und den Herstellern von hohen Türmen, von Kuppeln und Minaretten, deren Woge die alten Mauern Suleimans des Großen bedroht, den rechten Weg gewiesen hat.[63]

Die Juden können weder Häuser noch Städte bauen. Sie hatten eine großartige Chance. Sie haben sie vertan.

In Tel Aviv drängen sich die Mietshäuser auf Grundstücken von 15 mal 50 m, gehen auf enge, staubige Straßen hinaus; aber all dies ist «modern». Eckfenster, Betonplatten zum «Schutz» von ich weiß nicht was, allenfalls zum Schutz der ästhetischen Theorien ihrer Architekten; zu breite, zu niedrige Fenster, brutale Öffnungen, durch die das Licht abrupt in die Schlafzimmer fällt, statt wie in Frankreich durch irgendeine «Vorrichtung» zwischen der Lichtquelle und dem Inneren gefiltert zu werden. Beim Anblick eines Hauses kann man sagen: Dein Architekt hat 1926 Stuttgart (oder Breslau) verlassen.[64] Er ist bei diesem letzten Schrei von vorgestern geblieben. Er hat nie geahnt, daß Palästina nicht Schlesien ist und daß es bei gewissen Problemen der Architektur seit 1926 einen Fortschritt gegeben hat.

In diesem Land ist eine enorme Erziehungsarbeit zu leisten.

Aber man muß mit viel Umsicht vorgehen.

Schwierig ist, daß sich die Juden in allen Ländern auf die Kulturen europäischer Völker gestützt haben. Hier sind sie die Europäer. Sie finden in dem Land nichts, was ihr Streben leiten könnte, zumindest nichts Zeitgenössisches. Es besteht die Gefahr, daß sie entweder die in Berlin oder Prag gelernte letzte Formel um jeden Preis bewahren möchten oder die Araberdörfer oder die Kuppeln der Moscheen blind zu imitieren suchen.

Auf jeden Fall wollen sie «Kunst» machen und verstehen es nicht, sich für den Anfang mit ehrlichen, passenden Sachen zu begnügen. Das Ergebnis ist, daß manche Dinge nicht ohne Charme sind, daß aber nichts natürlich ist und daß diese Städte insgesamt katastrophal sind.

Übrigens gibt es auf dem Lande einige Kolonien, «Kvuzoth»,[65] deren Architektur allem, was man in den Städten macht, weit überlegen ist.

Ich maße mir nicht an zu glauben, daß ich für diese chaotische Situation eine Lösung finden kann.

Für mich handelt es sich zunächst darum zu lernen: Altes und Neues zu studieren, Dinge auszuwählen, die mir auf dem richtigen Wege zu liegen scheinen, und solche, die ich für Gegenbeispiele halte, vielleicht in Frankreich und Palästina einige Untersuchungen zu publizieren: docendo discere.

Im Moment befinde ich mich in einer leichten Krise, da ich nicht hoffen kann, sofort Aufträge zu bekommen. Vielleicht ist das nicht schlecht: Ich kann mich vorbereiten und zugleich versuchen, mich in die interessanten Kreise des Landes einzuführen.

Da ich mittellos bin, ist es mir willkommen, daß ich Menschen gefunden habe, die sich für diese halb theoretische Arbeit interessieren und mir das zum Leben Nötige gewähren.

Diese Dinge sind eigentlich noch nicht ausgereift; ich werde nicht versäumen, Ihnen davon zu berichten, wenn ich klarer sehe.

Inzwischen, cher Monsieur Le Corbusier, möchte ich Ihnen nochmals für das an meiner Arbeit bekundete Interesse und für alle Ihre guten Wünsche danken. Ich hoffe, daß dieses Interesse Ihnen die Lektüre eines so langen Briefes erleichtert, der ein Land beschreibt, das Sie vielleicht kennen? (Falls nicht, wäre es sehr gut, wenn Sie eines Tages hierher kämen.)

Ihr sehr ergebener

Julius Posener

## An Gertrud Posener

Nr. 4 (Nr. 3 ist, glaube ich, nicht numeriert. Er ist aus Kfar Jonah)[66]

Jerusalem, d. 23. 11. 35

Geliebte Mutter,

ich tippe, wegen größerer Leserlichkeit, leichterer Post (man bekommt mehr auf einen Bogen) und weil es vielleicht nett ist, einen Durchschlag zu haben.

Als ich von meiner Wanderung zurückkam, fand ich gleich Deinen lieben Brief Nr. 9 (11.11.)[67] der mir ein sehr böses Gewissen machte, weil ich während meiner Reise gar nicht geschrieben habe.[68] Ich habe mich damit beruhigt, daß Du ja während dieser Zeit von Ludwig[69] mündliche Nachrichten hast; er wird Dir vom Lande mehr erzählen, als ich schreiben kann, und er wird Dir von mir erzählen, daß ich nicht nur nichts Schlechtes von meinem Befinden zu berichten habe, sondern daß es mir besser geht als seit langem. Ich esse alles und fühle mich kerngesund.

Nun ist das allerdings bei dem jetzigen Klima kein Wunder. Die Jahreszeit, die jetzt angefangen hat, ist auch eins von den Dingen, die man in Europa nicht kennt. Man müßte sie Herbstfrühling nennen. In den Orangengärten färben sich die Bälle an den Bäumen; es wird geerntet, und ein Geruch nach reifer, aromatischer Frucht ist in der Luft. Das ganze Land riecht danach. Zugleich aber sieht man an den Bergen in Flecken, in den Ebenen in Streifen, erstes Grün: Saat und Gras. Aus allen Felslücken sprießen die Blätter von den Zyklamen, Narzissen, Tulpen, Orchideen; kleine weiße Krokusse beginnen zu blühen, an Sträuchern kommen neue Triebe. Und daneben stehen die Feigenbäume gelb im Herbstlaub oder schon kahl in einem kühlen Himmel. Die Sonne steht schräg, ist nur über Mittag noch grell. Reife Frucht ist in den Gärten, Frische und Hoffnung in der Luft.

So ist auch manches andere ganz anders, als man es sich vorgestellt hat, zum Beispiel die berühmte kurze Dämmerung, von der Du schreibst. Es ist gar nicht wahr, daß die Dämmerung kurz ist. Wahr ist, daß es schnell Nacht wird, wenn die Sonne unter dem Horizont verschwunden ist; aber die Dämmerung beginnt, lange ehe die Sonne unter ist. Dieser Augenblick ist sehr eigenartig. Plötzlich wird das weiße Mittagslicht gebrochen, gelblicher. Zugleich kommt ein herrlicher Abendwind auf. Den strahlenden Himmel überzieht ein Farbschleier, der ständig wechselt. Abendröte und rosige Wolken, tiefes Grün und kaltes Blau des Himmels, Glut und hellste Abendfarbe. Zugleich nimmt die Erde alle Schatten des Abends an. Der Grund der Täler wird dunstig, die Berge treten stumpf hervor, und die Rundheit ihrer Formen wird noch weicher; nur liegt irgendwo, auf einem ihrer Rücken, ein greifbares, warmes Licht. Es wandert, faßt hier ein Stück dunkelgoldene Stadtmauer, dort ein rotes Dach, einen Turm. Eine Zypresse glüht dunkel auf, ein Garten mit Ölbäumen leuchtet in blondem Grün, bis ein warmer Schatten alles überzieht. Nun beginnt die stillste Minute des Tages, zwischen Licht und Nacht: die Erde stumpf widerleuchtend, der Himmel matt und weit; einen Augenblick grau, ehe er sich mit der tiefen Bläue der Nachtferne durchdringt.

Diese Dämmerung ist aber schon nicht mehr ganz in der jetzigen Jahreszeit, die ein viel sanfteres Licht hat, und einen langen Morgen und Nachmittag, wie im März. Auch der Himmel ist in einigen Wochen anders geworden, vor allem an Regentagen. Die Regengüsse der jetzigen Jahreszeit sind zwar manchmal schon sehr heftig, aber der Himmel ist niemals völlig bedeckt. Wenn es hier regnet, sieht man etwas weiter reinste Bläue am Himmel. Oder man sitzt in der Sonne und betrachtet eine Wolkenlandschaft von größter Weite und Mannigfaltigkeit: helle Wolken, die in Weißglut brennen, etwas weiter eine heftige Ballung grauer, blauer, schwärzlicher Gewölke; irgendwo sinkt ein Schleier aus einer Wolke bis aufs Land herab, vielleicht an zwei Stellen des weiten Himmels. Dort regnet es heftig, während in einer anderen Gegend ein unschuldiges Blau den strahlendsten Frühlingstag überwölbt.

Es gibt aber auch fliehende graue Schleier über der Ebene, Halblichter, die die Landschaft herbstlich grau erscheinen lassen, kurz, eine ganze Symphonie von Wolkenschlachten und Himmelsklarheit, die gleichzeitig gegenwärtig die Landschaft wie eines jener Reliefs erscheinen läßt, in denen nacheinanderfolgende Ereignisse in einem riesigen Bilde erzählt werden. Bei all dem wird man ganz Auge und lebt in einem dauernden Rausch des Anschauens, der aber nicht sättigt, sondern Lust macht, alles Schöne der ganzen Erde gleichzeitig zu sehen und dabei nicht untätig zu sein.

Wenn ich Dir nun, außer diesen irgendwie herausgerissenen Blicken, noch meine Reise erzählen wollte, die durch die verschiedensten Länder an einem Tage ging: ganz alpenhaftes Hochgebirge im Norden, recht kalt, mit dem Geruch von Alpenwiesen und Kühen; üppigstes Tiefland am Jordan; eine Landschaft, die so aussieht, wie Griechenland aussehen muß, am See Kinnereth (dem hellsten See, den ich gesehen habe), dunkelstes Mittelmeer mit der Seefestung Akko (lachender Orient. Ein östliches Saint-Malô), dann könnte ich sehr lange reden.

Dieses Land ist so eindrucksvoll, und die Idee, daß man vielleicht wirklich von dem Volk herkommt, das hier vor einigen tausend Jahren gesessen hat, ist so verlockend, daß es schwer fällt, Territorialist[70] zu sein, obgleich ich immer noch glaube, daß dies die einzige geschichtliche und logische Haltung ist, die man haben dürfte.

Da nun einmal Palästina die Zuflucht der Juden geworden ist, so kann man nur froh sein, daß das Land so viel tut, um die von allem Gegenständlichen entkleidete, Jahrtausende alte Liebe der Zionssehnsüchtigen täglich zu bestätigen, und hoffen, daß die Kraft dieser Liebe (die man sich, trotz aller gegenteiligen Meinung, wohl doch hüten soll zu schwächen) die schauderhaften Schwierigkeiten überwinden hilft, die gerade in diesem Land auf das arme jüdische Volk warten.

Ich lese eben in Herzls Tagebüchern die Stellen, in denen von den verschiedenen territorialistischen Projekten (Uganda etc.) die Rede ist. Man muß sich da zuweilen über Beschränktheit und sogar Mangel an bona fide in der Behandlung der Angelegenheit ärgern; aber ich weiß nicht, ob er nicht am Ende recht gehabt hat.[71] Diese Lektüre ist überhaupt sehr interessant, vor allem, was das Persönliche angeht. H. kommt mir vor wie ein sehr echter ungarischer Jude mit seinen fabelhaften und seinen schrecklichen Eigenschaften. Zuweilen muß ich an Vago denken, beim Anblick dieser dauernden Diplomatie um der Diplomatie willen, der Vielgewandtheit, hellen Intelligenz im Handeln und völligen Borniertheit, vor allem wo es sich um konstituierte Mächte handelt. Da ist er, bei aller Diplomatie und Beherrschung der Situation, immer von frommstem Aufblicken; eine Ausnahme gibt es nur für den Sultan, und da sind die Gründe des geringeren Respektes recht durchsichtig. Vago ist noch sehr jung. Es gibt bei ihm einen starken Hang zu ideellem Handeln. Wer weiß: Wenn ihn eines Tages eine Idee überfällt, ob er nicht auch so ein reisender Diplomat-Idealist wird, ehrlich und gewandt, verschmitzt und borniert, restlos von einer Wahrheit durchdrungen und eitel. Du siehst aus dem Vergleich, daß mir Herzl zwar sehr imponiert (und weiß Gott auch moralisch), aber im Innersten unsympathisch ist. Seine Gegner in- und außerhalb des Zionismus scheinen allerdings nicht sympathischer.

Um nun aber endlich aus dem Schwabbeln herauszukommen und auf Deinen Brief zu antworten, so kann ich nur sagen: Du hast selbstverständlich in allem ganz recht: Ich bemühe mich auch, die Beziehungen zu A. K.[72] zu pflegen, aber ich habe da vielleicht schon Dummheiten gemacht, die mir meine Schwägerin mit Recht vorgehalten hat. Aber ich bin nicht pessimistisch. Beide (und noch andere Leute) brauchen mich. Einstweilen scheint sich Erich[73] einzubilden, ich brauche ihn, und er könne mich für zwölf Pfund kaufen. Ich werde aber lieber jede andere Arbeit hier im Lande annehmen, als die wäre, mich zum Sprachrohr dieses eitlen und gar nicht so sehr, sehr bedeutenden Architekten zu machen. Ich wußte immer, daß unsere sogenannte Zusammenarbeit ein dauernder Kampf sein würde und habe ihm das sogar, so deutlich ich es nur konnte, gesagt, als er von «Ergebenheit fürs Leben» sprach. Ich sagte ihm da (in der höflichsten Weise), daß es mir unmöglich sei, zu glauben, daß irgendein Mensch das Heil fertig hierher mitbrächte. Er lachte und meinte, er sei nicht Corbusier, der Götzenanbetung verlangte. Ich konnte es mir nicht verkneifen, ihm dann noch zu sagen, daß Corbusier, so sehr er Weihrauch liebe, es durchaus verstände, sich mit entschiedenen Gegnern in einer sehr cordialen und offenen Weise zu stellen. Nach diesem ganzen Gespräch, das so offen war, wie es nur möglich ist, hoffe ich, daß es eine Zeitlang gehen wird, ohne daß er von mir verlangt, ich solle sein Hofdichter sein. Und wenn er es dann tun wird, hoffe ich, weit genug zu sein, um ihn nicht unbedingt zu brauchen. Meine (Du wirst sagen: Vagos) Diplomatie bei der Sache ist die, es bei aller Unabhängigkeit mit ihm nicht völlig zu verderben. Das wird gar nicht einfach sein und vielen Ärger, auch manche Peinlichkeit kosten.

Dazu kommt, daß sein Bureau so komisch preußisch ist. Es ist sehr ulkig. Sein Vertreter ist ein Mann, den ich überhaupt nicht für einen Juden gehalten hätte;[74] im Bureau zirkulieren «Rundschreiben», sprich Verordnungen, wenn es sein muß, selbst im Stil der «zehn Gebote». Ich denke an André Bloc und sein «Organisez-vous, comme vous l'entende« und gedenke in preußisch Jerusalem der Sitten in douce France: Daß der Rhein eine so viel schärfere Grenze ist als das Mittelmeer!

Mir kommt dieses Preußentum im Orient lächerlich vor und ebenso wie die Architektur, die man hier macht (und von der Erich nicht ausgeschlossen ist), wie ein Rückfall in schlechte deutsche Sitten. So vieles hier ist eine Verzerrung von deutschen Dingen, die mir von Frankreich aus gesehen sympathisch erschienen und die ich mir hier abgewöhne zu lieben. Dabei sind die betreffenden deutschen Dinge wahrscheinlich wirklich sympathisch, nur hier sind sie langweilig, leer und grob. Es ist irrsinnig schwer, mit kulturellen Gewohnheiten (die oft recht äußerlich waren) aus einem Lande, in dem man eine lernende Minderheit war, die dortigen Sitten annahm und sich mit ihnen entwickelte, in ein neues Land zu kommen, wo man allein ist. Man braucht dann ein gewisses Residuum gelernter Formen einfach auf; sie leben nicht mehr; und es tritt nichts (als höchstens eine Ideologie) an ihre Stelle. Aber das ist nun einmal das Schicksal der jetzigen Generation. Um ihm auszuweichen (soweit man das kann), nützt kein Versenken in die «eigenen» Dinge, mit dem Ziel, sie zu «leben», sondern, im

Gegenteil, das Sehen mancher Länder, um sich von dem engen Sektor europäischer Kultur, den die meisten unserer Leute mitbekommen haben, freizumachen und wirklich eine etwas universellere Kultur zu erwerben: das, was man hier mit Licht [Der Brief ist unvollständig erhalten.]

## An Gertrud Posener

Pessach 1936

Germany
Frau Gertrud Posener
Berlin-Halensee
Kurfürstendamm 102
b. Hammerschlag

Geliebte Mutter,

Das nächste Jahr in Jerusalem!

Dein Jul.

## An Salman Schocken

Julius Posener, Dipl. Ing. Architekt.
Off St. Julians Way. Bldg. of the Royal Egyptian Consulate.

Jerusalem, d. 31. 5. 36

Herrn
Salman Schocken
Talbieh.

Sehr geehrter Herr Schocken,

obwohl ich nicht daran zweifle, daß Sie außerordentlich beschäftigt sind, möchte ich Sie um Aufmerksamkeit für eine interessante Geschichte bitten.

Während einiger Jahre war ich Redakteur an der Bauzeitschrift,[75] die ich Ihnen sende. Im vorigen Jahre verließ ich diese Redaktion, um in Palästina zu arbeiten. Herr Mendelsohn lud mich ein, in sein Bureau zu kommen.

L'Architecture d'Aujourd'hui versprach mir bei meinem Weggehen, daß sie einen umfangreichen Bericht über Bauen in Palästina veröffentlichen wollte. Ich sollte ihn gemeinsam mit unserem hiesigen Korrespondenten vorbereiten.[76] Gleichzeitig gelang es mir, die Zeitschrift L'Urbanisme zu veranlassen, sich aufs neue und gründlicher als bisher mit Palästina zu beschäftigen. Sie gab mir den Auftrag, zusammen mit Herrn Richard Kauffmann einen Bericht für den Internationalen Kongreß in Paris, 1937,[77] abzufassen.[78] Ich fand es interessant, daß zwei bedeutende Zeitschriften endlich einmal Palästina als Architekturland ihren Lesern vorstellen wollten, und machte mich an die Arbeit.

Es ging mir zunächst, wie jedem, der ankommt: Trotz aller Beschreibungen, Bilder, Filme ist das Land überraschend. Bei jedem Schritt sagte ich mir: Warum habe ich dies noch nie gesehen, warum hat man mir jenes nie erzählt? Ich mußte meine Vorstellung gründlich korrigieren. Diese Vorstellung war die von einem Palästina, bestehend aus öden Felsbergen und sandigen Flächen, in denen man hier und da einige Baracken und Zelte um einen Wasserturm gruppiert findet, in den Baracken hausen Mädchen mit kurzen Leinenhosen, die in einer staubigen Stube Orangen in Körbe tun, vor den Zelten beschäftigen sich junge Männer in längeren Leinenhosen mit alten Eisenrohren; in einiger Entfernung steht eine Palme; auf einem Sandweg trottet ein Kamel.

In Wirklichkeit traf ich wohl dergleichen auch; aber zugleich sah ich saubere Orte in grünen Landschaften, Stufengebirge mit Fruchtterrassen, Mandelblüte in arabischen Bergdörfern, griechische, jüdische, russische, deutsche Dörfer, ein jedes mit seiner besonderen Landschaft, Seefestungen, Kirchen, Burgen, weitgespanntes Orangenland, sehr verwirrende, moderne Städte, schattige Gartenhöfe und Häuserwüsten in Jerusalem, alle Unform «moderner» Architektur und vornehme orientalische Häuser: mit einem Wort, ein Land, in die verschiedensten Landschaften gegliedert, von den verschiedensten Menschen bebaut und bewohnt.

Mein erster Gedanke war, vor aller modernen [Baukunst die] Baukunst dieses Landes unseren Lesern vorzustellen, und vor allem die schönen Häuser der Russen, Griechen, Deutschen und der ersten jüdischen Siedler, welche diesem Lande und seinen Bedingungen so gut entsprechen. Ich ging also in die Archive, um Bilder zu suchen – und fand mein altes Palästina, wie ich es von Deutschland her kannte.

Der Anblick dieser Fotomappen ist entmutigend. Von Bild zu Bild begriff ich weniger, wie man es fertig bringen könnte, in einem so lebendigen Lande nichts zu photographieren, als die bare Statistik: Massen in Umzügen, Volksfesten, Baumschulen, Orangenkisten. Gut gelungene Exemplare von Arbeitern, Bäuerinnen, Kindern, Kühen und Grapefruits. Sitzungen, Eröffnungen, Banketts und Einweihungen; schließlich ein paar überwölbte Straßen von Jerusa-

Arabisches Dorf, Fotografie aus dem Nachlaß, publiziert im Palästina-Heft von *L'Architecture d'Aujourd'hui*, September 1937

lem, und, ein Lichtblick (aber leider für mich wenig tröstlich), ein Buch mit jüdischen und orientalischen Volkstypen. Man hätte die zwanzig Bände, die ich durchgesehen habe, und die jahraus, jahrein die Hauptquelle zur Illustrierung aller zionistischen Werbeschriften liefern, in Babelsberg filmen können, mit einem geringen Aufwand an Comparserie und Material.

Ich möchte Ihnen die Aufzählung meiner Wege ersparen; ich ging von einem Archiv zum anderen, von einer Institution zur anderen, von einem Architekten zum anderen: Es gab keine Bilder, keine Pläne, keine Luftbilder, keine Darstellung der modernen Städte, keine Darstellung des altpalästinensischen Hauses und Gartens, keine Aufnahmen und Vermessungen der guten deutschen Bauernhäuser von Sarona oder der besseren jüdischen Bauernhäuser von Rosch Pina (um von arabischen Häusern gar nicht zu reden).

Je mehr ich aber in dieser Richtung suchte, desto mehr wurde ich davon überzeugt, daß es sich dabei nicht um eine ästhetische Angelegenheit handle. Es war mir schon nicht mehr darum zu tun, ein paar einleitende Bilder für meine französischen Aufsätze zu finden oder bestenfalls eine «Blütenlese» palästinensischer Bilder für irgendeine andere Zeitschrift zu geben. Ich merkte, daß ich da auf eine Sache gestoßen war, die für das Bauen im Lande selbst seine Bedeutung hatte.

Das Bauen in Palästina war natürlich unter allen Überraschungen für mich die größte. Der Anblick unserer Städte veranlaßte mich zu den kindlichsten Fragen, auf die ich indessen bis heute noch keine befriedigende Antwort bekommen konnte:

Wie ist es nur möglich, fragte ich, daß man auf dem jungfräulichen Boden Palästinas Städte hat entstehen lassen, die sich geradezu bemühen, alle Fehler der europäischen Großstädte zu kopieren?

Wie ist es möglich, daß die gleichen Architekten, die so viel von den «Bedingungen des Landes» reden, hier ebendasselbe bauen, was man zur Zeit ihrer Abreise in Breslau oder Berlin gebaut hat?

Wissen diese Menschen nichts von dem alten Bauen im Lande?

Wissen sie nichts von dem neuen Bauen in der Welt?

Werden sie fortfahren, unseren Geschäftsstraßen das Gesicht von Pankow, unseren Wohnvierteln das von Neu-Friedenau zu geben?

Werden Landmesser und Stadtingenieure weiter die Straßenzüge und die Parzellierung der jüdischen Städte bestimmen?

Wird man höchst unorganische und schematische Baugesetze weiter ohne Murren hinnehmen?

Diese Fragen sind deswegen besonders kindlich, weil jeder Mensch sie stellt.

Ich konnte mich überzeugen, daß keiner an den «Wolkenkratzern» von Jerusalem vorbeigeht, ohne diese Bemerkungen zu machen.[79] Wie oft hat man nicht bereits in Zeitungen über dieses Thema geschrieben? Als ich mich dem Herausgeber der neuen Palestine Review[80] vorstellte, schlug er mir vor, noch einmal darüber zu schreiben; ich habe nicht den Mut dazu: Im Rahmen einer Tageszeitung oder allgemeinen Revue kann man nichts Neues zu diesem Thema sagen.

Der Gedanke erschien mir unabweislich, daß es nötig sei, in Palästina eine Bauzeitschrift zu gründen. Sie müßte von einem Institut ausgehen, welches zwei Aufgaben dient:

1) Sammlung und Sichtung dessen, was in der Welt an neuer Architektur und Bauforschung entsteht: Schaffung eines Archives für Architekten (und Publikum).
2) Systematische Erforschung der Baugeschichte des Landes und der umliegenden Länder, nicht vom archäologischen, sondern vom bautechnischen und vom Gesichtspunkt der Wohnlichkeit aus.

Eine solche Zeitschrift müßte

1) dem Architekten Gelegenheit geben, seine Arbeiten zu veröffentlichen. Wir haben recht beachtliche Architekturwerke in Palästina (Krankenhaus Asuta in Tel Aviv, Krankenhaus in Petach Tikwah, Chader Ochel in Tel Josef, Schule und Chader Ochel in Deganya, Merkas Mischari in Sfat, Villa und Bibliothek Schocken in Jerusalem[81]). Wir haben praktisch keine Stelle in Palästina, wo ein Architekt solche Werke in zufriedenstellender Weise veröffentlichen kann.
2) müßte sie das für uns Wesentlichste aus dem ausländischen Bauen mitteilen.
3) müßte sie das alte Bauen in Palästina darstellen.
4) müßte sie die aktuellen Fragen des Städtebaues etc. systematisch behandeln, in anderer Weise, als es ein Artikel in der Palestine Post[82] kann.
5) müßte sie dem Publikum, in und außerhalb von Palästina, das Land Palästina zeigen. Weit entfernt davon, eine reine Fachzeitschrift zu sein, müßte sie durch ihre Form und die Art ihrer Darstellung die Rolle der illustrierten Palästina-Zeitschrift übernehmen, die so sehr nötig wäre, um das abstrakte Palästina-Bild des durchschnittlichen Zionisten[83] durch einen Anblick des Landes zu ersetzen.

Sie sehen, das Thema einer solchen Zeitschrift ist äußerst vielseitig. Ich habe nun versucht, einen genauen Plan für die Form der Zeitschrift und für den Inhalt eines Jahrganges aufzustellen. Als ich zwölf Hefte skizziert hatte, habe ich aufgehört. Ich hätte auch vierundzwanzig machen können; an Stoff fehlt es nicht. Ich habe diesen Plan Herrn Mendelsohn gezeigt, welcher ihn billigt und ebenso wie ich davon überzeugt ist, daß man ihn verwirklichen kann und soll. Ich habe von meinen Freunden in Paris einen oberflächlichen Etat für eine solche Zeitschrift aufstellen lassen (französische Preise vorausgesetzt), welcher mich nicht entmutigt. Schließlich habe ich mit hiesigen Architekten und interessierten Leuten über die Sache gesprochen. Dabei habe ich feststellen müssen, daß auch dieser Gedanke einer Zeitschrift und eines Bauinstitutes von sehr vielen Leuten verfolgt wird. Das ist nicht überraschend. In allen interessierten Kreisen, nein, eigentlich, in allen Kreisen ist die Unruhe und Befremdung angesichts der Verschandelung unserer jungen Städte so stark, daß das Verlangen nach einem Forum natürlich erscheint. Ohne ein solches kann man nicht hoffen, auf Behörden, Bauverwaltungen, auf die Architekten selbst und auf das Publikum den mindesten Eindruck zu machen. «Readers' letters» genügen da nicht.

Es gehen also an verschiedenen Stellen Leute ans Werk, solche Pläne zu realisieren: In Tel Aviv gibt eine Anzahl von Architekten ein kleines Blatt heraus, welches ausgezeichnete Arbeit leistet.[84] Aber es ist diesen Architekten selbst klar, daß es, bei seinem Umfang, seinen Mitteln, seinem rein fachlichen Charakter, seinem bescheidenen Abbildungsmaterial niemals hoffen kann, die nötige «portée» zu erreichen. Ich nehme an, Sie kennen «Habinyan Bamisrach Hacarov»; aber fragen Sie, wer es außer Ihnen kennt. In Haifa will ein neuer Professor des Technikums, international anerkannter Spezialist auf dem Gebiet des Wohnungswesens,[85] ein Architekturarchiv begründen und Bauforschungsarbeit leisten. Er hat auf der Messe einen Pavillon mit seinen ersten Tabellen und Plänen ausgestellt. Es war ohne Zweifel ausgezeichnete Arbeit. Aber ich möchte die zählen, die sich auch nur die Mühe genommen haben, diese Graphiken anzusehen. Der Ingenieur- und Architektenverein ist im Begriff, ein Fachblatt herauszugeben. Der Ingenieur- und Architektenverein ist durch seine ganze Konstitution verhindert, energisch Stellung zu nehmen. Sein Blatt wird ein Mitteilungsblatt für die Fachwelt werden, leider mit Prätentionen zur Bauzeitschrift. Endlich gibt es eine Kunstzeitschrift «Gazith»,[86] welche zuweilen Architektur abbildet, ich habe nie entdecken können, nach welchem Gesichtspunkt. Im übrigen gibt es noch eine ganze Anzahl von Spezialisten für Wohnungswesen, Spezialisten für Städtebau etc., welche auf eigene Faust irgendwo im Lande Forschungen treiben, Archive aufbauen, sich mit dem Gedanken an Veröffentlichungen tragen.

Ich finde diesen Tatbestand fast ebenso bedauerlich, wie die Schäden unseres Städtebaues und die Schwächen unserer Architektur. Kräfte werden verzettelt, die nur in gemeinsamer Aktion etwas werden zustande bringen können. Der Kreis um Habinyan Bamisrach Hacarov[87] seufzt über die geringe Tragkraft seiner Zeitschrift. Der Professor in Haifa macht unmenschliche Anstrengungen, um ein Institut aufzubauen, dessen Wirkung unsichtbar bleibt. Mendelsohn denkt seit einer ganzen Zeit an einen «Zusammenschluß der Guten im Lande» und meint, daß ein Plan wie der meinige diesen Zusammenschluß befördern kann.

Ich habe alles getan, was in meinen Kräften steht, um diese verschiedenen Kreise zu überzeugen, daß ein Land wie Palästina drei rivalisierende Unternehmungen dieser Art nicht tragen kann. Gazith und die Zeitschrift des Vereins machen uns keine Sorgen; aber wenn die aktiven Architekten, diejenigen, die die Mängel am stärksten spüren und am besten geeignet sind, sie zu bekämpfen, sich untereinander Konkurrenz machen, so wird diese notwendige Arbeit eben scheitern.

Da ich der einzige Zeitschriftenmann unter diesen allen bin, so darf ich wohl hoffen, daß es mir gelingt, sie zusammenzubringen. Sie kennen mich alle von L'Architecture d'Aujourd'hui her, die in Palästina viel gelesen wird, und würden es alle gern sehen, wenn ich mich ihnen zur Verwirklichung einer palästinensischen Bauzeitschrift anschlösse. Was wir brauchen, ist der Rückhalt einer Persönlichkeit, wie Sie es sind, oder eines Kreises von Menschen, die im Leben des Landes etwas bedeuten, und die die Wichtigkeit einer solchen Arbeit einsehen. Ich würde Ihnen also außerordentlich dankbar sein, wenn Sie mir Gelegenheit geben wollten, Ihnen mein Projekt im einzelnen zu entwickeln.

Während der ganzen Zeit, daß ich diesen Brief schreibe, quält mich die Befürchtung, daß Sie den Zeitpunkt für diese Sache sehr schlecht gewählt finden werden. Ich selbst bin nicht dieser Meinung. Die Sache, um die es sich handelt, ist heute nicht weniger dringend und nicht weniger wichtig, als sie es vor dem neunzehnten April[88] gewesen ist, als alle Welt sich damit beschäftigt hat. Wenn wir der Meinung sind, daß wir unsere Arbeit in Palästina fortsetzen, so dürfen wir getrost die *ganze* Arbeit fortsetzen, und Sie sind sicher nicht der Mann, der sagen wird, daß die Dinge der Kultur zurückzustehen haben. Es handelt sich ja nicht um Ästhetik. Es handelt sich um Slum Clearing, um Gärten für die Kinder, um den Aufbau in seinem wörtlichsten Sinne. Ich würde Sie jetzt nicht bemühen, wenn es sich um weniger handeln würde.

In der Hoffnung, bald von Ihnen zu hören, bin ich
mit vorzüglicher Hochachtung
ergebenst

Julius Posener.

## An Gertrud Posener

2. 6. 36

Geliebte Mutter,

ich habe jetzt Nachricht von den Vettern und höre, daß es ihnen gut geht; das heißt, daß sie nichts von den Ereignissen zu leiden hatten. Die Vettern sind auch wirklich in keiner Weise exponiert. Rechavoth und Kfar Saba ist jüdisches Land.[89] Es sind große, kompakte Ortschaften, die nur von Juden bewohnt sind, nicht, wie Du Dir vielleicht vorstellst, kleine Inseln im arabischen Land. Im übrigen möchte ich Dir noch einmal sagen, daß ich nur, wenn ich die Jüdische Rundschau[90] lese, über unsere Sicherheit erschrecke. Was für Unruhe und Sorgen muß euch jede Nummer dieses Blattes seit sechs Wochen bereiten. Glaube mir, geliebte Mutter, das sieht hier ganz anders aus.

Das Unangenehmste für uns Jerusalemer ist eigentlich der Curfew, das heißt, das Verbot, nach 7 h auf die Straße zu gehen. Wenn Du um 1/2 7 über den «Boulevard» von Rechavia gehst, diese Einöde zwischen verwackelten «modernen» Häusern, die ein paar magere, zukünftige Bäumchen zum Boulevard machen, so meinst Du, in einer deutschen Landstadt zu sein: Vor allen Gartentüren stehen die braven Bürger und schnappen noch ein bißchen kühle Abendluft, ehe sie in ihre Häuser verbannt werden. Dort steht der dicke Stiel aus Aachen und gibt die neuesten Gerüchte zum besten, hier läuft Frau Barmafer (Kinderkonfektion, Marke Adamsche Familie) noch schnell über die Straße zu Frau Professor Halberstädter, die unentwegt und «schlicht» (mit Pose) die Erde zwischen ihren Löwenmäulern hackt; da steht der lange Oscar Stock, dessen Jungenlachen etwas eingefroren ist, und kratzt sich hinterm Ohr. Mitten auf dem Platz ist eine lärmende Versammlung von Schulmädchen in hellen Kleidern, und wenn man ihnen zuhört, kommt man auf den Verdacht, daß hebräisch eine Sprache ist. Im übrigen ist alles unter dem Motto:

Schalom, Herr Doktor, Schalom, Frau Doktor, wie geht's dem Herrn Professor?

Toda, Frau Doktor, ich danke, Herr Doktor, es geht schon wieder besser ...

Und der öde Turm des Y. M. C. A.[91] und die dunklen Hügel von Rephaim betrachten die spießige Szene. Eine halbe Stunde später laufen einige Katzen ganz allein über den Boulevard Ben Maimon, und höchstens ein paar geheimtuende Leute mit «Permits». So ist Curfew in Jerusalem.

Übrigens, bei alledem, ist so etwas nicht bequem: Mendelsohn hat natürlich ein bißchen den Mut verloren. Er ist zum Übertreiben im Positiven wie im Negativen immer geneigt. Während der vergangenen vier Monate hat er immer

# L'ARCHITECTURE DU TROISIÈME REICH

PAR JULES POSENER

« L'Architecture d'Aujourd'hui » veut essayer de tracer l'image de l'architecture du Troisième Reich.

Nous croyons qu'une telle « vue d'ensemble » n'a pas encore été réalisée, ni à l'étranger, ni en Allemagne même. Au contraire, à l'étranger, on s'est borné à regretter l'architecture de la Neue Sachlichkeit et à négliger les efforts actuels. En Allemagne, les revues sont encore en pleine polémique: climat particulièrement peu favorable à la présentation calme, large sine ira et studio.

« L'Architecture d'Aujourd'hui » veut donc essayer de combler cette lacune. Elle veut présenter à ses lecteurs les raisons qui ont amené la chute de l'architecture du Bauhaus; les tendances de l'architecture actuelle; le changement des tâches. Elle veut montrer les projets et réalisations qui peuvent être considérés comme les plus caractéristiques de l'architecture du Troisième Reich.

Nous devons une grande partie de notre documentation à l'obligeance de la Comtesse Elisabeth de Mondésir, qui a bien voulu mettre à notre disposition la très importante collection de documents photographiques qu'elle a recueillis au cours d'un récent et long voyage en Allemagne.

On trouvera, en matière de conclusion à cette étude, les impressions de Madame de Mondésir sur les tendances actuelles de la peinture et de la sculpture en Allemagne.

Titelseite des Aufsatzes «L' Architecture du III. Reich». In: *L'Architecture d'Aujourd'hui*, 7. Jg. (1936), H. 4.

gezögert, etwas zu unternehmen, um unseren Plan zu verwirklichen.[92] Ich habe ihn gedrängt, aber er konnte sich zu nichts entschließen. Endlich habe ich ihm selbst eine Unterbrechung der Arbeit vorgeschlagen. Ich schrieb Dir ja schon ein paar Mal, daß es für mein Hebräisch und auch für meine Beziehung zum Lande, die durch die Jerusalemer Luft nicht gerade entwickelt wird, gut wäre, wenn ich die Stadt für ein paar Monate verließe. Mendelsohn machte ein nachdenkliches Gesicht, fing an zu jammern, es wäre so unendlich viel für mich zu tun, alles, was ich gemacht hätte, wäre gut und wichtig etc. etc. etc. Darauf tat er etwas, was nicht ganz korrekt war: Er fuhr nach London und ließ mir durch seinen Bureauchef[93] mitteilen, ich sei zum 1. 7. entlassen. Ich verstehe Mendelsohn vollkommen: Er hat mir das nicht sagen wollen. Aber das kann man natürlich so nicht machen. Ich werde nicht ohne weiteres in eine Kvuzah[94] gehen, wenn ich nicht die Sicherheit habe, daß ich spätestens im September meine Arbeit wieder aufnehmen und sehr energisch weiterbringen kann. Im anderen Falle würde ich zunächst alles tun, um einen solchen Sprung aus meinem Beruf zu vermeiden, und ich hatte wohl Anspruch darauf, daß E. M. mir da behilflich war. Ich habe ihm das nach London geschrieben,[95] und ich nehme an, er wird mir einige Empfehlungen geben; er muß sich klar sein, daß er etwas gedankenlos gehandelt hat.

Das einzig Unangenehme an meiner Situation ist, daß ich ein «Opfer der Zeitumstände» bin. Mendelsohn selbst wird noch andere Leute entlassen; und es wird schwer sein, heute eine Stelle zu finden. Ich kann nicht sagen, daß die Umwelt bisher meinen Lebenslauf besonders begünstigt hat: Arbeitslosigkeit und Umbruch in Deutschland, 6. Februar in Frankreich,[96] Araberaufstand in Palästina: es scheint, wo ich hinkomme, wird geschossen ... Ich bin aber ganz vergnügt, denn ich fühle mich in diesem Lande schon ganz sicher auf meinen zwei Beinen und habe eine Unmenge Möglichkeiten, mein Glück zu versuchen. Du weißt ja, daß ich eine ganze Menge jüdischer Zähigkeit habe, und keine Angst habe, ins Ungewisse hinein zu leben. Ich bin ja auch – Gott sei Dank, nebbich unbeweibt; also kann nicht viel schiefgehen. Ich meine, Du wirst ganz froh sein, daß sich die unbefriedigende Situation bei dem ewig zögernden E. M. gelöst hat, und daß ich in aller Freundschaft meiner eigenen Wege gehen kann. Übrigens weiß ich, daß E. M. sich lebhaft für die Sache und für mich interessiert und vielleicht weiter materielle Opfer bringen würde, wenn ich ihm sagte, ich ginge sonst nach Frankreich. Aber ich selbst finde diese Situation des «Ausgehalten Werdens» nicht tragbar und habe ihm das gesagt. Es gibt eben Lagen, die unsereiner nicht auf die Dauer auf sich nimmt, mögen selbst alle sagen, das sei eine Dummheit. Es ist in Wirklichkeit *keine* Dummheit.

Du schriebst mir von dem Artikel in A. A.[97] Hierzu muß ich Dir zwei Punkte erklären.

I.) Ich hatte ausdrücklich darum gebeten, daß mein Name zwar nicht unterschlagen, aber so unauffällig wie möglich angebracht wird. Mein Name gehört nicht unter diese Fahnen ...

II.) Ich habe die alten Bilder genommen, im wesentlichen, weil ich nur dadurch die neuen bekommen konnte (Bedingung von Madame de Mondésir). Ich hatte daraus ein entrée en matière gemacht und zwei «unreine» Kapitel geschrieben: «La Ville, Phénomène Allemand» und «La Tradition Baroque», die M^me^ de Mondésir entwickeln und unterzeichnen sollte. So war es verabredet, als ich Paris verließ (ich hatte das schon in Paris geschrieben). Offenbar war M^me^ de M. hierzu nachher zu stolz, und so läuft diese ganze inkohärente Einleitung mit dem anderen zusammen als *eine* Studie. Kein Mensch versteht diesen Mangel an Einheit. So bleibt als gut und eigen hauptsächlich das Kapitel: Etat De Choses Avant 1933; aber dazu habe ich auch, trotz 10 Briefen, nicht alles nötige Material auftreiben können. Dies zum Verständnis dieses Artikels von Deinem Sohn Jul, der Dich umarmt.

## Von Erich Mendelsohn

Telephone: 699, Jerusalem, Rehaviah A The Windmill

London, 4th June 36

Lieber Herr Posener,

es tat mir selbst sehr leid, Sie in meiner sehr bedrängten Abreise nicht mehr selbst gesprochen zu haben.

Nun hilft Ihr Brief mir weiter.[98]

Sie sind selbstverständlich im Recht, und ich kann keinerlei Einwendungen – weder sachlich noch persönlich – machen, wenn Sie die Konsequenzen aus der allgemeinen Lage ziehen.

Bitte berufen Sie sich bei Schocken auf mich.[99]

Versuchen Sie, sich auf eine der bestehenden Zeitschriften zu stützen.

Arbeiten Sie für die Palestine Review[100] – überhaupt wo sie können.

Sie werden immer meine Unterstützung haben, und ich vertraue Ihnen, wenn Sie meinen Namen benutzen wollen, wo immer es Ihnen angebracht scheint.

Mit dem Endziel, alle wirklich Guten auf dieselbe Straße zu bringen. Es ist Ihr Weg in Palästina und Ihre Aufgabe, ihn gangbar zu machen. –

Ich war 4 Stunden in Venedig. Mit König u. Mussolini und dem ganzen Rausch der Siegesfreude an einer teuflischen Angelegenheit.[101]

Background: Markusplatz – ein wunderbarer Staub.

Frankreich in grünen Wellen zum Ertrinken – gefährliche Lage.

London – mit tosendem Kanal dazwischen – im Baufieber. Keine genügenden Bauarbeiter bei 2 Millionen unemployed. Vergleich mit Deutschland 1929. Zeitungen voll mit Warnungen, drohende Dienstpflicht, ungeheure Rüstungen. Dabei bester Wille, stehen zu bleiben, wenn alles fällt.

Palästina auf keinen Fall aufgeben – Lebensfrage fürs Empire. Offene Anklagen gegen Italien, Drohungen fester Hand, falls Absichten auf Ägypten oder Erez Israel.[102] Prestige, aber mit jeder Woche mehr Realität.

Zum Platzen voll – zu Optimismus wenig Raum.

Ihr müßt ausharren, tapfer stillstehen und klug mit England umgehen. Dieses Mal laßt England für Euch fechten.

Alles Gute

Ihr Erich Mendelsohn.

## An Gertrud Posener

Ritz Palace
13, Avenue des Français
Direction: Paulette Kimm
Hotel Restaurant de 1er Ordre
Cuisine Francaise – Service Soigné
Vue unique sur la mer et la montagne
chambres avec Salle de Bain
Eau Courante
Confort – Luxe

Beyrouth, le 24. 6. 36

Chère Maman,

drôle d'aventure, la vie, ich sitze hier an der Riviera: blauer Golf, Alpen im Abendglühen, grün bewaldete Vorberge, Wellenschlag an brauner Ufermole; aus einem Hotelsaal Geklimper: Phantasie von Rachmaninoff; Terrasse mit weißen Kugellampen. Im Wasser stoßen ein paar junge Leute sich mit Gelächter von einer Planke. Vor mir auf der Terrasse quatschen einige blutrote Lippen unter ebenso grellblonden Haaren ein entsprechendes Französisch. Das ganze in einer Stadt mit Arkaden in «arabischem Stil», einer kleinen Canebière,[103] die schnurstracks zum Wasser herunterführt, vor einem Platz mit Palmen à la Alexandria, hohen und weiträumigen arabischen Cafés, an denen eine gemischt arabisch-europäische Musik gurgelt, französische Konditoreien und arabischen Tarbuschaufbüglern und Schneidern – kurz, einer Stadt, die ganz so aussieht, wie sich der kleine Moritz die Levante vorstellt – und wie sie wirklich ist.

Inmitten von all dem sitze ich und frage mich, was mich das eigentlich angeht.

Tu l'as voulu, Georges Dandin![104]

In dieser Stadt hat ein jüdischer Architekt aus Paris die Sommervilla des Präsidenten der libanesischen Republik zu bauen. Und da er keine Lust hat, immer die herrlichen Berge des Libanon anzustarren und den blauen Golf von Beyrouth, so reist er auf ein paar Monate – nach Deauville; und hinterläßt einen Vertreter, der vom Bauen ungefähr so viel versteht, wie er selbst, den er sich aus Jerusalem verschrieben hat und der vor den Leuten sein Duzfreund ist und dessen Aufgabe es ganz besonders ist, stets sehr in Form zu sein. Morgen wird also dieser arme Schlucker und Duzbruder dem Präsidenten und Diktator der libanesischen Republik vorgestellt werden, und in zehn Tagen wird er zu den angesehenen Leuten der Republik gehören, weil er dann allein ein Bureau und eine

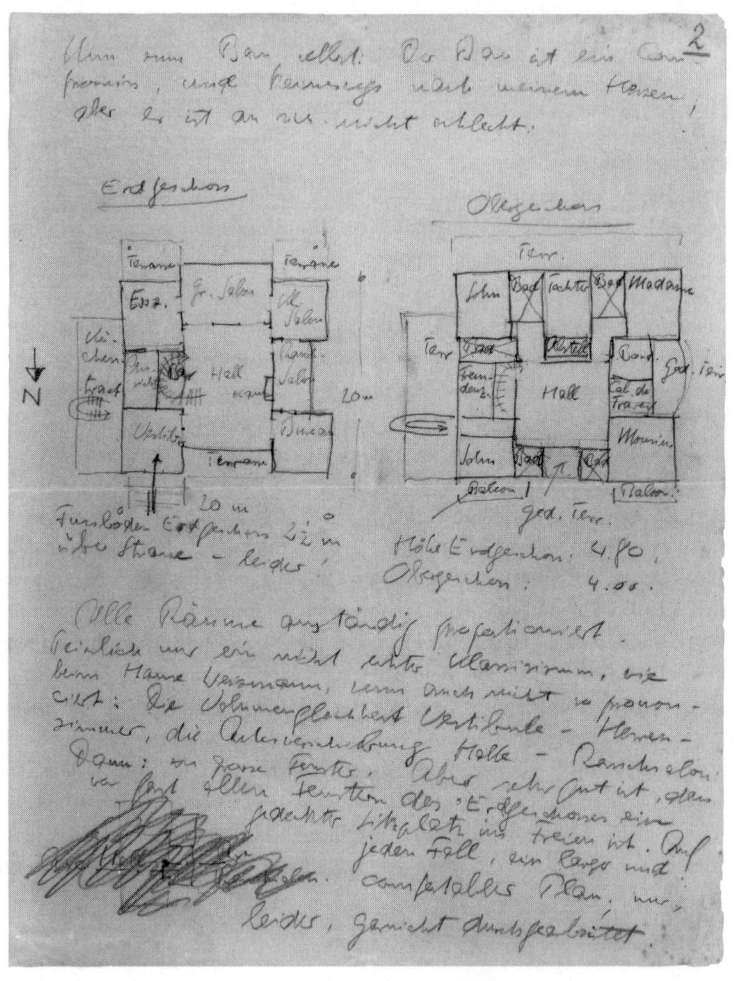

Nun zum Bau selbst: Der Bau ist ein Compromiss, und keineswegs nach meinem Herzen, aber er ist an sich nicht schlecht.

Erdgeschoss

Obergeschoss

Fussböden Erdgeschoss 2½ m über Strasse – leider!

Höhe Erdgeschoss: 4.80, Obergeschoss: 4.00.

Alle Räume anständig proportioniert. Freilich nur ein nicht echter Klassizismus, wie beim Hause Weizmann, wenn auch nicht so prononciert: Die Wohnungsflucht Vestibule – Herrenzimmer, die Achsenverschiebung Halle – Rauchsalon. Dann: zu grosse Fenster. Aber sehr gut ist, dass von fast allen Fenstern des Erdgeschosses ein gedeckter Sitzplatz im Freien ist. Auf jeden Fall, ein large und comfortables Plan, nur, leider, garnicht durchgearbeitet.

Brieffragment Julius Poseners mit dem Grundriß der Villa für den Präsidenten der libanesischen Republik

Wohnung in dem einzigen modernen Haus von Beyrouth an besagtem Palmenplatz innehaben wird, jeden Mittag um 12 im Lido erscheinen wird, um sein Bad zu nehmen, jeden Morgen auf dem Bauplatz mit dem Sohn des Diktators[105] zusammenkommt und am Nachmittag im Bureau «empfängt».

Das alles ist schlechter Kintopp. Aber es braucht nicht schlechter Kintopp zu sein, wenn der Architekt aus Jerusalem seine Sache ernst nimmt, da er dann sehr viel lernen kann. Nous allons voir.[106]

## Von Erich Mendelsohn

Telephone: 699, Jerusalem, Rehaviah A The Windmill

3rd August 1936

Lieber Posener, die Erklärungen Ihres zweiten Beyrouther Briefes[107] sind mehr als eine Aufklärung. Ein Stückchen Irrfahrt, die wir Juden nun schon seit geraumer Zeit mit nicht schlechtem Erfolg betreiben. Immer mit dieser wunderbaren verdammten Sehnsucht im Herzen, die Sterne gerade dort zu zwingen, wo am wenigsten Aussicht dazu besteht.

Verbissene, die ohne es besser zu wissen, es am Ende meist doch besser können – einfach infolge des langen Hochschulstudiums der Anpassung und Geschmeidigkeit, die wir Galut[108] nannten, und infolge des bißchen Erbschaft aus uraltem Blut.

Wir begreifen, daß gerade diesem die Capriolen der heutigen Welt weniger wichtig sind als Nebukadnezar, Makkabi oder Titus, die sein eigenes Geschick bedeuteten. Und das es nicht zuläßt, die Tatsache der 400.000 Juden in Palästina höher zu bewerten als Hilfsschutzleute für eine Idee.

Wer an mehr glaubt, ist verdächtig, unfähig zu sein, die Realität zu begreifen.

Wer andererseits nicht an mehr glaubt, ist ganz unverdächtig verrückt, überhaupt an einer jüdischen Zukunft zu arbeiten.

Menschen, wie wir es sind, sind gern bereit dieses «unverdächtige» Omen auf sich zu nehmen trotz der fehlenden Fundation des ganzen Unternehmens. Ich weiß die Beweise, daß man auch auf Pilotis Häuser bauen kann. Nur vergessen wir zu leicht – unfundiert seit Jahrtausenden als Nation –, daß auch Pilotis Fundamente haben müssen.

Sehen Sie, da sind wir auf der Schwebebrücke dieses nationalen Aufbaus, auf unserer eigenen. Sie wünschen eine Entscheidung von mir zu hören. Offen gesagt, je länger ich hier bin und je tiefer ich in die praktische Arbeit komme, um so mehr empfinde ich – oft beschämt, oft zitternd für das bißchen Halt – daß eine solche Entscheidung unmöglich ist. Hier schwebt alles und selbst die Begeisterung der Besten, die vollendetste Hingabe geistert am Abgrund entlang und an der vollendetsten Preisgabe.

Die Not baut ein Refugium – und wenn die Not aufhören sollte oder wenn das Refugium durch äußere – politische Schwierigkeiten nicht halten sollte?

Für meine Generation nicht auszudenken. Aber die Ihre soll nicht denken, nicht bedenken – sondern handeln. So als ob alles glatt ginge und die Welt von der Befestigung dieses Traumes einfach abhinge. Sie haben zu bauen – wir können höchstens darauf sehen, daß gut gebaut wird und Sie bitten, besser zu bauen und dafür weniger extravagant. Die Kühnheit steht immer am Anfang, am Ende die Solidität. Hier war der Anfang waghalsig, gar nicht kreativ, sondern ein Verzweiflungsakt. Um wieviel mehr muß alles unterbaut werden.

Vergessen Sie nicht und suchen Sie zu verstehen. Wir sahen den Umsturz kommen, wir arbeiteten mit, ihn herbeizuführen. Aber wir kämpften mit dem Ausblick auf die neue Welt, die wir noch zu greifen dachten.

Mittendrin – zugehörig wie nur jemand zu jemand gehören kann.

Wir können nicht davon lassen. Wir brauchen diesen Kampfplatz, dieses Mittendrin – und wir ziehen es vor, mittendrin umzukommen, als uns vielleicht in den outskirts zu retten.

Dieses Land ist himmlisch und höllisch zugleich. Dieser Radius macht seine Menschen zu Heiligen und Verrückten, wo die Spannung sich wirklich auswirken kann. Und wo diese Voraussetzung fehlt, beraubt sie die Menschen des common sense und bläht sie auf. Ganz unklassisch und deshalb so gefährlich. So gefährlich, weil unberechenbar wie jede Naturerscheinung hier unberechenbar ist.

Oft bin ich berauscht von solchen Möglichkeiten, oft verzweifelt, besonders wenn ich die jüdische Geschichte bedenke – doch das Resultat dieser Natur.

Nach soviel Kampf hinter mir ziehe ich vor, das äußere Geschick nicht zu zwingen, sondern es sich entwickeln zu lassen. Ganz anders wie am Anfang. Das Kampffeld vertieft sich, verinnerlicht sich und nimmt die äußere Bewegtheit als guten Deckmantel.

Also weiß ich nicht, was morgen sein wird.

Ich will mich unabhängig halten – von allem – Ding und Mensch. Ich war nie Angestellter und hungerte für mich selbst.

Ich weiß nicht, wo ich enden werde – mein Leben wurde ganz anders, als der Anfang es zu bedeuten schien.

Ich brauche große Verhältnisse, um meinen Maßstab entwickeln zu können – ich ersticke unter Bourgeois.

Also hängt alles von meiner Arbeit ab, die mir alles ist – obwohl meine Feinde es nicht wahrhaben wollen.

The Windmill, Fotografie aus dem Nachlaß. Auf der Rückseite notierte Posener: «Fenster in arabischer Mauer. Alte Windmühle bei Jerusalem. Jetzt Wohnung und Atelier des Architekten Erich Mendelsohn.»

Ich weiß, daß sie mich führt – weiß nur nicht, wohin.

Suchen Sie mich deshalb nicht zu bereden – Sie werden nie eine Entscheidung haben, die mich bindet.

Ich binde mich nie, weil ich so gebunden bin.

Sie sind jung – lassen Sie das Leben für Sie spielen. Sie sind Zigeuner genug, um sich durchs Leben zu schreiben oder zu wrengeln.

Ich hoffe, Sie zu sehen, bevor ich wieder nach England gehe. Wenn keine neue Arbeit dazwischen kommt, wird das Ende des Monats sein.

Ihr

Erich Mendelsohn

## An Gertrud Posener

Beyrouth le 10. 8. [1936]

Geliebte Mutter,

es ist so hundsgemein, daß Deine Reise nun auch verregnet ist! Wenn ich an Regen denke, so scheint mir das zwar der höchste aller möglichen Wünsche; aber Deutschland und Schweden ist ja schließlich nicht der Vordere Orient.[109] Hier herrscht ein dicker Nebel von Hitze. Der Himmel ist diesig mit einem Schleier von inkonsistenten Wolken bedeckt, die bis 200 Meter ins Gebirge reichen. Darüber ist leichter Dunst, Sonnenschein, meistens allerdings eine zweite, sehr hohe Sonnenschicht. Von keinem Gipfel kann man das Meer sehen: Die dunklen Rücken der Berge tauchen aus einer schmutzig weißlichen Sauermilch auf, in der sich ihre Füße verlieren. Ich liebe nicht zu stöhnen, aber die Dauer dieser kochenden Schwüle Tag und Nacht, jeden Tag 24 Stunden ist kaum zu ertragen. In Jerusalem sind immer noch die Abende und Nächte kalt, man muß sich eine wollene Jacke anziehen, wenn man draußen bleiben will, schreibt mir Frau Liebstädter. Liebstädters reisen übrigens am 12. 8. nach Deutschland. Ich hatte nicht mehr Zeit, ihnen Deine Adresse zu geben. Frau Liebstädter teilt mir mit der Nachricht, daß sie reist, zugleich ihre mit. Für's Schreiben, einfach Frau Ursula Liebstädter, Neubabelsberg II b. Berlin, Telefon Potsdam 3281 (im Telefonbuch unter Meyerstein). Du wirst Dich sicher freuen, diese Frau zu sehen, wenn Sie auch über Deinen Sohn nicht das Neueste mitteilen kann. Nimm auch nicht zu ernst, wenn sie Dir von manchen Augenblicken schlechter Stimmung bei mir erzählt. Schließlich weißt Du ja aus meinen eigenen Briefen, daß ich in Jerusalem im ganzen eine unglückliche, weil nicht genügend tätige Zeit verlebt habe. Die arme Ursel Liebstädter hat darunter zu leiden gehabt, weil ich leider manchmal reichlich kopflos bin und meine Schmerzen anderen mitteilte, die es ja eigentlich nichts angeht. Die Gute! Sie hat es verstanden, mich möglichst wenig fühlen zu lassen, wenn ich ihr auf die Nerven fiel. Enfin, Du wirst Dich sicher freuen, sie zu sehen.

So sind also Liebstädters ein wenig auf Ferien vom Krieg[110] und Heinzens und auch Julius.[111] Ich muß gestehen, daß mich das tröstet. Ich hatte eben doch ein verdammt schlechtes Gewissen, hier herumzusitzen, während ...

Und wie ich mir auch meine Nutzlosigkeit in Palästina im gegenwärtigen Augenblick zu beweisen suchte, so konnte ich doch eine berechtigte Stimme nicht zum Schweigen bringen, die sagte: «Hätte ich es hundertprozentig ernst versucht, so hätte ich nützlich sein können.» Das bleibt exakt. Aber ich empfinde doch eine ziemliche Entlastung bei dem Gedanken, daß auch die lieben Nächsten schließlich über ihre Skrupel hinwegkommen.

Was nun die Frage anbetrifft, die Du wieder anschneidest, und die Pinsker so schön formuliert: «Nicht das *heilige* Land, das *eigene* Land ist wichtig.»[112], so teile ich ja Deinen Standpunkt; aber das ist gerade heute eine historische Frage geworden: Gerade, weil Palästina in Frage gestellt ist, *ist* es heute. Wir müssen es als unsere letzte Zuflucht betrachten; denn wenn dieses Experiment nicht gelingt, wird man uns kein anderes Land auf der Welt anbieten. Man wird dann den Sinn der ganzen Sache fälschen und nie mehr von Nationaler Heimstätte sprechen, sondern nur von hospitalité; soyez les bien-venus chez nous et sous notre régime etc. etc. etc. Seit also die Niederlassung in Palästina bekämpft wird, können wir an keine andere Niederlassung mehr denken. Wie schrecklich, daß man in dieser Frage unseres Lebens abhängig ist von den wenig durchsichtigen Wegen der britischen Politik, die die Sache mit einer Zweideutigkeit, der Balfour-Declaration,[113] begonnen hat und offenbar zweideutig fortsetzen will. Noch einmal die Rolle des Beschützten und des unwillig und ungenügend Beschützten. C'est dur.

Chère Maman, j'ai faim et je termine cette lettre en t'exhortant de te reposer un peu à Berlin, puisque tu n'a pas pu le faire en Suède cette fois.[114]

Alles Gute für Dich, die Arbeit, Alice

Dein Sohn Jul.

N.B. Ich wußte nicht, daß der Mensch so viel Schweiß enthält...
Ich glaube, das wäre gut für Karl!!![115]

## Von Erich Mendelsohn

Jerusalem
The Windmill, 29th August 36

Lieber Posener, Sie sehen – es treibt mich.

Um mich auf freundliche Art zu halten, hat der H.C.[116] mir schnell den Auftrag für das neue Government Hospital in Haifa[117] erteilt.

Das zwingt mich, September über noch hier zu bleiben und meinen Urlaub wieder einmal fahren zu lassen.

Meine Frau hatte mir vorgeschlagen, am 22. mit Imperial Airways nach Preßburg zu fliegen, dort sie zu treffen – dann 2 Tage in Wien und 2 Tage mit Toscanini in Salzburg. Ich konnte nicht fort.

Dafür ist das Flugzeug in Kreta verunglückt, und meine Frau ist auf dem Wege hierher.

Also kann ich vorläufig Ihre freundliche Einladung nicht annehmen. Bei ruhigeren Zeiten wäre es schön nach dem Norden zu fahren – Creite des Chevaliers [sic!] etc.

Inzwischen haben Sie sich hoffentlich restlos entfiebert und legen alle Hitze in Ihre Arbeit, die wirklich wie ein Wunder klingt.

Ich kämpfe um den Mount Scopus, dessen Einheitlichkeit wieder einmal für 20 000 £ verkauft werden soll.[118] Mit der Regierung gegen die Juden – dieses Mal speziell gegen Schocken, der immer halb ist, wenn es sich um bedeutende Träume handelt. Die Juden lassen das Geld nicht, es sei denn, daß ihre Feinde es ihnen nehmen.

Dieses Volk zerstört immer sich selbst und glaubt, dafür auserwählt zu sein.

Könnte man es enthirnen – die Zukunft wäre gesichert.

Ich rate hier jedem jungen Menschen, Studium und Rosinen zu lassen und nur eine Ambition ins Herz zu pflanzen: das Land mit der Waffe und mit hartem Schädel auf geradester Linie zu verteidigen.

Glaubt jemand, er könnte mit dem Gehirn Berge versetzen! Die alten Propheten wußten wenig, aber erschauten alles. Daher sind sie so vorausschauend, so denkfeindlich gewesen!

Wir können keine Pläne machen, solange alles so planlos ist. Wenn wir lange genug leben – selbst dann plant unser Leben sich selbst. Wenn Krieg ist, wie jetzt, rollt unsere Nummer aus dem Lotteriekasten, wenn sie will, und wer nur mit dem Einsatz herauskommt, hat schon gewonnen.

Wenn Sie aber zu bauen haben, brauchen Sie nicht zu schreiben. Schreiben ist zweidimensional. Die unkalkulierbare dritte Dimension findet sich nur ein, wenn man von innen heraus gezwungen wird. Dafür ist das Geschriebene so leicht zu vervielfältigen, aber jedes Gebäude ist einmalig – selbst wenn es Mist ist.

Ich rate Ihnen, zunächst eins zu tun und das zweite zu lassen. Als Jude sind Sie normalerweise sowieso gespalten. Benutzen Sie also das Schreiben zur Füllung Ihrer Dehnungsfugen. Sie sind die bewußten, die notwendigen Spalten – die nicht notwendigen nennt man Risse, wie Sie wissen.

Die Juden halten Kongresse – Dutzende von Rededampfbädern, während Ihre Zukunft verteilt wird. Einen Hammer auf ihre Hirndecken, damit sie endlich wissen, wie man die Welt gewinnt.

Ihr

Erich Mendelsohn[119]

## An Gertrud Posener

Beyrouth, d. 4. 11. 36

Geliebte Mutter,

an meinen Geburtstag, welcher heute über mich hereinbricht, habe ich in dem Trubel der Erwartung und der vielen Dinge, die zu «regeln» waren, gar nicht gedacht. Wenn man in die Jahre kommt, ist die Mutter diejenige, die den Geburtstag feiert. Sie denkt daran, was war, was hätte werden können, und was nicht geworden ist. Man selbst würde sich etwas komisch vorkommen, wenn man sich, Place des Canons,[120] ein Geburtstagslicht anzünden würde.

Die Mutter weiß auch, erheblich besser als man selbst, was werden wird, und bei einem so unfertigen Kandidaten, wie ich es bin, ist ja einiges da, was noch zu werden hat. So hast Du also heute einen sehr gedankenvollen und erinnerungsreichen Tag, und ich hoffe, Du wirst mir Deine Gedanken und Deine Erinnerungen mitteilen, wenn Du hier bist. Unterdessen versuche ich, sie aus den Gesichtern zu lesen, die mir Karl schickt. Sie sind alle drei sehr schön, ich weiß nicht, welches ich am besten finden soll; aber sie sind alle drei so, daß man sich sagt: «Julius, nimm Dich zusammen und mache einen Menschen aus Dir, damit dieses Gesicht etwas Sicheres und Heiteres vor sich sieht und nicht weiter im Ungewissen suchen muß.» Ich suche in diesem Gesicht alles, was sich in dem langen Jahr ereignet hat, in dem wir uns nicht gesehen haben: was ich weiß, weil es mein Anteil daran ist, und mehr noch, was ich nicht weiß. Was meinen Anteil angeht, so ist der in diesem Jahr etwas «wüscht» gewesen. Mit welchen Hoffnungen hast Du, bessere Zionistin, mich nach Palästina gehen lassen. Ihre Erfüllung wäre das notwendige Entgelt des Opfers gewesen, das diese größere Entfernung für Dich bedeutet. Du hast Arbeit, Seelenruhe, Ansehen, Weib und Kind für mich schon vor Dir gesehen. Meine Entmutigungen in Jerusalem sind noch mehr Deine Enttäuschungen gewesen. Und dann die lustigen und trüben, aber auf jeden Fall etwas komischen und nicht so ganz zeitgemäßen Aventuren in dem Duodezfürstentum Libanon. Eine Entgleisung. Aber Du siehst den Weg, der von dort, ganz geradlinig, auf die gute Straße weiterführt, auf der mich dann wirklich Arbeit, Seelenruhe, Ansehen, Weib und Kind erwarten. Ich sehe ihn heute auch, wenn auch ein bißchen verschwommen und hie und da noch mit komischen Abzweigungen versehen. Aber das ist die weitere Zukunft. In der näheren habe ich jetzt immerhin die unwahrscheinliche und herrliche Aussicht, Dich hier zu haben. Ich werde Dich auf einige Berge stellen und mich freuen, wenn die Klarheit der hiesigen Welt Dich den deutschen November etwas vergessen läßt, der ganz und gar der Monat ist

Deines ganz alten, dankbaren Sohnes

Julius

## An Gertrud Posener

Beyrouth, d. 18. 11. 36

Geliebte Mutter,

ich schreibe schon wieder, erstens um Dir für Deinen Brief vom 13.[121] zu danken, und dann, weil ich fürchte, daß Zeitungsnachrichten aus Beyrouth Dich beunruhigen könnten. Also: Die Sache ist vorbei.[122] Man hat die Stadt überall mit Senegalesen besetzt (was ich widerlich finde, so wie die ganze Kolonialtruppe), aber was die Ordnung schnell wiederhergestellt hat. Peinliche Vergleiche mit der Haltung der englischen Regierung in Palästina drängen sich dabei auf. Man wird mir nie beweisen können, daß man nicht, bei einigem guten Willen, die arabische Revolte in acht Tagen hätte ersticken können. Wieviel Blut hätte nicht zu fließen brauchen!

Ich habe die ganze Sache mit angesehen und als alter Zuschauer bei Aufläufen festgestellt, daß die Menschen hier, bei gleicher Bosheit, noch etwas kindlicher sind als in anderen Ländern bei solchen Gelegenheiten. Aber jetzt sind alle sehr bewegt und – schämen sich. Und das ist ein menschlicher Zug, den man in den zivilisierten Ländern nicht mehr findet. Was für mich diese Sache bedeutet, weiß ich nicht. Natürlich ist während dieser Tage alles en suspens. Die Religionsgemeinschaften sind hier so durcheinandergewürfelt, daß Christen verschiedenster Observanz, Drusen, Mohammedaner zusammen in den gleichen Fabriken etc. arbeiten; und da einer vorm anderen Furcht hat, ist das Leben während mehrerer Tage ohne jede Streikabsicht effektvoller lahmgelegt, als ich es jemals bei einem Streik gesehen habe. Also, mein Bau steht still. Das hat auch seine gute Seite, denn ich kann in der Zwischenzeit Arbeit aufholen. Eddés habe ich nicht gesehen. Ich fürchte, man wird sich des politischen Momentes bedienen, um mir klarzumachen, daß ich eine Zusammenarbeit mit einem hiesigen Architekten annehmen muß. Auf dieses Argument konnte ich vor einigen Monaten erwidern, daß ich unter diesen Umständen die Arbeit nicht anfangen würde. Heute, wo sie angefangen ist, wäre es vielleicht brüsk, sie aus den gleichen Gründen zu verlassen. Ich muß sehen, wie ich mich stelle, vorläufig ist es ja nur Hypothese, daß man das politische Argument avancieren wird. Auf jeden Fall wird meine Situation durch die Unruhen nicht einfacher.

Ich habe Karls Papiere und seinen Brief bekommen[123] und mich sofort beim Dekan der Universität angemeldet. Aber infolge der Ereignisse habe ich auch von dieser Seite noch keine Antwort.

Im übrigen möchte ich Dir noch einmal sagen: Was hier geschehen ist, ist geschehen, ist passé défini und wird sich nicht wiederholen.

Die Situation ist in fast jeder Hinsicht ganz anders als in Palästina, wenn auch die angreifenden Kräfte die gleichen sind.

Ich kenne übrigens den Sekretär der «Syrischen Volkspartei»,[124] deren Chef, Antoun Saadé, in der Presse nie anders genannt wird, als «le fuhrer». Wir haben zuweilen einige Diskussionen von erschütterndem Niveau. Das verhindert nicht, daß dieser Herr Abela bald einen sehr wichtigen Einfluß in diesem kindlichen Phönizien ausüben wird. Mein arabischer Lehrer, der Telefonist, ist Feuer und Flamme für die Partei und träumt von der syrischen Einheit (Palästina als Südsyrien inbegriffen). Die syrische Einheit ist nun leider eine Idee, die in der Luft liegt und der man sich ebenso schwer verschließen kann, wie etwa dem österreichischen Anschluß. Die Politik des Mandats hat diese Gedanken reifen lassen. Die Politik des Mandats hat andererseits den Zionismus groß werden lassen. Was die Zionisten nicht wissen, ist, daß die Gegenbewegung ebenso modern und konstruktiv ist wie die eigene.

Aber da ich dieses Problem heut abend nicht mehr lösen werde, so umarme ich Dich als Dein Sohn

Jul.

## Von Salman Schocken

4. Januar 1937

Herrn Julius Posener,
c/o. Dr. Liebstaedter,
Egyptian Consulate,
St. Julians Way,
Jerusalem.

Sehr geehrter Herr Posener,

Ihren Brief vom 30.12.[125] habe ich erhalten.

Ich hoffe, Sie verzeihen mir, wenn ich Sie darum bitte, von einer Besprechung Abstand zu nehmen.

Ich mache diesen Vorschlag, weil ich mit Arbeit sehr überlastet bin und im vorhinein weiß, daß es sich hier um ein Gebiet handelt, bei dem ich mich negativ entscheiden werde.

Mein Interesse für die Architektur, das ich als Bauherr früher in Deutschland und jetzt auch hier im Lande bewiesen habe, geht nicht so weit, daß ich dem hiesigen Architektenstande und dem Bauwesen gegenüber, dem ich ja beruflich völlig fernstehe, Leistungen übernehmen kann.

Es würde mich natürlich freuen, wenn Sie mit Ihrem Plane,[126] den ich bei der Kleinheit der Verhältnisse allerdings an und für sich für nicht leicht durchführbar halte, Erfolg haben werden.

Mit vorzüglicher Hochachtung

S

# An Erich Mendelsohn

Posener, 185 Rech. Ben Yehuda, Tel-Aviv. c.o. Flatau.

d. 31. 1. [1937]

Lieber Herr Mendelsohn,

vielen Dank, daß Sie mir die Bescheinigung über meine Arbeit[127] so bald geschickt haben. Sie wird mir helfen.

Ich betreibe in Tel-Aviv die Arbeit für Architecture d'Aujourd'hui mit Eifer und Erfolg. Für die Quellen, die mir zugänglich sind (das arabische Land wird leider immer unzugänglicher), ist meine Ausbeute gut, und ich kann daran denken, ein Archiv zum Studium und zur Veröffentlichung von Architektur in Palästina aufzubauen.

Vielleicht wird mir der Chug Adrichalei Erez Israel[128] Gelegenheit dazu bieten.

Sie sagten mir, daß Ihre Bauten noch nicht fotografierbar seien. Das tut mir leid. Ich habe es eilig, die Arbeit abzuschließen, damit sie recht bald in Paris ist. Das ist das einzige Mittel, die Leute zu einer Veröffentlichung noch während der Ausstellung[129] zu zwingen. Auf Versprechungen ist nicht viel zu geben. Es wäre schön, Bilder wenigstens von der Bibliothek und dem Weizmann-Bau[130] zu haben. Oder ziehen Sie eine spätere Veröffentlichung vor, unabhängig von dem Aufsatz über palästinensische Architektur im allgemeinen?

Ich war sehr glücklich über die Art, wie Sie mich nach meinem levantinischen Abenteuer in der Mühle empfangen haben, und danke auch Madame Mendelsohn für den angenehmen Abend. Es ist sehr gut für mich zu wissen, daß Sie sich immer noch etwas für meine Anwesenheit in diesen Breiten verantwortlich fühlen (obwohl Sie es sicher nicht allein sind), und sich überlegen, wie man diese Anwesenheit für mich und andere nützlich machen kann.[131] Die Aufgaben, die Sie mir vorgeschlagen haben, reizen mich sehr, und es ist eine Chance für mich, in diesem Lande jemanden zu finden, der mir Gelegenheit gibt, sie in voller Unabhängigkeit zu bearbeiten.

Aber vielleicht muß ich in diesem Punkte mehr verlangen, als Sie oder irgendein Künstler zugeben können.

Ich habe Ihnen verschiedene Male mit einer Offenheit, die nicht immer respektvoll war, gestanden, daß ich einiges in Ihrem Bauen nicht verstehe. Ich nehme an, daß es Unterschiede in der «Generation» sind (und heute erscheint alle zehn Jahre eine «neue Jugend») und auch meine mangelnde Erfahrung und geringe architektonische Kraft, die mich verhindern, Leistungen gerecht zu werden, die jenseits unserer Dogmen stehen. Aber bei Schreibern wie mir geschieht es immer, daß man die Gründe für das eigene Mißverstehen in den Werken sucht.

Es gibt in diesem Lande nichts, das mich so fesselt, als das Studium dieser Bauten. Ich sagte schon, daß ich sie zuweilen nicht verstehe. Aber es ist unmöglich, an ihnen vorbeizusehen, oder sich ihnen gegenüber mit einer zurückhaltenden «Würdigung» zu begnügen. Sie sind so durchaus persönlich, und zugleich so allgemein dadurch, daß sie als erste versuchen, so palästinensisch zu sein, wie ein Haus des zwanzigsten Jahrhunderts, ohne Aufgabe seiner Zeitpersönlichkeit, nur sein kann, daß ihr Erscheinen eine Frage an alle Bauenden stellt. Zu ihnen Stellung zu nehmen ist das dringende Thema in der palästinensischen Architektur. Sie stellen sich leicht vor, wie es mir auf der Zunge brennt, dazu ein Wort zu sagen.

Sie geben mir dazu Gelegenheit, obwohl Sie gut wissen, daß meine Stellung zu diesen Bauten so ist, wie ich es eben gesagt habe: bewundernd-zweifelnd. Aber indem Sie mir mit diesem Auftrag zugleich materiell helfen wollen, machen Sie die Erfüllung der Aufgabe schwierig: Ein Künstler, der für mich die Redaktion der Veröffentlichung seiner Werke bezahlt, *kann* mir nicht die Unabhängigkeit zugestehen, die ich brauche, um mich mit ihnen auseinanderzusetzen.

Es ist eine bedauerliche Langsamkeit, daß mir diese Sache nicht gleich so klar gewesen ist wie heute. Aber vielleicht ist es noch nicht zu spät für eine Lösung. Ich sehe zwei Möglichkeiten:

1) Ich trete von der Arbeit zurück, bin aber selbstverständlich bereit, Ihnen redaktionell jede Hilfe zu leisten, die Ihnen angenehm ist, ohne dafür bezahlt zu werden.
2) Ich trete in direkte Beziehung zu Architectural Review[132] und werde von ihr bezahlt.

In beiden Fällen vermeide ich eins: daß ich an einer Veröffentlichung der Bauten Erich Mendelsohns in Palästina teilnehme, ohne dazu das zu sagen, was ich auf dem Herzen habe und was mir der Wichtigkeit des Ereignisses angemessen scheint.

Sie können in diesem Brief nichts anderes sehen, als einen Ausdruck meines Respekts und meiner Sympathie.

Ganz ergebenst Ihr

Julius Posener

# Von Erich Mendelsohn

Jerusalem 6. 11. 37

Lieber Posener, ich habe mich 30 Jahre lang nicht um die Kritik meiner Arbeit bekümmert – und habe auch nicht vor, das bis zu ihrem Ende zu tun.

Ich hasse Weihrauch – aber ich hasse genau so sehr die Kritik, die von vorgefaßtem individuellen Standpunkt ein Kunstwerk zur Gehirnspekulation macht.

Ich kenne und anerkenne nur eine Begutachtung, die von historischem Standpunkt ein Werk einregistriert in den Gesamtablauf der Architektur.

Ich hasse Publikationen, die mit Adam und Eva beginnen und mit dem last cry enden. Bücher wie die Gideon vom Eiffelturm bis Corbusier oder Pevners von Morris bis Gropius[133] müssen die Geschichte verfälschen und die interessierte public mißleiten. Die Geschichte korrigiert sich selbst, aber das Publikum lebt zu kurz, um eine Korrektur noch aufzunehmen.

Aus diesem Grunde habe ich die Publikationen meiner Arbeit ohne «Würdigung» gelassen. Sie sprechen für sich oder sind unfähig dazu. Das zu entscheiden überlasse ich jenem geschichtlichen Prozeß, der wie ein animalisches Wesen in seinem Verlauf ausscheidet, was seinem objektiven Befinden fremd ist.

Deshalb habe ich nur äußerst selten (für öffentliche Zwecke nur) Fotos ohne Bezahlung abgegeben und jede Bestechung der individual opinion zurückgewiesen. (Armes France.)

Ich schreibe Ihnen das so prinzipiell, damit Sie sehen, wie Ihre Besorgnis ganz falsch am Platze ist.

Ich hatte Sie gebeten, das Material zusammenzustellen, nicht dieses mit Ihrem Gesinnungsschmalz einzufetten.

Meine architektonischen Visionen, die nicht nachahmbar sind und von mir selbst im besten Fall nur variiert werden können, sind Organismen. Wollen Sie oder sonst jemand dem Hund seinen Schwanz wegdiskutieren, so werden Sie alles andere nur keinen Hund beschreiben.

Auch die Ansicht, daß der Künstler durch Kritik beeinflußt werden kann, wollen wir doch dem 19. Jahrhundert – also dem Erfinder der Kunstkritik – überlassen oder den Sezierungsversuchen der meist unerfahrenen und darum so schlagworttüchtigen jüngsten Generation.

Ich gebe nichts auf Kunstpsychologie, weil ich die Kunst zu gut kenne. Wie die Mutter ihr Kind.

Wenn Sie mit mir umgehen, sind Sie frei – frei bis zur Extravaganz, solange sie nur objektiv ist, d.h. den historischen Ablauf zur Grundlage hat.

Ihr

Erich Mendelsohn

# An Erich Mendelsohn

Motto: «Weiß, wo seine Arbeit steht, darum Freund der kommenden Generation.» E. M. über Saarinen, 1924.[134]

Tel-Aviv, d. 20. 3. 37

Cher Maître,

da Sie mich berufen haben, Ihnen meinen Glückwunsch an manchen Stellen schön gedruckt darzubringen – und da meine Füllfeder an blauer Diarrhoe darniederliegt –, erlauben Sie mir, Ihnen meine persönliche Aufwartung in dieser unwürdigen Form zu machen![135]

Sie brauchen nicht viel von dieser Schrift zu lesen – man liest sich in fremde Handschriften erst nach langem und liebevollem Studium ein – , weil ich zu viel zu sagen hätte, um einen langen Brief zu schreiben: Es ist nämlich nicht wahr, daß, wes' das Herz voll ist, der Mund überfließt. Wes' das Herz *sehr* voll ist, das wird verschwiegen.

Nun bin ich diesmal unter allen Freunden sicher der, der sich am meisten und am nächsten mit E.M. beschäftigt. Davon etwas zu sagen, und gar zu Ihnen selbst, würde ein Bruch Ihres Vertrauens sein.

Vor mir steht ein gebautes Leben: «unzerreißbare Kontur», große Wendung, um die Mitte, zu südlichem Meer, Heimkehr, neuem Leben. Dieser Bau geht nicht nur den Kreis derer an, die Ihnen befreundet sind, sondern alle anderen auch.

Wer Ihnen also heute volles Gelingen, großes Werk und reiches Dasein wünscht, wünscht es für Sie und für sich: Wir hoffen alle, davon zu profitieren. Aber dazu ist ja wohl das Leben derer da, die vorangehen, daß die Folgenden daran herumzausen und sich dabei heimlich die besten Früchte in die Taschen stecken, um sich an ihrem Saft zu kräftigen.

«So let it be with Caesar.»[136]
Croyez-moi, Cher Maître,
le Vôtre très bien dévoué

Julius Posener

Gruß an Madame Mendelsohn und Dank für alle schönen Tage in der Mühle.

## Von Erich Mendelsohn

Quisisana e Grand Hotel Capri
Gestione Giorgio Campione

30th March 37

Lieber Posener, ich danke Ihnen herzlichst für Ihren schönen Geburtstagsbrief. Wenn ich ihn richtig beantworten wollte, so müßte ich eine lange Erklärung abgeben über die Gründe, die mich bewegen, zwischen Jerusalem und London zu pendeln.

Es ist dieselbe Frage, die auch andere, z.B. Schocken, mir immer von Neuem stellen, und die zu entscheiden nur zu einem Teil bei mir liegt.

Es wird sicher sehr bald der Moment sein, um dieser Frage eine bündige Antwort zu geben.

Ich habe bis heute noch nichts erhalten, was gedruckt werden soll – die Schocken Verlag Publikation.[137] Hoffe aber, daß Sie mir das bereits zugeschickt haben – hierher oder direkt nach London. Bin sehr erwartungsvoll.

Wir haben Capri weit schöner vorgefunden, als wir erhofft hatten. Eine großartige, fast griechische Weite ohne Kleinlichkeit und mit viel geschichtlichem Glanz.

Ich finde, in Palästina dürfte niemand bauen, der die ländlichen Bauten des Mittelmeers nicht vorher studiert hat.

Sie sind der Ursprung auch der Paläste und der dramatischen Freiheit alles Gebauten.

Die Monumentalität ist ihnen eingeboren, und selbst die letzte Leichtigkeit hat noch gebundene Form.

Die Villen des Tiberius – er hatte 10 allein auf Capri – sind auch als Ruinen Muster der Sonnennähe und des Schattenfangs.

Man kann schließlich togabewandet nicht auf einem Balkon spazieren gehen. Aber leichtes Holzgestänge bildet Säulenstraßen und Terrassengänge, und Mauern – nicht Vorgärten! – steigern das Einzimmerhaus zum Turm. Glyciniendächer und Weingehänge lassen noch gerade den blauen Himmel durch.

Wir müssen noch viel umdenken in Palästina.

Also ich warte auf das Ihre.

Ihr

E M.

Ich bin unmenschlich faul, für meine Frau schon zu viel.
Grüße von ihr.

## An Gertrud Posener

Tel-Aviv, d. 2. 8. 37

Geliebte Mutter,

ich bin flott in der Arbeit am Artikel für das «Werk».[138] Er ist grundsätzlich fertig im Text. Es handelt sich nur noch um ein paar Umstellungen, Ausbesserungen und um die Beschaffung aller notwendigen Bilder. Diesmal habe ich mit dem Text angefangen und dabei erst gesehen, wie wenig man in einer Zusammenarbeit mit einem so fremden Menschen wie Barkai wirklich denken kann.[139] Diesmal habe ich einiges gedacht, soweit mich das Geschrei des kleinen Amos nach seinem Aba Kesselmann oder das (jetzt etwas eingeschränkte) Gekeife der Schifrah oder der Gvereth[140] mit der Alten dazu hat kommen lassen. Komisch genug, habe ich diesen Aufsatz als einen Plan zu meinem Buch angefangen, und dann ist es der Aufsatz geworden. Aber er erleichtert mir auch das Buch.

Du siehst also: In den nächsten paar Wochen werde ich keine dummen Entschlüsse fassen, obwohl mir, ganz persönlich, wohler wäre, ich könnte sie bald fassen.

Dein lieber, eindringlicher Brief,[140a] in dem Du mir viele unterstrichene Worte in die Seele schreist, damit ich sie doch ja hören und glauben soll, hat mich sehr erwärmt (was trotz der herrschenden Temperatur nötig ist) und doch etwas in Verlegenheit gesetzt. Es ist bei manchem, was Du sagst, leider so, daß ich erwidern muß: Die Botschaft hör ich wohl, allein mir fehlt der Glaube. Ich habe ein paar Tage mit der Beantwortung Deines Briefes gewartet, um wenigstens zu wissen, ob die Sache in A.A.[141] im September oder im Oktober erscheinen wird. Aber die einzige Nachricht, die ich erhalten habe, ist, daß Herr Klein[142] endlich dort angerufen hat, und versprochen hat, die Dokumentation (die ihm am 15. 6. anvertraut wurde) am 28. 7. dorthin zu bringen.

Daß das von allen Seiten unanständig ist, daß man beide Teile wird auf Schadenersatz verklagen müssen, wenn die Sache nicht im September herauskommt, ist für meine Situation nicht sehr interessant. Der Schaden ist da und kann gar nicht ersetzt werden, ich müßte denn 500 Pfund verlangen.

Rekapitulieren wir ganz kurz die Historie meiner Anwesenheit hier: Ich ging von Paris fort, um herzukommen, egal unter welchen Bedingungen. Ich erhielt dann von Mendelsohn die Zusicherungen, die Du kennst. Er hat die publizistischen Pläne, die wir vorhatten, nämlich: einige gelungene Publikationen im Ausland. Wichtiger: publizistische Arbeit im Lande. Auch Forschungsarbeit im Lande und Zuleitung und Sichtung des europäischen Stoffes für die hiesigen Architekten, während mehrerer Monate finanziert, zuerst gegen unmittelbare Gegenleistung, nachher ohne das. Als das zu Ende ging, bemühte ich mich, auf eigene Faust eine Finanzierung zustande zu bringen. Es gelang nicht bei Schocken. Es gelang beim Keren Hajessod,[143] aber blieb Zukunftsmusik: erst die Arbeit, dann die Finanzierung. Darauf ging ich nach Beyrouth, hielt mich dort einige Monate, und kam im Januar mit geringen Mitteln zurück, in der Hoffnung, nun eine Finanzierung für meine Pläne zu finden, die ich gleichlaufend mit dem Aufsatz in A. A. wieder aufnehmen wollte. Zwei Besuche bei Schocken blieben ohne Ergebnis. Einer bei Mendelsohn brachte mir einen etwas eigenartigen Auftrag ein, den ich diskutierte, und der dann auch zurückgenommen wurde.[144] Besprechungen mit dem Chug blieben ohne Folge. Der Keren Hajessod dachte noch immer nicht daran, mir die ausgesetzte Prämie vor der Leistung zu geben. Mit Recht, wie ich heute sagen muß. Ich setzte also alles auf das Letzte, was mir übrig blieb, und blieb im Lande, ohne Mittel, von Schulden lebend, um die Sache Architecture d'Aujourd'hui zu machen. Gleich darauf setzte diese den Umfang der Arbeit auf ein Minimum herab, und Barkai trat in seine Rechte als bestallter Mitarbeiter, eine Tatsache, mit der ich nie ernsthaft gerechnet habe. Den Kampf um die Arbeit nahm ich doch auf, weil ich meinte, daß alle Zögernden: Schocken, Keren Hajessod, Mendelsohn selbst, Chug, nach einem Erfolge dieser Arbeit zu gewinnen wären. Wozu zu gewinnen?

Mir, in einer oder der anderen Form, eine Stellung zu geben. Das Brot des Journalisten, das weißt Du, ist ein karges Brot. Aber der Tagesschriftsteller ist noch unendlich besser dran, als der Fachjournalist. Dieser kann nur als Redakteur, als bestallter Mitarbeiter einer Unternehmung, einigermaßen hoffen, sein Leben zu verdienen. Anders nicht; denn einmal ist der Kreis der Fachblätter ungemein klein. Dasjenige der Blätter, die mir einigen Raum über Palästina zur Verfügung stellen (trotz des gesteigerten Interesses jetzt), noch kleiner. Außerdem sind die Ausgaben der Materialbeschaffung so groß, daß von Verdienst kaum die Rede sein kann. Ich habe eben die Bilder zusammengestellt, die ich zum Schweizer Aufsatz brauche. Mein Archiv reicht bei weitem nicht zur Speisung dieser Arbeit aus, ganz abgesehen von der Tatsache, daß es ja nur zum Teil mein Archiv ist, und daß Barkai die Bilder, die er eingebracht hat, zweifellos zurückhalten wird, um sie der Zeitschrift des Chug[145] zur Verfügung zu stellen (ein Betragen, gegen das ich nicht mal etwas einwenden kann). Die Architekten geben mir nichts mehr umsonst. Sie haben kein Geld (und kein Vertrauen) mehr.

Die Folge ist: wachsende Verschuldung, mit einer nur geringen Hoffnung, durch diesen Einsatz wirklich zu einem Auskommen zu gelangen. Ich habe Dir die lange Geschichte meiner Mißerfolge noch einmal erzählt, um Dich zu einer großen Vorsicht bei der Beantwortung folgender Frage zu veranlassen:

Sind noch Aussichten vorhanden, zu einer festen Mitarbeit mit einem hiesigen Mann zu gelangen? Zu bemerken dabei, daß der Mann nicht Alexander

Klein heißen kann. Das ist zu Ende. Er kann auch nicht Mendelsohn heißen. Abgesehen von meiner Kritik an ihm hat der seine eigenen Pläne in dieser Richtung auch aufgegeben. Schocken hat sich, brieflich, so negativ geäußert, wie nur möglich: Ich bin entschieden der Ansicht, daß Ihre Pläne den wirtschaftlichen Rahmen dieses Landes weit überschreiten. Aber vielleicht bin ich im Winter weniger überlastet, und will Sie dann sprechen.[146] Im übrigen: Frank: das heißt Haus-, Hof- und Gartenbeilage meiner Zeitung, vielleicht im Oktober zu verwirklichen, vielleicht mal ein Artikel für Sie. Endlich der Chug: Du weißt, wie er aussieht. Du kennst den Fall Adler.[147] Aber, immerhin: Der Chug ist noch die einzige Hoffnung, das zu machen, was ich wollte, als ich ins Land kam. Nur eben keine lukrative Hoffnung.

Also: Sind noch viele Aussichten vorhanden?

Ich selbst will mich nicht übereilen, und nicht behaupten, daß man die ganze Sache als gescheitert ansehen muß. Aber, sagen wir, als in kurzem wohl doch gescheitert.

Ich will noch auf Dein Argument von der Weltstunde eingehen: Ich weiß, daß Du recht hast. Aber sicher überschätzt Du den Einfluß der Bauzeitschriften. Schon ihre Auflageziffer. Ja, wenn heute, wie gesagt, der Keren Hajessod mir sagte: Wir stützen Sie, wir öffnen Ihnen die und die Möglichkeiten zu wirken, so wäre das etwas anderes. Das ist kaum zu erwarten. Er hat dergleichen bisher überhaupt noch nicht getan, nur in Form nachheriger Abnahme von Exemplaren, und er wird es bei mir nicht tun, da er sich in der Sache Architecture d'Aujourd'hui enttäuscht sieht.

In dieser Lage sage ich mir: Gesetzt den Fall, meine Nummer erscheint im Oktober (Ende Oktober), so ist ihre Wirkung, die ich nicht ermangeln werde, gut vorzubereiten, nicht vor Dezember aktuell. (Zeit der Absendung und Versanddauer). Auf Grund dieser Wirkung werde ich wieder einiges unternehmen können, und ich bin nicht ganz mutlos. Inzwischen habe ich eine ziemlich ruhige Zeit. Soll ich die nicht ausnutzen, um

entweder in einen Kibbuz zu gehen (hebräisch, Leben in Palästina etc.). Dort würde ich mich auch wenigstens während dieser Zeit nicht weiter verschulden.

oder, indem ich mich verschulde, eine Reise zu machen. Die Reise hat zweierlei Vorteile: Fürs Inland: Anknüpfen von Beziehungen mit den türkischen, persischen etc., Architekten.

Fürs Ausland: Erweiterung meiner Wirkungsmöglichkeit. Das Thema Palästina, so interessant es ist, ist bald abgegrast. Wenn ich wirklich eine Sonderstellung unter den Bauliteraten haben will, dann muß es die des Mannes sein, der den Nahen Osten kennt, nicht nur Palästina.

So denke ich über meinen Fall.

Um es noch einmal zu sagen: Ich habe Pech, daß ich nicht heute als der Mann dastehe, dem alle ihr Vertrauen zur Führung der Palästinakampagne in den Bauzeitschriften der Welt entgegenbringen. Ich werde mich, wenn überhaupt, erst in einigen Monaten in dieser Lage befinden. Vorher scheint mir das Angehen dieser Aufgabe mit den höchsten Schwierigkeiten verbunden. Sie ist in diesem Moment so wichtig, wie Du sagst, besonders auch für das, was ich will, und was stark abseits dieser Kampagne liegt. Sollte man also nicht trachten, diese Monate fruchtbarer zu verwenden?

Das ist aber auch das ganze Ausmaß der Frage. Es handelt sich nicht um ein Abspringen und neuen Beruf und dergleichen, sondern um einen Urlaub.

Noch eins, geliebte Mutter, kann ich Dir nicht verhehlen: Ich halte diese Kampagne subjektiv nicht für sehr wichtig: Sie wird mich nicht ernähren. Sie wird auch meine Chancen hier nicht mehr steigern als die Dinge, die ich schon unternommen habe: A. A., Chug, Werk, Buch. Ich halte sie aber auch objektiv für nicht sehr wichtig. Wir nehmen doch alle die Frage, die jetzt verhandelt wird, sehr ernst. Kein Mensch bestreitet uns unsere Leistungen hier. Selbst ihr Anblick wird ernsthafte Menschen nicht dazu bringen, die Frage weiter so ernst zu nehmen wie wir. Auch ich bin, der ich die Lehre des alten Palästina für unser Bauen entwickeln möchte, der ich etwas fanatisch darauf aus bin, dieses alte Palästina, das schöne östliche Mittelmeerland, zu zeigen, vielleicht nicht gerade der Mann, der eine Propagandastimme im Munde hat. Aber das ist eine Nebenfrage, und ich weiß, daß man darauf recht verschiedene Antworten geben kann.

Sie hängt zusammen mit der ganzen politischen Frage, die jetzt aufgerollt ist, und bei der es, scheint mir, nur wenig auf das und das Adjustment (Deganyah, jüdisch Jerusalem etc.) ankommt. Mehr darauf, daß die Illusionen von Lösung unserer Frage durch Palästina mit und ohne Deganyah zum Teufel sind, und daß die große Welt in aller Klarheit sagt, was wir versprengten Herzlianer und Territorialisten immer gesagt haben. Und da helfen wohl auch Bilder wenig.

Das ist ein langer Brief, und er ist doch ohne Voraussetzungen geschrieben, da die Frage Architecture d'Aujourd'hui, an der nach wie vor alles hängt, selbst noch hängt. Ich bitte Dich also, ihn noch nicht gleich zu beantworten und zu diskutieren, da die Antwort aus Paris alles verschieben wird, wenn sie positiv ist. Im anderen Falle, meine ich: Urlaub.

Umarmung und Dank und Gruß an Karls,[148] die hoffentlich schon fort sind.

Dein Jul.

# Von Le Corbusier

Le Corbusier Paris – 35 rue de Sèvres – VI°

le 21 Octobre 1937

Monsieur Julius Posener
140, Boulevard Rothschild
Tel-Aviv
(Palestine)

Mon cher Posener,

danke für Ihren freundlichen Brief vom 10. August.[149] Ihre Briefe sind stets von großem Interesse. Ich lese sie mit höchster Anteilnahme.

Ihre Zeitschrift[149a] habe ich erhalten. Sie ist wirklich interessant. Und wie Sie bin auch ich davon überzeugt, daß es in Palästina nicht darum gehen kann, mit irgendwelchen herkömmlichen Formeln zu operieren, sondern vor Ort jene Grundelemente aufzuspüren, die nicht nur eine funktionelle Architektur bestimmen, sondern auch eine, die dem Geist der Zeit und der Geschichte angemessen ist. Mit Beton- und Stahlkonstruktionen können diese Fragen sehr schnell virulent werden, und sie erfordern Vorstellungskraft, Bescheidenheit und Respekt vor dem anderen und den ehrwürdigen Dingen (Anspielung auf die «ehrwürdigen Kadaver» der berühmten Erinnerung).

Sie kennen meine Meinung zu dieser Frage gut, und ich bin überzeugt, daß Sie mit Ihrem arbeitsamen und beharrlichen Charakter und durch Ihre Beobachtungsgabe selbst einer der Maßgeblichen bei der Lösung dieser Aufgabe sein können.

Mit Sorge sehe ich all das Unglück, das über Ihr neues Land hereinbricht. Das Glück gibt es heute wahrlich nicht mehr oft auf der Erde. Ich hoffe jedoch, daß Sie vor unmittelbarer Bedrohung geschützt sind und daß Sie in Ihrem konstanten und vielversprechenden Werk fortfahren können.

Vertrauen Sie stets auf meine lebhafte Zuneigung

Le Corbusier

## An Gertrud Posener

T. A. 14. 6. 38

Geliebte Mutter,

mein letzter Brief[150] war kein Trostbrief, wie Du schreibst, sondern eher eine Bitte, unabänderliche Tatsachen mit der Ruhe hinzunehmen, die in unserer Lage die einzig mögliche Reaktion ist.

Seit diesem Briefwechsel sind wir wieder um eine Hoffnung ärmer, und ich kann mir vorstellen, wie Dich dieser neue Schlag erregt und entmutigt. Mir kommt das Ende der Transfermöglichkeiten nicht so überraschend.[151] Wir müssen uns daran gewöhnen, daß alle Vorstufen der Enteignung nur temporär sind und daß die Enteignung selbst nicht mehr lange auf sich warten lassen kann. Ich glaube also nicht, daß es eine Alternative gibt: bei seinem Vermögen leben oder ohne einen Pfennig das Land verlassen. Diese Alternative entspricht nur der augenblicklichen Lage. Ich bin felsenfest überzeugt, daß die Frage morgen schon sein wird: ohne Vermögen in Deutschland bleiben oder ohne Vermögen herausgehen; wenn es dann die letztere Möglichkeit überhaupt noch gibt.

Du siehst, das ist schon kein Trostbrief mehr, geliebte Mutter; aber mir scheint, daß Du viel schlimmer leidest, wenn Du von einer zerstörten Illusion in andere fällst, als wenn Du die Lage klar siehst. Es scheint mir also das beste zu sein, wenn Ludwig oder ich, wer von uns beiden es nach den geltenden Bestimmungen am besten kann, Dich zum erstmöglichen Termin anfordert, und jetzt kommt doch immerhin ein Trost: Du findest den größten Teil des zu meinen Gunsten transferierten Geldes hier vor, und Du hast hier Kinder, die sich freuen werden, Dich zu empfangen und mit Dir zu leben.

Du weißt, daß ich in Sachen des Geldes etwas kalt bin und daß ich Deinen Wunsch, unabhängig und gebend zu bleiben, zwar sehr gut verstehe und respektiere, aber nicht glaube, daß dies, in der Katastrophe, die wir durchmachen, für Dich eine question de vie et de mort ist. De facto bist Du, bis zum heutigen Tage, der gebende Teil und unterstützt Deinen ältesten und Deinen jüngsten Sohn. Was Dir das Schicksal zumutet, ist lediglich das, daß Du diese Unterstützung schließlich nicht länger wirst gewähren können als die Mittel reichen, mit denen Du und Deine Kinder sich einrichten müssen, und daß diese Frist abzusehen ist. Ich glaube, Du darfst diese Situation mit Seelenruhe und mit Dankbarkeit dafür akzeptieren, daß uns, wie die Dinge liegen, lediglich das zugemutet wird.

Es ist auch unrecht, sich zu sagen: «hätte ich» oder: «hätten wir». Du hast mir oft genug gesagt und geschrieben, daß die Liquidation des gemeinschaftlichen festen Besitzes nicht vor der allerletzten Zeit durchzuführen war. Wenn das also nicht in unserer Hand stand, so steht die Erhaltung des Vermögens oder sein Transfer jetzt gewiß nicht in unserer Hand.

Du beklagst am bittersten, daß Du nicht wirken darfst, obgleich Du wirken könntest. Zugleich berichtest Du mir von Deinen stupenden Erfolgen: Also: Du wirkst doch: Du heilst, Du hilfst. Und das nennst Du ein unnützes Leben, nur weil es Dir nicht gelingt, für Deine Tätigkeit eine angemessene Bezahlung zu erhalten und Dich damit zu ernähren. Es ist eine schwere und kränkende Ungerechtigkeit, daß man Deine außergewöhnliche Kunst nur mit Handküssen und Dankbriefen schätzt; aber Du mußt Dich damit abfinden und darfst nicht selbst gering über Deine Kraft denken, weil es Dir nicht gelingt, sie auszumünzen. Du wirst weiter helfen und heilen und wirst Verehrung und Dankbarkeit ernten, und Dich mit all Deiner Kunst und all Deiner Erfahrung nicht ernähren können. Das ist hanebüchen und empörend; aber das ist so; und in kleinerem Maßstab habe ich selbst schon ähnliche Erfahrungen gemacht.

Bei mir ist es in diesem Falle so, daß ich suchen muß, mich auf jeden Fall, meinetwegen mit anderen Tätigkeiten, zu ernähren. Bei Dir stellt sich die Frage nicht so. Es mag unangemessen sein, daß ich Dir das sage: aber wir stehen doch in verschiedenen Lebensaltern. Meines verlangt von mir, daß ich mich, wie auch immer, ernähre. Eine unangenehme Forderung, aber ich erkenne sie an. Dein Alter stellt diese Forderung nicht. Du darfst, mit gutem Gewissen, heilen und helfen, ohne zu fragen, was dabei herausspringt. Du darfst es Dir gestatten, die Nützlichkeit Deines Lebens nach Deinem eigenen Wissen und nach der Dankbarkeit, Liebe und Verehrung derer zu bemessen, denen Du nützt und die mit Dir leben. In meiner Lage, in der gar nicht leichte Entschlüsse von mir verlangt werden, blicke ich auf diese Stufe des Lebens fast mit Neid. Ich meine also, Du darfst mit ruhigem Gewissen Deiner wichtigen Kunst leben und mußt nicht einen schweren, neuen Beruf lernen, in dem Du weniger konkurrenzfähig sein wirst, als in den vielen Dingen, die Du kannst.

Es gibt hier schon das Verfahren der Fotokopie. Die Leute, die das betreiben, tun es als Nebenverdienst in einer Antiquariatsbuchhandlung. Ich habe nicht den Eindruck, daß der Nebenverdienst groß ist. Ich mag Dir nicht abraten, einen solchen Apparat anzuschaffen und seine Behandlung zu erlernen. Du kannst Dich hier vielleicht mit einem Fotografen zusammentun oder ihm den Apparat überlassen. Aber ich glaube nicht, daß Du einen einträglichen Beruf damit finden kannst, und ich fände jede Tätigkeit bedauerlich, die Dich von Deinem eigentlichen Beruf abzieht.

So. Das war ein reichlich abstrakter Brief und einer, der in manchen Punkten mißverstanden werden kann. Du weißt, geliebte Mutter, wie sehr ich Deinen Willen bewundere, nützlich zu sein, auch in dem ganz materiellen Sinn, den das

Wort «Nutzen» haben kann. Aber ich kann diese Nützlichkeit, in der völlig abnormen und wilden Welt, in der wir leben, nicht mehr als das ansehen, was in Deinem Fall über Wert und Unwert des Lebens überhaupt entscheidet.

Das ist alles, was Dir ans Herz legen wollte

Dein Sohn Jul,

der Dich umarmt.

## An Erich Mendelsohn

Police Bldg. Clerk of Works Office

Artuf, d. 18. 7. 40

Lieber Herr Mendelsohn,

Herr Wind, der heute bei uns war, hat Ihnen hoffentlich meine Grüße übermittelt. Man hat mich von einem Tag zum anderen hierher geschickt, so daß ich nicht mehr die Zeit fand, mich bei Ihnen zu verabschieden. Da ich aber jeden Sabbat in Jerusalem bin, so hoffe ich, Sie bald zu sehen. Daher auch dieser Brief keinen eingehenden Bericht geben möchte. Ich bin hier Assistant Clerk of Works,[152] wie weiland am Potsdamer Platz.[153] Damals war es nicht ganz so heiß, und wir hatten deutsche anstatt der arabischen Arbeiter. Ein wesentlicher Unterschied ist der, daß ich hier keineswegs im Herzen der Weltstadt sitze. Es ist völlig unmöglich, daß mich der hiesige Karweik Bier holen schickt. Wir wissen kaum, wie dieses oder andere kalte Getränke aussehen. Wenn aber die Zionisten erzählen, das Leben auf dem Lande in Palästina sei heiß und schön, so ist das beides richtig. Es ist sehr heiß und sehr schön. Ich wohne in einem großen Haus mit 70 cm dicken Mauern, bei dem Ältesten dieses Dorfes von einigen zwanzig bulgarischen Juden (Sefarden). Das Haus hat eine Veranda mit Arkaden, 3 x 5 m, in der es zu allen Tageszeiten luftig und kühl ist. Die Abende dort sind etwas anders als selbst die schönsten Abende auf der Terrasse der Windmühle oder in Beth Hakerem.[154] Herrlichste Landschaft unmittelbar am Ausgang der Hügel, ähnlich wie zwischen Bab el Wad und Latrun. Artuf liegt am Wege Bab el Wad – Beth Jibrin.

Kein elektrisches Licht und nur *eine* Petroleumfunzel im Haus. Das Örtchen im Garten. Waschen in der Küche. Sprachen: Spaniolisch, Hebräisch, Jiddisch, ein bißchen Russisch und Französisch. Tatsächlich auf dem Bau fast nur Hebräisch. Essen: Mitbach Hapsalum (jeden Tag dasselbe). Es ist sehr schön!

Mein Zimmer ist möbliert mit einem Bett und einem Tritt zum Fensterbrett. In dem Bett lese ich bei Kerzenschein «il mio maestro ed il mio autore».[155] Über den Tritt wandle ich, zwischen paradiesischen Gesängen, hinaus in den Mondschein, wenn mich das Bedürfnis drängt.

Ich lerne: 1) schätzen, was Le Corbusier die wesentlichen Freuden nennt: Die Form eines Raumes und der Blick aus dem Fenster sind wichtiger, als der kürzeste Weg zum Bad (und als das ganze Bad, notabene), 2) eine Menge Bautechnik.

Und schließlich ist es nicht schlecht, sich sagen zu können, daß man mindestens bis zum Ende aller Dinge sein Auskommen hat. Wer konnte das in den sogenannten normalen Zeiten?

Ich würde mich sehr über Ihren Besuch freuen. Inzwischen bin ich mit bestem Gruß, auch an Frau Mendelsohn,

ergebenst Ihr Julius Posener.

## Von Erich Mendelsohn

Mr. Julius Posener
Clerk of Works' Office
Police Building

Artuf 5. 8. 1940

Lieber Posener,

schönen Dank für Ihren Brief und den Mondschein Dante mit Locus.

Ich habe Sie seit Ihrem Haaretz noch nicht zu Gesicht bekommen.[156] Vielleicht interessiert es Sie, was ich Ihnen dazu zu sagen habe.

Ihr Aufsatz ist lau und unkämpferisch. Sie wissen: Für oder Gegen – aber nicht seziererische Literatenfloskeln wie «Kaum einem andern», «leider» etc.

Aber man kann von dem Edelholz Posener keinen konstruktiven Eisenbeton erwarten, und deshalb war es mein Fehler, Sie auf diese Review zu hetzen. Ein radikal negierendes oder ein unverbesserlicher Dithyramb hätten das eindeutiger gemacht.

Ich habe Ihnen gesagt: der Jischuv[157] weiß nichts, ist vollständig ignorant.

Deshalb muß man ihn eindeutig führen.

Das ist eine kämpferische, eine synthetisierende Aufgabe. Hier bot sich eine ausgezeichnete Gelegenheit für Sie; Sie haben sie unbenutzt gelassen.

Die Zunge der Raubtiere (Katze bis E.M.) ist rauh, die der Reptilien (Schlange bis Klein[158]) schleimig.

Nächstes Mal wählen Sie, bevor Sie starten.

Schönsten Gruß

Ihr E M
Wenn ich Sie sehe, erinnern Sie mich bitte an die Review des Royal Institute.

## An Erich Mendelsohn

Artuf, d. 5. 8. 40

Lieber Herr Mendelsohn,

schönen Dank für Ihren Brief. Das für mich wichtigste Wort habe ich nicht lesen können. «Man kann von dem ?.....? Posener keinen konstruktiven Eisenbeton verlangen.» Der Sinn ist allerdings auf jeden Fall klar.

Sie wissen, daß ich nicht einen Dithyrambus schreiben kann, noch auch eine krasse Negation. Nicht, weil ich dazu prinzipiell nicht imstande wäre, sondern weil ich Ihrem Werk gegenüber dazu nicht imstande bin. Ich habe Ihr Werk einmal rechtschaffen gehaßt, und einiges von diesem Haß ist noch übrig geblieben. Ich habe Ihr Werk ebenso ehrlich bewundert, und diese Bewunderung besteht unvermindert. Bewunderung und Haß schließen einander nicht aus.

Meine Stellung zu diesem Werk steht fest, und ich habe grundsätzlich daran nichts zu ändern, wenn man auch immer lernt, besonders über Sachen, die man gut zu kennen glaubt. Ich habe mehr als Lust, ich empfinde das Bedürfnis, die Gedanken, die ich mir hierüber gemacht habe, zu veröffentlichen. Sie tun aber sich und mir unrecht, wenn Sie die Gelegenheit und den Rahmen solcher Veröffentlichung festlegen: eine Festschrift, eine Buchbesprechung. Ich wünsche, über Sie schreiben zu dürfen, wie man über Michelangelo schreibt.

Einige Architekten haben mir gesagt, ich hätte einen Dithyrambus geschrieben. Sie sagen mir, ich sei nicht kräftig für eine Sache eingetreten. Die Schuld ist meine: Ich habe mich durch eine Aufgabe gewunden, die ich nicht hätte übernehmen dürfen. Man hat zu schreiben, ohne sich um den Autor (der zufällig lebt; den man zufällig kennt und verehrt) zu kümmern; und ohne sich um den

Leser zu kümmern. Kann man das nicht, schließen die Umstände diese Art zu schreiben aus, so lasse man es bleiben. Man sperre nicht ein Thema, das einem am Herzen liegt, in einen zu engen Kasten. Man verdirbt sich selbst die Möglichkeit, es einmal rein und klar darzustellen. Schade nur, daß es in unserer Kunst, und besonders in unserem Lande, die Möglichkeit, sich klar zu äußern, nicht gibt.

Ich habe nicht zwischen Ihnen und dem Reptil zu wählen. Das ist kein Gegenpart für Sie. Das sind incommensurable Größen. Ich lasse mir die rauhe Zunge des Raubtieres gern gefallen. Das Raubtier frage ich nur: Wo ist in dem Buch von Whittick sein Geruch, sein Hieb, sein Sprung? Ich habe da einen schönen Schwan auf einem Parkteich segeln sehen, nichts anderes. Das Raubtier bitte ich, wenn es ihm um Echtheit des Bildes zu tun ist, «das nächste Mal» den adäquaten Darsteller zu wählen.

Mit dieser Bitte und der anderen, mir über meine Zunge (wo finde ich das Tier?) nicht böse zu sein,

bleibe ich
mit ergebenem Gruß

Ihr Julius Posener.

Ich hoffe diesen Brief demnächst durch einen Aufsatz zu ergänzen, den ich Ihnen zueignen möchte: «Was ist Baukritik?» Der soll jedes noch mögliche Mißverständnis beheben. Leider besteht keine Hoffnung, einen solchen Aufsatz hier und jetzt zu veröffentlichen.

Ja, schriebe ich über Archäologie............ –

## Von Erich Mendelsohn

Artuf, 8. 8. 1940

Mr. Julius Posener
Clerk of Works' Office
Police Building

Lieber Posener,

ich habe in meinem kurzen Brief an das «Edelholz» den Jischuv in das Zentrum gesetzt, mit Absicht und mit Nachdruck.

Für ein public, das unterscheiden kann oder eine Architektur-Zeitschrift – schreiben Sie bitte, was Sie wollen. Beide werden imstande sein, sich über Objekt und Subjekt der Schreiberei ihr eigenes Urteil zu bilden.

Das «Haaretz»-Publikum ist noch am frühen Morgen seiner Erkenntnis von Gut und Böse. Das haben Sie vergessen.

Whittick jedenfalls hat für das englische public geschrieben. Dort kennt man weder Dithyrambus noch öffentliche Negation. Auf den grünen lawns gibt es keine Raubtiere, und die Reptilien läßt man ruhig zu ihrem Ende leben.

Sie sind zu wenig Architekt, um über Architektur urteilen zu können – zu viel Schriftsteller, um Journalist zu sein.

Und der war hier am Platze. Also hätten Sie ablehnen sollen.

Hoffentlich haben Sie Ihr Honorar bekommen und nicht vergessen, mir das Rezensionsexemplar zurückzuschicken.

Ihr wie immer

E M

# An Ludwig Posener

Pal. 2785 Cpl. Posener
S. M. E. - R. E. B. D. Nr. II Coy. M. E. F.

30. 11. 41
03. 12. 41

Lieber Freund,

unser Drill hier[159] ist an einem der nächsten Tage abgeschlossen, und wir kommen wahrscheinlich an einen anderen Ort zu einer neuen Stufe der Ausbildung. Man nimmt uns scharf heran, und sollten wir die Sterne bekommen, so werden wir immerhin etwas dafür getan haben.

Inzwischen hatten wir ein volles Weekend – eine Sache, die wir in unserer Arbeit nicht kannten –, und wir haben es schön ausgenutzt; waren den ganzen Sonntag vom Camp abwesend und sind in der Stadt spazieren gegangen. Die Stadt ist in ein Native- und ein europäisches Viertel geteilt. Das Native-Viertel unterscheidet sich in manchen Punkten von dem, was wir in unserem Lande kennen. Es mutet an wie ein orientalisches Saint-Ouen oder Saint-Denis. Die Bauordnung – soweit da von Ordnung die Rede ist – ist sicher französisch; d.h. ein Durcheinander einstöckiger und vierstöckiger Bauten und ebenso von Läden, Garagen, Faktoreien und Wohnbauten. Französisch ist auch die unbeholfene Architektur der neueren Fassaden, die modern sein will, die Ölfarbenbemalung ganzer Fassaden, die Art, wie Inschriften angebracht sind, die Unfähigkeit, Materialien so anzuwenden, wie es sich gehört. Man kann die unbehagliche Atmosphäre, die einem aus diesen geraden Straßenzügen entgegenschlägt, schlecht in Worte fassen; man spürt nur sofort: «ça sent la banlieue Parisienne.»

Das europäische Viertel dagegen ist sehr gepflegt: schöne Häuser, von hölzernen Galerien umgeben in reichen Gärten. Die Galerien sind aufs schönste berankt; die Straßenmauer der Gärten ist grün: Hecke oder berankter Zaun; und jenseits eines schmalen Kanals liegt, im Blick der Villen, ein großer Park von bestem französischem Zuschnitt und kräftigstem orientalischem Wuchs: turmhohe Palmen und Kasuarinen und überall blühende Sträucher und breite Rasenflächen. Jenseits des Parks liegt ein See, sehr blau mit einem Ufer aus Sanddünen. Man sieht in der Ferne Masten, Palmgruppen, ganz weit einen blauen Höhenzug. Das also sehen die Villenbesitzer von ihren Veranden. Die Grundstücke sind fast quadratisch geschnitten, und die Häuser stehen in der Mitte der Gärten. Das Schema der Kanalfront des Ortes ist etwa so: [Skizze]

Die Parallelstraße zur Kanalstraße läuft zwischen Hintergärten oder Gartenmauern und erinnert an vornehme Nebenstraßen in Auteuil. Dahinter

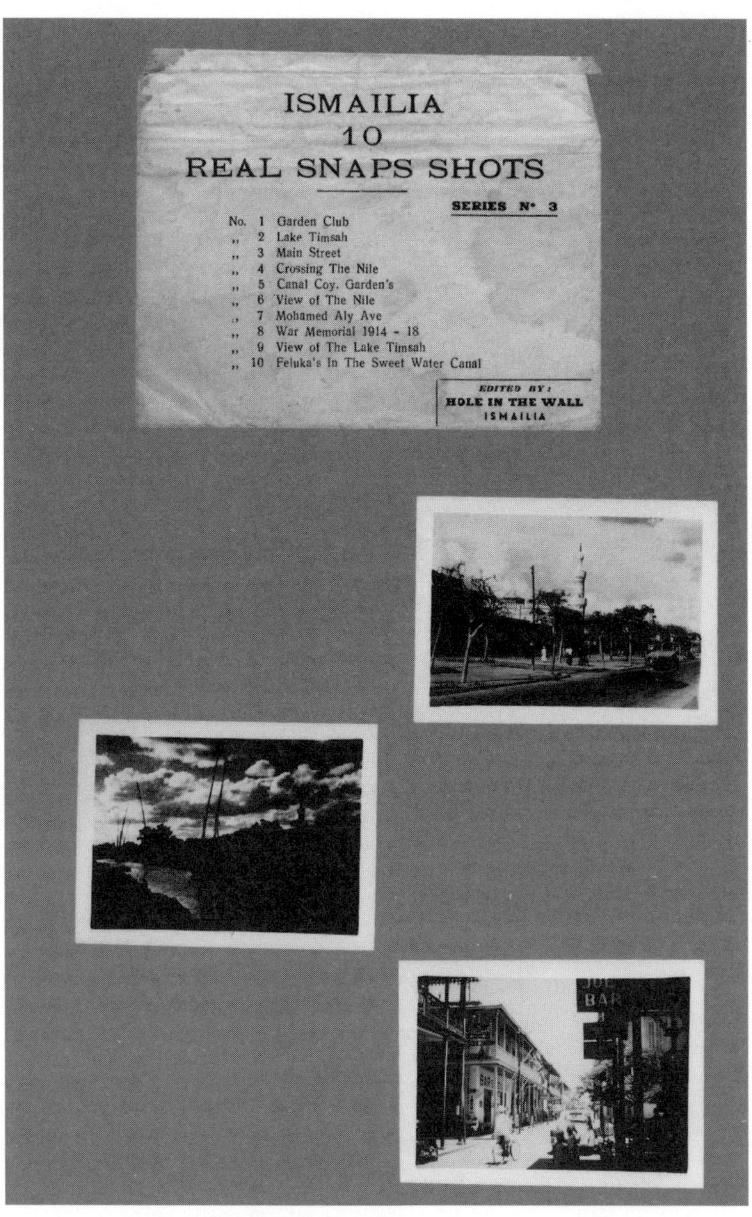


Drei der «10 Real Snaps Shots of Ismailia», Fotografien aus dem Nachlaß

schließt sich ein stilles Wohnviertel mit niedrigen Häusern, Schulen, Instituten etc. an; sehr gepflegt, mit breiten Avenuen und Schmuckplätzen: Typus einer reichen Gartenstadt. Viele Straßen sind so angelegt, daß ein Teil des Gehweges mit hölzernen Galerien überbaut ist, hinter denen Läden liegen. In der Hauptgeschäftsstraße sind sehr elegante Läden, besonders stachen uns schöne Offiziersausrüstungen in die Augen. Aber diese Anschaffungen werden wir uns noch für einige Zeit aufzusparen haben. Wie lange die Zeit dauern wird, ist uns noch nicht bekannt.

Wir haben den Infanteriedrill gut beendet und sind heute an eine andere Stelle, jenseits des Sees, gebracht worden, wo wir Fieldworks lernen werden. Wir haben uns, wieder in Zelten, gut eingerichtet und sind sehr neugierig auf die Kurse und Übungen, die bevorstehen. Das Lager ist herrlich gelegen und das Leben in der Unit mit dem größten Geschick liebenswürdig gestaltet. Davon ein andermal.

Was treibt Ihr? Wir sind ein bißchen außer Kontakt geraten. Ich würde gern mal wieder ein paar Tage bei Euch zubringen. Einstweilen bereite ich mich darauf vor, indem ich für die Zoologen in der Familie Irene und Peter[160] Muscheln sammle. Ich habe schon ein paar nette Stücke gefunden, die hier im Sand zwischen unseren Zelten liegen.

Ich habe, wie gesagt, keine Ahnung, wann wir uns wieder sehen und denke nicht, daß es noch in diesem Jahre sein wird. Die Zeit wird mir in dieser Hinsicht recht lang, und unter den Kameraden sind nicht viele, an die ich mich näher anschließen möchte. Die Stimmung in solcher Gruppe von Leutnants-Kaulquappen ist ähnlich wie die einer Revue-Tanzschule ( – nicht nur, weil man sich am Tage viermal umzieht – ): Jeder möchte Primadonna sein und unterhält seine Kameraden mit der Aufzählung seiner Verdienste und der Herabsetzung derer, dieses oder jenes anderen. Genug hiervon. Lebt recht wohl und auf bald.

Euer Bruder Julius

## An Ludwig Posener

Nr. P. 2785 J. Posener
on leave:
Hotel Pension des Familles
Luxor
Upper Egypt
Stationed: Nr. 2 Coy.
S. M. E. et R. E. B. D.
M. E. F.
German Language

Luxor, 25. 12. 41

Lieber Freund,

ich bin sehr glücklich, daß ich Dich gesehen habe,[161] und ebenso glücklich, daß ich jetzt bin, wo ich bin. Hoffentlich geht der Krieg bald einmal zu Ende, damit auch Zivilisten wieder Reisen machen können; denn Ihr müßt dies Land sehen. Von irgendeinem Eindruck zu erzählen ist noch nicht möglich, weil viel zuviel Eindruck gemacht hat. Ich fürchte mich vor meinen Träumen heut Nacht. Hoffentlich erscheint mir nicht gerade der schwarze katzengesichtige Gott aus dem Tempel des Ptah. Der ist schon bei Tage beängstigend genug. «Face like cat: good! Face like cat: very good!» Ich fand es eher unheimlich. Aber ich stimme dem arabischen Tempelwächter zu, wenn er sich beklagt: «British guide unjust: Says this temple much broken: This temple quite good temple.» Quite good, indeed. Der Arme muß seinen kleinen Tempel gegen die Konkurrenz des riesengroßen Amuntempels[162] verteidigen. Mein Gott, er lebt davon, daß auch «seinen» Tempel jemand besucht.

Mein Reise ging, wie sie sollte. Ich wurde nicht einmal naß in Ludd, fuhr bequem bis Kantara, etwas beengt von da nach Kairo, das ganze für ein halbes Pfund und genoß die Sensation der Ankunft auf einem großen Bahnhof. Der Zug nach Luxor am nächsten Morgen war sehr lustig: gar kein internationaler Express, sondern ein gut ägyptischer Schnellzug mit allen drei Klassen, ohne Speisewagen. Er wurde gestürmt, noch ehe er zum Stehen kam. Auch im Orient habe ich noch nicht ein solches Schreien, Stoßen und Zerren erlebt. Sobald aber jeder saß, war man still und freundlich, und jeder bemühte sich zu zeigen, daß er den Nächsten mehr liebte als sich selbst. Von Kairo siehst Du bei der Ausfahrt nichts als große Vorstadt. Dann fährst Du über einen lehmgelben Fluß von mäßiger Breite: nicht so breit wie der Rhein bei Köln; kaum breiter als die Elbe bei Magdeburg; und da kein weiterer Flußarm erscheint, so merkst Du, daß Du über den ganzen Nil gefahren bist. Die Bahn bleibt dann westlich, und der Vater der Flüsse tritt nur noch wenig in Erscheinung, trotzdem seine Wirkung allgegenwärtig bleibt.

Das erste, was sich zeigt, sowie die Stadt aufhört – und sie hört ganz plötzlich auf – ist ein Grün, das leuchtet wie ein grünes Feuer. Jede andere Farbe von solchem Licht würde blenden. Über dem grünen Boden erscheinen schwärzliche Palmenstämme, in Ketten und in Tuffs hier und dort über die Ebene verstreut wie Baumgruppen im Park. Im Schatten solcher Gruppe erscheinen lehmgraue Ortschaften, die Häuser viel höher, als in unseren Dörfern, oft zweigeschossig; Du blickst in enge, schattige Gassen, oft von Lauben überdeckt. Von weitem sieht das Dorf mit seinen Mauern und Palmen aus wie eine Insel in dem grünen Feldermeer. Da schwimmen also viele Inseln, von den nahen, deren Gassen Du siehst, bis zu den kleinen, weit hinten, mit scherenschnittfeinen Palmenwipfeln; und über dem fetten Land erscheinen nun, sofort, sowie Du aus der Stadt herauskommst, rosa mit blauen Schatten die Pyramiden. Das ist ein Bild, das man nicht leicht vergißt. Und das ist auch schon die ganze Nillandschaft: Das schlammige, fette, leuchtende Land; der steile Wüstenrand zu beiden Seiten und darauf die übermenschlich großen Monumente. Von den Monumenten kann man die Augen wenden, da sich ihre Gestalt nicht wesentlich ändert, während man an ihnen vorüberfährt. Aber woran man sich nicht satt sehen kann, ist das Land. Wohin Du siehst, erscheinen Gruppen von Rindern, Ziegen, Schafen und tauchen die Mäuler ins Grüne. Was müßten unsere langohrigen Bergziegen neidisch sein! Die Fellachen, die im Feld arbeiten, sehen aus wie Leute eines Sportvereins, die auf den Rasen hinausgehen, um zu spielen. Die Chausseen sind mit Bäumen eingefaßt. In den Hauptstraßen kleiner Städte stehen beschnittene Schmuckbäume. Die Leute spazieren zur Ankunft des Zuges auf der Bahnhofsallee. Es ist ein breites, stetiges Leben. Das Land wirkt neu, wie es jung grün aus der jährlichen Überschwemmung heraufsteigt, und dabei begreift man, daß sich hier seit dem Anfang der Tage nichts geändert hat. Die uralte Methode der Bewässerung ist heute noch wirksam.

Hier bin ich in einer ausgezeichneten Pension gelandet, die ich Euch für nach Friedensschluß nur empfehlen kann. Ich denke nicht, vor Montag früh hier wegzugehen, Kairo wieder nur zu passieren und am Dienstag abend im Camp zu sein. Hier hat man vollauf zu tun, um auch nur halbwegs mit dem zu Sehenden fertig zu werden. Camp: das wirkt so entfernt: hier ist voller Frieden. Nicht einmal Blackout kennt man hier.

Leb wohl! Alles Gute Euch beiden, Gruß an die Kinder und Irene.

Herzlichst, Dein Julius.

## An Charlotte Posener

L.-Sgt. Posener. Pal 2785.
S. M. E. et R. E. B. D. Nr. 2 Coy.
M. E. F.
German Language

Dec. 31, 41

Liebe Lotte,

wieder «daheim»[163] erwarteten mich einige Überraschungen:

1. Dein Freßpaket. Herzlichen Dank.
2. Man hat uns alle zu Lance-Sergeanten[164] gemacht, allerdings Titular L.-Sgts., wir bekommen nichts dafür bezahlt. Aber es ist doch angenehm. Schade, daß wir nun nicht zusammen ins «Astoria» gehen können.[165]
3. Der Kurs ist im wesentlichen wieder über Field Engineering. Wir sind zusammen mit Kadetten und Offizieren, bis zum Captain. Daher der dritte Streifen: der Kurs hätte sonst ein merkwürdiges Gesicht.

Ich fühle mich durchaus zu Hause. Mir scheint, ich war ein halbes Jahr fort. Von der wunderbaren Reise,[166] die ich gemacht habe, später. Ich muß schnell zum Silvesterkonzert herübergehen. Vielleicht komme ich doch einmal dazu, mir einiges von den Eindrücken vom Herzen zu schreiben oder zu reden. Ich mußte viel an Dich denken, während ich auf meinem Esel saß und durch das Thebener Land galoppierte.

Du hättest an den Dingen, die es da zu sehen gibt, Deine Freude gehabt. Es ist anstrengend, das alles allein zu sehen, trotzdem man, wenn man wie ich schon oft mit sich allein auf Reisen gegangen ist, recht gut betrachtet und sich mit sich ausspricht (meinetwegen mit lauter Stimme). Trotzdem: Besser wäre es zu zweien. Ich muß nächstens heiraten, sonst laufe ich als alter Kunstfritz durch die Welt und lutsche Eindrücke. Ich habe auf jeder Reise das Gefühl, ich suche Schönheiten auf, um sie jemandem zu zeigen. Solange meine Mutter lebte, unterhielt ich mich in Gedanken mit ihr. Aber jetzt weiß ich nicht recht, für wen ich etwas auskundschafte. Und doch tue ich das. Für irgendwen ...

Na, das führt zu weit, und ich muß zum Konzert, wo Dein Konfekt mich und die Nächsten erfrischen wird («mein Ernstel weiß nicht, wer der Nächste ist.»). Das ist es ja eben: Ich weiß es auch nicht! (siehe oben).

Prosit Neujahr! Dein Julius

Gruß an Ludwig, Kinder, Irene

## An Ludwig Posener

Pal. 2785. L.-Sgt. Posener.
Nr. 2 Coy. S. M. E. et R. E. B. D. M. E. F.
German Language

Jan. 7th, 42

Lieber Ludwig,

es ist bitter kalt hier. Nach einem harten Westwind haben wir jetzt einen strengen Ostwind, und alle Leute schniefen erbärmlich. Da ich aus dem Frühling von Oberägypten komme – an 1000 km südlich von Jerusalem – so fühle ich mich wie ein Italienreisender, der im Februar von Taormina nach Berlin kommt. Ich hätte nicht gedacht, daß es im Süden die gleichen Klimaunterschiede gibt. Zudem kommen mir die Gegenstände auf der Erde und die Wolken am Himmel hart und wirklich vor, während dort unten ein Lichtnebel morgens die Formen löst und den ganzen Tag das Licht als wirklichstes Element aus Feldern, Büschen, Bäumen, Säulen widerstrahlt, die selbst überirdisch erscheinen: überzart, übergewaltig, überleuchtend, überschattig: belebt, umschlungen, durchdrungen von Licht. Wenn Du einmal die Augen wendest, bist Du überrascht von so lebendem Schatten, wie ihn die Palmenpflanzung oder die Dorfgasse widerstrahlt, blickst Du dann zurück und siehst das Ufer, die Weizenfelder, den hellgrünen Rand der Zuckerrohrpflanzung und den rosafarbenen Berg von Theben, so meinst Du jedes Mal wieder, Du hättest dergleichen nie gesehen. Der Berg von Theben ist natürlich gar nicht rosa. Du kannst ihn berühren, Plättchen von seinem blättrigen Felsen abbrechen, und er erscheint leuchtend gelb, aber schon ein Abstand von 2 km taucht ihn in rosa Fernenfarbe, die abends in dunkles Rot, krasses Violett, dann in die Farbe ausgebrannter Schlacken übergeht, um endlich, bei letztem Licht, wieder matt rosa aufzuglimmen. Du kannst Dir denken, wieviel diese dauernde atmosphärische Überraschung dazu beiträgt, den Weg durch die Höfe und Säulensäle der Tempel zu beleben. Dazu muß man eine immerwährende Arbeit der Vorstellung leisten, um den ursprünglichen Eindruck wiederherzustellen. Der heutige Säulensaal[167] ohne Dach wirkt erstaunlich; aber die frühere Wirkung war natürlich ganz anders:

Licht kam nur von drei Stellen: längs des Saales aus zwei fortlaufenden Reihen basilikaler Öffnungen am Mittelschiff: Sie tauchten die riesigen Kelchkapitelle in helles Licht; und durch die geöffnete Tür vom Hof her. Es entstand eine Lichtgasse am Boden des Mittelschiffs. Von Mitte und Höhe nach den Seiten zu muß sich das Licht dann durch den Säulenwald zu tieferer Dunkelheit abgeschattet haben. Vielleicht waren diese Säulengänge durch kleine Luken in der Decke an Stellen erhellt. Eine zweite Abschattung findet in Richtung Tür – Sanctuary im ganzen Tempel statt:

[Skizze mit Erläuterungen:]
Pylonen. riesig
Hof – Ceremoniell. Richtung bestimmend
Rampe – Eingespannt zwischen Pylonen
Pylonen kleiner
Hof – niedriger, intimer. Allseitig umschlossen.
Rampe.
Säulensaal: Mittelsäulen groß, Kapitelle Kelche: ins Licht. Seitensäulen niedriger, Kapitelle: Knospen. Im Dunkel
Säulensaal
Umgang. Cella. Dunkel (nur Widerschein von der Tür)
Kammern.
Innerster Säulenraum – ganz dunkel]
Kein Fenster in Außenwänden. Aber der Lichtschein von der Hoftür genügt, um noch die Cella zu erhellen. Der Umgang ist dunkler; die Kammern finster.
[Skizze]
Außerordentlich eindrucksvoll ist die Art, wie die Cella im Umgang steht:
[Skizze]
Ein Monument; aber im Innern ist wieder ein Raum. Die Vorderfläche des Monuments ist bestrahlt. Ebenso die innere Rückwand. Die Seiten sind dunkel.
[Skizze]

Ich habe am letzten Tag einen Tempel gesehen, der fast völlig erhalten ist.[168] Da habe ich die ursprüngliche Lichtführung sehen können. Leider ist der Plan dieses Tempels von dem Ramesseischen Schema[169] abweichend: Er hat keinen Säulensaal mit Basilikalicht. Einen solchen gibt es, glaube ich, nicht. Man könnte ihn nicht allzu schwer in Karnak mit hölzernen Architraven und Deckenbalken herstellen. Einen Versuch dazu hat man immerhin gemacht.

Alle Wände sind mit Reliefs vollgeschrieben: auch die Außenwände. Die Reliefs innen – in Höfen und Räumen – waren bestimmt bemalt. Ob die außen auch, kann ich nicht sagen. Spuren der Bemalung habe ich dort nicht gesehen. Die Bemalung verdeckt nicht etwa die Schönheit des Steins, sondern hebt sie hervor. Das kann man am besten an Granitstatuen sehen, wo der Mund und die Augen farbig leuchten wie in lebendiger Feuchte; aber der Farbüberzug ist so durchsichtig, daß man den Granit darunter spürt; und dann ist die Farbe nicht durchgehend über den ganzen Steinkörper gepinselt.

Mittelschiffs. Von Mitte und Höhe nach den Seiten zu muss sich das Licht dann durch den Säulenwald zu tiefer Dunkelheit abgeschattet haben. Vielleicht waren diese Säulengänge durch kleine Luken in der Decke an Stellen erhellt. Eine zweite Abschattung findet in Richtung Tür – Sanctuary im ganzen Tempel statt:

Pylonen. riesig

Hof. Rampe

Gemeinsam. Richtungbestimmt. Eingespannt zwischen Pylonen.

Pylonen kleiner.

Hof. Rampe.

weniger, intimer. Allseitig umschlossen.

Licht

Säulensaal: Mittelsäulen gross, Kapitäle Kelche: im Licht. Seitensäulen niedriger, Kapitäle: Knospen. im Dunkel.

Säulensaal

Umgang.

Cella. Dunkel (nur Licht von der Tür)

Innerster Säulen…

Kammern ganz dunkel.

Brief vom 7. 1. 1942 an Ludwig Posener, Seiten 2 und 3 mit Skizzen des Tempels von Karnak

III

Kein Fenster in Aussenwänden. Aber das Lichtlein von der Hoftür genügt, um noch die Cella zu erhellen. Der Umgang ist dunkler, die Kammern finster.

Tor. Licht. Cella

Umgang

Ausserordentlich eindrucksvoll ist die Art, wie die Cella im Umgang steht:

Schnitt. Ein Monument; aber im Innern ist sie ein Raum. Die Vorderfläche des Monuments ist gestaltet. Ebenso die innere Rückwand. Die Seiten sind dunkel.

Plan. Ich habe am letzten Tag einen Tempel gesehen, der fast völlig erhalten ist. Da habe ich die ursprüngliche Lichtführung sehen

Unterschiede in der Relieftiefe je nach der mehr oder weniger großen Helligkeit der Wand habe ich nicht gesehen. Reliefs sind sehr flach, wie Du weißt, ganz in die Wand eingelassen:

[Skizze]

Das verstärkt die Kontur. Das Relief ist überhaupt gezeichnet: Falten, Gesichtszüge wie Lippen und Augen stark konturiert. Modellierungen des Körpers angedeutet; aber doch lebendig fühlbar. Wesentliche Stellen: Knie, Knöchel, Brust sind echt modelliert, vielleicht etwas überhöht; geben dann dem ganzen Körper volle Plastik. So flaches Relief wirkt wieder nur in einem Licht, das kleinste Flächenänderungen sichtbar macht. Darum auch Rundplastik von sparsamster Andeutung der Details; aber es sind genug Details da, um das Standbild belebt erscheinen zu lassen. Die Wirkung dieser großen Denkmäler ist durchaus nicht starr.

Das sind einige Punkte aus der Fülle dessen, was ich gesehen habe; ziemlich wild herausgegriffen. Ich freue mich auf gute Bücher. Ob ich Kairo wiedersehen werde, weiß ich nicht. Unsere Lage ist nicht so klar, wie sie vor einigen Tagen schien. Bei dem gegenwärtigen Kurs sind wir nur Gäste. Wir verlassen ihn in der nächsten Woche und machen einen neuen Kurs von 14 Tagen. Das ist vielleicht der letzte. In diesem Fall würden wir uns früher sehen, als ich gedacht hatte, nämlich Anfang nächsten Monats. Hoffen wir das Beste.

Grüsse inzwischen Weib und Kinder und Freunde von

Deinem alten Bruder

Julius.

## Von Erich Mendelsohn

Eric Mendelsohn  Two Park Avenue, New York

September 3rd, 1942

L/Sgt. Julius Posener, M. E. F.
Nr. 2785. P. Nr. 62, C. R. E.
British Army
Egypt

Dear Posener,

wenn Sie diesen Brief erhalten, sind Sie entweder tot oder ein General.

Dies ist der Eindruck, den Ihr Schreiben vom 19. Mai[170] bei mir hinterlassen hat.

Entweder Sie liegen tot unter dem Schutt der schlecht gebauten Häuser bei Ihnen, oder Sie sind General von eigenen Gnaden.

Der Grad eines «Staff Sergeant»[171] rangiert ziemlich in der Mitte, das Leben erweist sich aber gerade den Durchschnittlichen zumeist am gnädigsten.

Es freut mich für Sie, daß Sie den Puble you do (meine Standardübersetzung für das P. W. D.[172]) verlassen konnten.

Der Wechsel vom urbanen Leben zur ländlichen Einfachheit der Wüste ist immer ein befreiendes Erlebnis. Die beschwerliche Zivilkleidung mit der leichten Khakiuniform zu tauschen, in der man sich fast nackt vorkommt, bedeutet einen angenehmen Rückfall in die Freuden der Knabenzeit. In Kriegszeiten lebt der Frontsoldat viel sorgenfreier als der von Ängsten geplagte Mensch daheim.

Wie Sie sicherlich merken, ist dies keine abstrakte Philosophie, um Sie zu langweilen, sondern die konkrete Lebensweisheit eines Veteranen.

Leider bin ich zu alt, als daß ich noch aktiven Kriegsdienst leisten könnte. Was den passiven Dienst betrifft, so war ich bei der Wahl meines Geburtslandes nicht vorsichtig genug.

Sie haben die Möglichkeit, sich zur Götterverehrung nach Karnak zu begeben, ohne Rücksicht auf Bankkonto, Flugmöglichkeiten und politische Bedeutung. Ich hingegen kann nicht einfach irgendwohin reisen.

Ich muß mich schon glücklich schätzen, hierzulande Bewegungsfreiheit zu genießen – als freundlich geduldeter Fremder. Und das bedeutet, mich ohne Schwierigkeiten durch diesen eindrucksvollen, weiten, vielgestaltigen und facettenreichen Kontinent zu bewegen.

Und das habe ich auch getan. Ich habe mein erstes halbes Jahr in Amerika mit Studienreisen verbracht, um die Dinge mit eigenen Augen zu sehen und die materielle und geistige Grundlage unserer Kunst an die junge Generation weiterzugeben.

Meine Botschaft – direkt und kompromißlos – hat die «Halbwelt» der Architekten verstimmt und die meisten Baukunstgelehrten in Unruhe versetzt, da sie den Studenten der Architektur eben jene Orientierung bietet, auf die sie ungeduldig gewartet haben.

Da die Universitäten nun nicht von der enthusiastischen Jugend, sondern von verknöcherten Alten regiert werden, sind diese noch nicht bereit, neue Ideen zu akzeptieren. Statt dessen zementieren sie eine Welt, die der Vergangenheit angehört. Die Universitäten sind bei Neuankömmlingen mehr an Abstammung und Hautfarbe interessiert als an deren professionellen Fähigkeiten und Enthusiasmus. Ich bin noch nicht Professor und werde es wahrscheinlich nie sein, es sei denn, ich bekomme den Titel als posthume Auszeichnung, mit der ich mich in Himmel oder Hölle schmücken kann.

Da die übliche Bautätigkeit wegen des Krieges gänzlich ausgesetzt wurde und mit kriegsbedingten Projekten nur amerikanische Staatsbürger beauftragt werden, verbringe ich die Zeit damit, mein Büro für mich allein zu führen und bin mit eigenen Gedanken, Schriften und Entwürfen mehr als beschäftigt.

Eine ideale Situation, wenn ich weiterhin von meinen Ideen leben könnte – eine wahrhaft kreative Pause, wenn ich meine Schöpfungen drucken oder bauen könnte. Meine Träume sind sehr präsent, auch wenn ich sie unter der Decke halten muß.

Dessen ungeachtet empfinde ich diese Zeit meines Lebens als höchst wichtig, da sie den Schlußstein im Bogen der Erfahrungen setzt.

Was dieser Bogen letztlich umfaßen wird, weiß ich nicht. Als wahrer Philosoph überlasse ich die endgültige Entscheidung meinem Glück und dem Schicksal.

Sollten wir das Ende dieses Krieges und dieser Revolution erleben, und sollte es unserem Volk schließlich vergönnt sein, sein Schicksal in einem eigenen Land zu bestimmen, werden wir uns vielleicht wieder auf den Amethyst-Hügeln[173] treffen, die ich liebe und nach denen ich mich sehne.

Herzliche Grüße – auch von meiner Frau – an Sie alle, sei es an der Front oder hinter den Linien.

Immer Ihr

Erich Mendelsohn

# An Ludwig Posener

Pal. 2785 S/Sgt. Posener J.
Nr. 51 (80), C. R. E. M. E. F.
German Language

23. 9. 42

Lieber Freund,

Dein letzter Brief (getippt)[174] zeigt, daß Du viel zu tun hast. Das ist gut. Ich komme hier auch langsam auf Touren und vergesse darüber die fürchterliche Spannung, die mich in der Base[175] gequält hat. Es gibt nichts Heilsameres, als sich über täglichen Kleinkram zu ärgern: die Lorry[176], die nicht zur Zeit kommt, die Arbeiter, die weglaufen, und die freundlichen Kollegen, die Schwierigkeiten machen. Meinetwegen auch über sich selbst.

Mein Arbeitstag ist so:

Um Viertel vor sechs stehe ich auf. Ich sehe dann eine Ahnung von Morgenröte durch den Zelteingang und einen Stern, der ungehörigerweise in diesem bleichen Himmel in allen Farben flimmert. Es ist schon ziemlich kühl, und ab vier bedecke ich mich mit dem Mantel, was den Morgenschlaf angenehm unterbricht. Wir sind nur zwei in einem Zelt kleineren Typs. Der andere ist ein Ulstermann, Korporal, der ebenso unverfroren ist, wie der aufgeblasene irische Dialekt klingt, den er spricht. Gray schläft noch. Ich wecke ihn so spät wie möglich und staune immer, daß er eher beim Frühstück sitzt als ich. Abends, wenn er seine Füße entkleidet, merke ich, wie er das macht. Übrigens hält er gute Kameradschaft. Der zweite Mann, mit dem ich zu tun habe, ein Staff, hat die freundliche Bedeutsamkeit des sprachlichen Ausdrucks, die Hugo Neitsch auszeichnete und ist im übrigen ein Dickkopf. Da sie mich beide so lieben wie ich sie, so suchen sie, Schwierigkeiten zu machen, wo immer tunlich; und da sie die älteren im Amt sind, so sind sie auch die Vertrauensleute des Captain. Es gibt noch einen Staff; der ist auch von Ulster; aber da er reconvalescent ist und noch nicht mitspielt, so kenne ich ihn noch nicht. Diese kleine Gruppe und ihr Offizier, der Garrison Engineer, ist zu Gast bei einer anderen R. E. Unit, und das hat seine Vorteile. Wir sind auf diese Weise außerhalb jeder Unit-Disziplin: ihre geht uns nichts an, und unsere – ohnehin sehr gering – wird unter vier Mann nicht ausgeübt. Unter den anderen sind ein paar sehr nette Leute; der beste ein blutjunger englischer Jude, Staff, der schon durch seinen sauberen Anzug und blitzblankes Messing absticht. Diese Leute treffen wir aber nur bei den Mahlzeiten oder abends in der Mess, einer Hütte aus Celotex, die mit herrlichen Landkarten ausgestattet ist. In einer Ecke steht der Getränkeschrank und ein merkwürdiges

Gerüst, das einstweilen als Bar dient. Aber Teller und Tassen sind aus Porzellan, was selbst in der grandiosen Mess an der Base nicht der Fall war.

Dort also – um meine Erzählung wieder aufzunehmen – esse ich ein gutes Frühstück. Der Koch ist ein Stolz der Unit. Es ist erstaunlich, was er aus den gleichen Rationen macht, die anderswo so wenig angenehm schmecken.

Wenn ich aus diesem Saal komme, ist die Sonne gerade auf und beleuchtet einen Block aus rötlichem Gestein, ähnlich den Bergen von Transjordan. An seinem Fuß wird ein Dickicht von Masten und Kranen deutlich, darunter die Dächer und Bäume der Gartenstadt und davor hier und da ein dunkelblau glitzerndes Stück Wasserfläche. Alles andere, wo immer ich hinsehe, ist Sand, bestreut mit Zelten, Schuppen, Gerümpel. Hinter unseren Zelten sehe ich Hümpel behemdeter, brauner Stücke Mensch im Sand sitzen: 20 hier, 15 dort. Auf eine solche Gruppe gehe ich zu. Sie erheben sich unwillig, und mein erster Befehl wird mit einem kehligen Gezeter beantwortet: Sie haben kein Essen gehabt. Es ist noch nicht Zeit. Sie wollen keine Rohre schleppen. Sie wollen Überstunden bezahlt bekommen. Sie wollen Bakschisch. Der Rais kommt zu mir: «Inta gueries ktir. Inta Staff Seargant ubaaden inta talate min henna», und berührt meine Achselklappen. Er hat mir auch schon fünf Sterne geweissagt; aber es half nichts und hilft auch heute nichts. Sie müssen in die Lorry steigen, und wir fahren.

Sowie der Wagen sich in Bewegung setzt, ertönt hinter mir ein rhythmisches Gewinsel, welches Gesang bedeutet und den Weg über anhält; und der Weg ist lang. Es wird höchstens dadurch unterbrochen, daß alle auf das Dach des Führerhäuschens hauen und brüllen: «stop! stop! stop! Kassura!» Kassura? Das heißt: «Bruder». Sollte einem etwas zugestoßen sein? Maalesh. Ich fahre weiter. «Kassuura! Kassuuura! Ya Stop, ya, Officer, stop! Kassuuura!» Ich sehe Blut und gebrochene Knochen und halte schnell an. Sie versichern mir wieder, daß ich sehr gut sei und morgen Major sein werde, und der Junge, der seine Mütze verloren hat, läuft sie holen. Wir können weiter fahren; das heißt bis zur Brücke. Die Brücke ist eine Schiffsbrücke, und ihre wesentliche Aufgabe besteht darin, den Wasserverkehr durchzulassen. Sie ist offen, als wir ankommen, und am Horizont sehe ich den Schatten des Schiffes, auf das wir warten. Ich kann also diesen Brief schreiben. Vor mir stehen fünf und hinter mir 15 Militärlorries. Mein Fahrer nimmt seine Pfeife und seinen Balasch, andere setzen sich in den Sand und machen ein Spielchen; es wird geschwommen, Kokosnuß-Verkäufer laufen hin und her, und man empfindet es als eine peinliche Unterbrechung, wenn die Brücke sich – nach einer kurzen Stunde – schließt.

Drüben ist alles anders: Dörfer, Maisfelder, Palmenhaine. Es gibt dort einen seichten, schlammigen Kanal und an seinen beiden Ufern einen Streifen Fruchtland, mitten in der Wüste. Es ist ein merkwürdiger Anblick: dieser Palmenstreifen vor den Bergen und überm Sand. Er reicht vom Meer weit nach Norden, weiter, als man sehen kann. Hier rattern wir lustig vorwärts, freuen uns an der Luft, die nach Feldern riecht – in der Wüste ist sie geruchlos, leer –, bis wir auf der anderen Seite wieder in den Sand kommen. Dort liegt ein hoher Haufe Eisenrohre, das Ziel unserer Reise. Der Wagen hält. Nichts rührt sich. Ich springe ab und rufe: «Alles runter.» «Alles?» «Runter?»[177]

Behutsam zeigt sich ein schwarzes Bein überm Rand des Autos und gleitet wieder zurück. Eine allgemeine Diskussion beginnt. Der Hinweis auf Gehaltskürzungen macht ihr ein Ende. Alle springen ab – und laufen zur Wasserstelle, um zu trinken. Der Rais hält sie zurück. Da stehen sie und betrachten das schwarze Rohr. Achtzehn Mann. Das sollen sie aufheben? Unmöglich. Einer dreht sich um: «Ich werde zerbrechen. Ich bin schon zerbrochen. Alle werden zerbrechen. Ich werde sterben» – er wirft sich auf den Boden und streckt alle Viere von sich – «und wo» – aufstehend – «bekommst Du dann Arbeiter?» Anwendung leichter Brachialgewalt genügt, um eine Meinungsänderung herbeizuführen. Sie stehen nun wirklich in einer Reihe an dem Rohr, das zu kurz ist, um allen Arbeitsraum zu geben. Sie bücken sich. Mit Gebrüll und Gebärden, mit wankenden Knien, mit verbogenen Leibern heben sie das Rohr an und lassen es fallen. Chaos. Sie wollen einander an die Kehle. Wieder genügt ein leichter Druck, um sie ins Gleis zu bringen. Der Geschlagene wälzt sich im Staube; aber es macht keinen Eindruck, und er steht auf und lacht. Mit leichter Mühe ist das Rohr auf den Wagen gebracht. Sie strahlen. Sie verlangen «Jubertime». Sie sind sehr stolz. Der Rais bekommt eine Zeit zugemessen. Bis 1/2 11 haben zehn Rohre auf dem Wagen zu liegen. Er strahlt mich an: «Bis 20 nach zehn, ya Sergant Megor, 11 Rohre.» Und er hält sich beinahe an meine Zeit.

Der Mann, der wirklich arbeitet, ist der Fahrer. Er bringt das unbehilfliche Ding, das durch die Rohre mit dem Anhänger starr verbunden ist, um spitze Ecken, durch ausgefahrene Wege und durch den Sand. Irene ist hart und bockig, aber sie hält durch, wo Stalin gestern versagte. (Mein Hinterteil hielt gestern wie heute durch).[178]

Und so kommen wir zum Bestimmungsort.

Niemand hat, wenn er etwas plant, die rechte Vorstellung von der Wirklichkeit, die er ins Leben ruft. Ich hatte den Graben gezeichnet und mit dem Vertreter des Unternehmers Pflock für Pflock abgesteckt; ich hatte «die kürzeste Verbindung zwischen zwei Punkten» im Auge, und siehe, «er ist zur Schlange geworden.» Kaum traue ich meinen Augen; aber sie begrüßen mich lustig, sie graben lustig zickzack, der nach rechts in den Weg hinein, der nach links in die Hügel von Sand vom Straßenaushub. «Kwoies ktiir, ya Sörr: Dugri», und sie schlagen an die Schippenstiele. «So ist es also, wenn ein sehnend Hoffen!!» Ich bemerke dem Vormann, daß *ich* hier und da leichte Korrekturen für angebracht halte. «O ja», sagt er, als habe ich den Vorgang nicht verstanden: «Morgen». Und dann erzählt er mir, daß örtliche Soldaten alle unsere Pflöcke gestohlen hätten, um sich nachts zu wärmen. Natürlich konnte er sie nicht ersetzen, da sie wieder gestohlen würden, und «diese Soldaten haben es jetzt warm genug». Und so hatte er ohne Pflöcke zu graben. Aber morgen ...

Ich tue, was nötig, zähle seine Arbeiter (es sind 40) und gehe. Ich habe noch eine Arbeit auf unserer Seite des Wassers und muß mich sputen. Ich lasse den Chauffeur weiter Rohre transportieren und sehe, wie ich heimkomme. Als ich mich den Wasserbehältern nähere, die ich zu bauen habe, kommt mir der Vormann dieser Arbeit sehr ernst entgegen. Er teilt mir mit, daß er Familienvater sei. Er sieht so aus; aber, mein Gott, wenn er mir das sagt, was ist mit meinen Fundamenten?

Der Sachverhalt ist einfach genug: als er die Mauern anfing, merkte er, daß die Fundamente nicht zu diesen Mauern gehörten. Weiß Gott, wie es kam, daß sie 50 cm zu weit außen standen. Sicher ist nicht «Ihr Herr Vorgänger» schuld, der diesen Bau begonnen hat. «Es muß jemand den Pflock gestohlen haben.» Nie hätte ich gedacht, daß Pflöcke so begehrenswert sind. Das hätte den seligen Freud interessiert. Aber die Mauern sind heiter im Wachsen, neben den dazugehörigen Fundamenten, und nun soll ich bedenken, daß man Familienvater ist und «ums Heiland willen nicht böse sein».

Ja, da hilft nichts. Auch hier wird eine leichte Verbesserung nicht zu vermeiden sein. «He has no children», denkt Monsieur Maurice, und da hat er leider recht.

Mein nächster Weg – es ist nun schon weit im Nachmittag – ist zum Hauptquartier des Unternehmers. Ich will milde sein und nur von dem Graben reden. Die Mauern bleiben zwischen Monsieur Maurice und mir; und dann will ich die täglichen Formalitäten erledigen: Arbeiterzahl etc. Ich betrachte die sauber geschriebenen Listen: Rohrleitung: 60 Mann, 2 Bauführer, 3 Rais. «60 Mann? Ich habe 40 gezählt.» «Gut, gut», sagt der Verwalter des Unternehmers, «Wie Sie wollen, Sir. Schreiben Sie vierzig!» «Ja was, hatten Sie vierzig oder sechzig auf dem Bau?» «Vierzig, sechzig, maalesch! Schreiben Sie vierzig, Sir! Sie haben nicht alle gesehen. Aber schreiben Sie vierzig!» Ich ersuche, um der Schönheit willen, nicht zu verschiedene Zahlen anzugeben und besonders darauf zu achten, daß sogenannte Kopien annähernd die gleichen Zahlen aufweisen; und dann darf ich ins Bureau gehen, um meine Eintragungen, Rapporte etc. zu machen.

Das ist im wesentlichen ein Tag des Bauführers S./Sgt. Posener.

Ich meine den Arbeitstag und spreche diesmal nicht von den Abenden in der Mess und im Zelt. Das Lager sieht nachts sehr schön aus mit allen Zelten durchscheinend hell und den schönsten Schatten von Helmen, Kitbags,[179] Mänteln an den Wänden. Ich denke an Peters[180] Schattentheater.

Nun will ich eine Frage beantworten. Was Ihr mir schicken könnt?

Ich habe einige Khakihemden, Hosen, Stutzen. Die sind durch kleine Änderungen vorschriftsmäßig zu machen. Besonders die Hosen und Stutzen sind erwünscht. (Hemden habe ich genug.) Die könntet Ihr mir schicken.

Nun lebt wohl.

Alles Gute. Herzlichst

Euer Julius

## An Ludwig Posener

Pal. 2785 S/Sgt. Posener J.
H.Q. 51 C. R. E. M. E. F.
German Language

21. 11. 42

Lieber Freund,

schönen Dank für Deinen Brief.

Du hast recht: Man muß es aussprechen, daß die Ereignisse[181] einem einige Zentner von der Brust nehmen; und wenn ich es bisher nicht getan habe, so liegt das daran, daß ich mich aus Aberglauben und Pessimismus noch nicht traute, zu jubeln. Wir sind so an Schläge gewöhnt, daß wir – wie die alten Juden aus dem Osten – immer erst langsam glauben, daß uns etwas Gutes geschieht.

Augenblicklich bin ich mit Recht mehr gespannt, als begeistert; denn ich meine die Entscheidung über Afrika fällt erst jetzt – auf dem alten Feld von Zama, oder nahebei. Sollte außerdem unsere Achte Armee imstande sein, auch die Stellung von El Agheila[182] zu überrennen, so wäre das ein größerer «Blitz», als die Deutschen je einen geblitzt haben.

Das trübe Kapitel ist natürlich wieder Frankreich, atomisiert und unfähig, einen einmütig männlichen Entschluß zu fassen.[183] In den Tagen, als die Flotte noch einmal im Mittelpunkt des Interesses war, fragte einer: «How long will that fleet stay at Toulon?» Die Antwort war: «Too long.»

Dein Familienproblem ist sehr ernst; aber es sollte Dich nicht hindern, Deine Arbeit mit aller Freude und Intensität fortzusetzen. Sie ist wichtig genug und führt sicher zu einem größeren Wirkungskreis. Lehre Du ruhig in Rehovot! Ich freue mich darauf, über all das und vieles andere einmal mit Dir zu sprechen, weiß aber noch nicht sicher, wann das sein wird. Sollte der Oberst den erbetenen Urlaub genehmigen, so treffe ich am dritten oder am vierten morgens in Rehovot ein, und wir fahren zusammen nach Hause. Ich gebe Dir auf jeden Fall noch genau Bescheid.

Soviel für heute.

Alles Gute, und hoffentlich können wir uns über weitere Siege freuen.
Herzlichst

Dein Julius.

P. S. Die offizielle Genehmigung vom Colonel ist zwar noch nicht da, aber der Captain sagte mir gestern, ich könnte ganz sicher fahren.

Auf Wiedersehen!

## Von Erich Mendelsohn

Eric Mendelsohn, F. R. I. B. A., A. I. A.[184], 2 Park Avenue
New York 16, N.Y.

August 15th, 1943

To
Nr. 2785 P., S/Sgt. Posener, J.
Nr. 70. Works Section, R. E. (51. C. R. E.) M. E. F.

Dear Posener:

mein Briefkopf liest sich wirklich wie eine Raum-Zeit-Gleichung,[185] das richtige Symbol für diesen weltweiten Krieg.

Was mich betrifft, so würde ich es eher vorziehen, mich durch den Raum als in der Zeit zu bewegen, da die vierte Dimension unerklärlich ist ohne die vorhergehenden drei.

Außerdem sollte ich diesen Brief überhaupt nicht schreiben, während so viele leere Seiten darauf warten, beschrieben zu werden. Seiten eines Buches, das zu schreiben mich ein kürzlich erhaltenes Guggenheim-Stipendium zwingt. Das bedeutet: Ich muß das Geheimnis meiner ewigen Berufung enthüllen und alle meine Vorstellungen in Buchstabensprache fassen.

Ich sage ewig, weil ich glaube, daß 35 Lebensjahre nichts anderes sind als individuelle Unendlichkeit. Kein Wunder, daß der Titel des Buches dieses Gefühl reflektiert.

«A Contemporary Philosophy of Architecture» ist ein schmackhaftes Menü, wo der Magen des Autors jede gewöhnliche Nahrung zurückweist.

Natürlich ist es die beste Prüfung für die geistige Beweglichkeit eines Schriftstellers, wenn er selbst schwer verdauliche Ideen genießbar macht, aber ich bin nicht rhetorisch versiert genug, um wie ein Angelsachse zu schreiben. Der deutsche Adam ist ein schreckliches Erbe, auch wenn Eva ohne Adam nie geboren worden wäre.

So habe ich mich aus den feuchten Steinen von New York auf die trockenen, balsamischen Hügel des Hudson Valleys zurückgezogen. Hier bin ich nun seit Ende Juni inmitten 90 Morgen sattestem Grün, Blumen und Obstgärten mit einem herrlichen Blick hinunter auf den großen Fluß.

Vorher war ich mit einem Bauprojekt von 500 Wohneinheiten beschäftigt, das aus verschiedenen Gründen gescheitert ist.[186]

Aber leider ist mein Sich-zur-Ruhe-Setzen nicht ungestört.

Der Bauherr des Wohnprojekts hat mich jetzt gebeten, eine Zeichnung für seinen neuen Wohnsitz an der Spitze von Long Island zu machen – und ich befinde mich wieder einmal zwischen Raum und Zeit, zeitgenössischer Philosophie und zukünftiger Form – also wahrhaftig inmitten des Tumults unseres Berufes.

Inzwischen beginnt das Gewölk des Krieges sich zu heben und die Nachkriegszeit fängt an, dunkel zu werden, denn – meiner Ansicht nach – ist alle Zukunftsplanung voreilig, solange die Prinzipien der Zivilisation die gleichen bleiben.

Mit Nationen ist es wie mit Kindern. Man kann ihnen die Erfahrungen nicht vererben. Beide müssen aus den eigenen Fehlern lernen, und jeder fängt von vorn an, als Subjekt im Tierreich.

Es ist wirklich aufregend, dieses Gesetz in großem Maßstab angewandt zu sehen – aufregend und gefährlich wie jeder phantastische Entwurf.

Sie, in der Etappe, erwarten die Neuigkeiten von der Front mit Angst – wir, zu Hause, sehen die Auswirkungen der Kämpfe und Prinzipien mit Ehrfurcht –, und nur der Mann im Kampf sieht der stets gegenwärtigen Alternative von Leben und Tod ins Auge.

Deshalb ist Ihr Auszug nichts als Frustration, meine scheinbare Gelassenheit nichts als ungeduldige Erwartung schicksalshafter Entscheidungen. Eben das Zeichen für den Krieg als der Bühne des tiefsten Dilemmas der Menschen.

Die Tür bleibt offen, wenn sie aus den Angeln gehoben ist. Die Nacht ist pechschwarz, wenn der Mond sich verändert, und nur die Wiederkehr des Tages entscheidet, wie wir zu handeln und zu arbeiten haben.

Ich habe Ihre Briefe vom 12. Dezember und vom 16. Mai.[187] Es ist immer eine große Freude, von Ihnen zu hören.

Herzliche Grüße von meiner Frau und Ihrem

Eric Mendelsohn

## An Ludwig Posener

Pal. 2785 S/Sgt. Posener. J.
70 Works Section R. E. 51 C. R. E. M. E. F.
German Language

11. 9. 43

Lieber Freund,

Meinungsverschiedenheiten sind dazu da, daß man sie hat, und es ist wirklich erfrischend, daß wir mal eine haben. Wir sind im allgemeinen viel zu einig; aber im Fall Phantasia gehst Du zu weit. Disneys Jugendstil ist inadäquat für Schneewittchen und für Beethoven und stört mich in beiden Fällen, aber beide Male ist die Sache in sich geschlossen, und das muß man anerkennen.[188] Ich behaupte nicht, daß ich mir die Pastorale in dieser Form vorgestellt hätte, weil ich sie mir in keiner Form vorstelle; aber das ist ja alles keine Frage, und das festzustellen, ist nur Vorbemerkung zur Kritik.[189] Diese fragt, wie Disney im Rahmen seines Planes handelt und ob Figuren und Bewegungen seines Balletts mit der Musik gehen oder dagegen, und ich finde immer noch, sie gehen mit der Musik, besonders im ersten Satz. Das ist alles nicht sehr wichtig; aber wir nehmen ja Ästhetik wichtig, und unsere Unstimmigkeit in diesem Punkt mit Karl ist vielleicht eine schärfere Trennung als entgegengesetzte Meinungen in politicis.

Darum komme ich darauf zurück.

Was die politica angeht, so glaube ich mit Dir, daß wir den Zionismus auch nach dem Kriege brauchen werden, nicht nur, weil die schöne neue Welt in puncto Judenhaß der häßlichen alten ähnlicher sehen wird, als uns lieb ist, sondern weil es gut ist, wenn man sich um seine eigenen Angelegenheiten kümmert, und weil Palästina trotz aller Schönheitsfehler sein eigenes Leben hat; aber etwas ist natürlich wahr: Fast alles, was wir zionistische Gedanken nennen, ja selbst die Grundlagen: Volk, Sprache, Scholle, Unabhängigkeit, Kultur, werden nach dem Kriege anachronistisch wirken; man kann auch an ehrlich erworbenen und geprüften Anschauungen nicht hängen, wenn große Ereignisse rund um uns zeigen, daß die Begriffe, auf die wir sie gegründet haben, nicht absolut sind, sondern Kinder einer Zeit (– und Greise in der nächsten –). Wenn unsere patres conscripti nicht imstande sein werden, selbst liebe Strebungen zu opfern und zu den nüchternsten Elementen zurückzugehen – sagen wir, Pinsker als ein Maximum[190] –, so sehe ich schwarz.

Es gäbe natürlich noch die Möglichkeit, daß jüngere Leute die Plätze der patres einnehmen; aber bisher sieht es so aus, als seien die Jungen eifrig und fühlten sich geehrt, ihre Plätze in der Mitte dieser Ehrwürdigen einzunehmen.

Mit einem Wort: Daß wir Zionismus nach dem Kriege nicht brauchen werden, glaube ich nicht. Daß zionistische Äußerungen, Strebungen, Parteien mit jedem Tag gespenstischer wirken, kann ich nicht umhin zu sehen.

Was Du von Karl berichtest, ist tieftraurig; abgesehen von der Krankheit: Australien ist kein Land für unsereinen. Es sollte ihn eigentlich nachdenklich machen, ob er nicht doch Palästina versuchen sollte; wahrscheinlich wäre seine Stimmung, und vielleicht sogar seine Gesundheit erheblich besser, wenn er anstatt in Adelaide in Wellington säße. Neuseeländer sind die besten Kameraden, denen ich bisher begegnet bin. Ich muß sogar sagen, besser als die Palästinenser – ne vous déplaise –.

Schönen Dank für den Bellow. Es ist wirklich sehr amüsant und hält mich weiter vom lieben Augustin ferne; aber der ist auch sehr interessant und kommt gleich dran, wenn ich wissen werde, was mit Richard Mallard und Chap I endgültig geschieht.[191]

Ich werde für Mitte nächsten Monats um Urlaub bitten. Ich teile noch genau mit, für welche Woche.

Leb wohl. Im Grunde interessiert mich alles nicht sehr, was ich hier schreibe, da Italien aufregender ist. Badoglio hat seine Sache nach allen Richtungen schlecht gemacht.[192] Der Aufschub vom 25. Juli bis jetzt hat Italien nichts gefruchtet. Mussolini hätte jenen Tag nicht überleben dürfen. Ein gestürzter Tyrann hat keinen Platz unter den Lebenden. Jetzt hat B. offenbar nacheinander uns und den Deutschen kapituliert, und wenn die den alten Kerl wieder aufstellen, so ist es sogar möglich, daß Teile des verwirrten Volkes und Heeres der bekannten Stimme wieder folgen. Das ist keine Politik, Marschall; und wer hat auch all den geschlagenen Völkern eingeredet, daß die Feldmarschälle – Mac-Mahon, Hindenburg, Pétain, Badoglio – die «Retter» seien. Schwer einzusehen.

Leb wohl und alles Gute.

Herzlichst Dein Julius

## An Erich Mendelsohn

Pal. 2785. S/Sgt. Posener, J.
70 Works Section R. E.
51 C. R. E.
M. E. F.

5. 10. 43

Dear E. M.,

Ihr Brief vom 15.8. war wirklich eine große Freude; und eine dieser seltenen Freuden noch dazu: man hört unsere Schwierigkeiten und Ziele hier nicht sehr oft in klare Worte gefaßt, wie einstmals: «per chiare parole e con preciso Latin...», um es in der Sprache unseres neuen Mitstreiters Alighieri zu sagen.

Ich bin mit Ihnen der Ansicht, daß all dieser Lärm um das Entwerfen einer Schönen Neuen Welt nirgendwohin führt. Wir sehen bis jetzt nichts davon, und für uns alle hinter den Linien des Krieges ist die natürlichste Haltung die einer angespannten Erwartung.

Ich habe nun etwas getan, was mich in einen engeren Kontakt zum wirklichen Geschehen bringen könnte: Ich habe um die Versetzung in eine Einsatzeinheit des Engineers' Services gebeten; und nachdem diese Bewerbung bis jetzt noch nicht abgelehnt worden ist, kann ich mich wohl in der Tat darauf freuen. Ich glaube, ich habe das Richtige getan.

Es ist etwas schändlich – abgesehen davon, daß es langweilig ist – jahrelang Uniform zu tragen, ohne sich jemals der Schlacht zu nähern; und da ich ledig und frei von jeglichen Verpflichtungen bin, kann ich nicht einsehen, weshalb ich besonders vorsichtig sein sollte.

Derzeit freue ich mich darauf, in den Ferien nach Hause zu kommen und meine Leute zu sehen und – wahrscheinlich – ein Palästina, das sich im Krieg auf den Frieden vorbereitet; keiner geht noch zum Militär, und jeder zuckt nur die Achsel über die, die gegangen sind. Im übrigen glaube ich nicht, daß über die gegenwärtig 20000 bis 25000 Diensttuenden hinaus viele Männer und Frauen zur Verfügung stehen.

Ich bin sehr froh zu hören, daß Sie endlich einen Bauauftrag haben. Ihr letzter Brief klang ein wenig niedergeschlagen und hoffnungslos, was das Bauen anbelangt. Was das Buch betrifft, so bin ich sehr neugierig darauf. Es scheint schwierig zu sein, zum jetzigen Zeitpunkt etwas zu sagen, da Sie so sehr davon überzeugt sind, daß selbst die scharfsichtigsten Mitglieder der menschlichen Gemeinschaft nicht sehr klar erkennen können, was auf uns zukommt. Die Weltstimmung – wenn es so etwas gibt – scheint sich sehr verändert zu haben.

Damals wimmelte es nur so von Möglichkeiten; nun ist alles in Wolken, und man erwartet Licht von einer erleuchteten Person, obwohl doch klar sein sollte, daß die Lösung unseres Dilemmas nur von uns selbst kommen kann.

Ich fürchte, ich wage mich in Gewässer, in denen der kleine Kahn meines Intellekts hilflos hin und her geworfen werden wird. Zumal ich in einem Zimmer sitze, wo ich von allerlei Gesang und Getrampel umgeben bin; eigentlich sehr nett: Einige Südafrikaner, die ein bißchen zu viel von unserem Gin gekostet haben, amüsieren sich und uns, und von unserer Truppe gibt einer nach dem anderen das Lesen und Schreiben auf, um mitzumachen.

Und dasselbe werde auch *ich* tun und schicke Ihnen im voraus meine besten Wünsche für unser eigenes und «ihr» Neues Jahr.[193]

Ihr sehr ergebener

Julius Posener

Dank und besten Gruß an Mrs. Mendelsohn.

## An Erich Mendelsohn

Pal. 2785 Cdt. Posener, J.
«A» Coy. School of Military Engineering. M. E. F.

11. Jan. 44

Dear E. M.,

die Schrift,[194] die Sie mir geschickt haben, interessiert mich wirklich sehr, und ich danke Ihnen, daß Sie an mich gedacht haben. Es ist das erste Mal seit Monaten, daß ich mich in einen Essay dieser Art vertiefen kann, und es war eine ziemliche Offenbarung. Der Gedanke, daß die Zeit des Wachstums beendet ist und das Motto der Zukunft lauten sollte: «Frauen und Kinder zuerst» dämmert mir schon seit langen Jahren, und nicht zuletzt, weil mir Mumfords Kritik, ausgehend von dieser fundamentalen Wahrheit, tiefschürfender als die meisten politischen Diagnosen über den «Jammer dieses Zeitalters» scheint. Aber natürlich ist der positive Teil seiner Schrift etwas vage, *muß* vage sein. Ich würde sehr gerne über das alles mit Ihnen sprechen und herausfinden, was *Sie* eigentlich von den Gedanken halten, die Mumford entwickelt. Wie auch immer, es ist gut, das

Buch gelesen zu haben und Argumente durchgegangen zu sein für eine Diskussion «nach dem Krieg um 6 Uhr», wie der brave Soldat Schwejk sagt.[195]

Unterdessen bin ich mehr als je mit Maschinengewehren, taktischer Schulung, Fieldwork, Pontonbrücken und anderen Kriegsgeräten beschäftigt. Ich nehme an einer ganzen Reihe von Kursen teil, die sich über mehrere Monate erstrecken und hoffe, am Ende zum Offizier ernannt zu werden. Der Unterricht ist sehr gut und umfassend und deckt eine Fülle militärischer Themen ab; allerdings wird man auf die Dauer kursmüde, vor allem, wenn man das Alter von Klassenzimmern und Exerzierplätzen längst hinter sich gelassen hat. Jedenfalls bin ich froh, hier zu sein, und freue mich auf einen interessanten Einsatz in einer palästinensischen Einheit, irgendwo auf einem weiter vorn liegenden Kriegsschauplatz.

Bitte entschuldigen Sie meine Handschrift! Ich sitze in einer leicht überfüllten Sergeants' Mess, wo jeder Tisch besetzt ist, und schreibe auf meinen Knien. Aber ich wollte meine Antwort auf Ihr Geschenk nicht länger hinausschieben, nachdem ich die Schrift gelesen habe, damit Sie wissen, wie sehr ich es zu schätzen weiß. Noch einmal vielen Dank und bitte lassen Sie mich Ihre Neuigkeiten und Gedanken wissen.

Mit meinen besten Wünschen für 1944 für Mrs. Mendelsohn und Sie selbst

Ihr ergebener

Julius Posener

## An Erich Mendelsohn

2/Lt. J. Posener. R. E.
Nr. 12 Brit. Gen. Hospital
M. E. F.[196]

3. Juli 44

Dear E. M.,

es ist sehr liebenswürdig von Ihnen, mir zu schreiben, und Ihr Brief war eine große Freude. Auf das Buch bin ich gespannt.[197] Schade, daß ich es noch nicht bekommen habe, ich befinde mich nämlich gerade mit einer netten kleinen Lungenentzündung im Lazarett, und dieses Buch wäre jetzt genau das richtige. Stattdessen lese ich Goethes «Divan» und Burckhardts «Weltgeschichtliche Be-

trachtungen».[198] Sie kennen den «Divan» gewiß auswendig, und ich nehme an, Sie lieben ihn genauso wie ich:
«im reinen Osten
Patriarchenluft zu kosten»
und dergleichen Feinheiten.

Damit und mit seiner Liebe eines alten Mannes: sensibel, gewaltig, groß, eine ganze Welt umfassend, diese völlige Freiheit und Beherrschung der Dichtung, die alles ausdrückt: Wirklich, manchmal meint man, man höre ein spätes Quartett, so wie Sie sie in der Windmühle gespielt haben.

Der Burckhardt ist ein ausgesprochen wichtiges Buch, das die falschen Vorstellungen von Macht, Nation, Staat zurechtrückt, in welchen wir immer noch hoffnungslos verfangen sind. Es tut mir sehr gut.

Nun – da mir das Schreiben noch schwer fällt – zum schlichten Tatsachenbericht. Im Februar bin ich Offizier geworden, hatte einen weiteren Monat Kurs – alles in allem fünf Monate – und einen Monat wartete ich mit wenig Regimentsaufgaben am Stützpunkt. Seit dem 2. Mai bin ich Assistant Garrison Engineer für die Flugplätze von St. Jean, El Bassa, Metulla.

Mein Quartier in St. Jean ist 100 Yards von Abbas Effendi entfernt, dem wunderschönen Kloster der Behairts. Wenn ich am Morgen aus meinem Fenster schaue, sehe ich die mächtigsten römischen Pinien von Palästina, die über die silbernen Kronen von zahllosen Olivenbäumen und über das blaue Mittelmeer hinausragen. Bekommen Sie Heimweh?

Ich hatte mich freiwillig für die Fallschirm-Einheit gemeldet, doch nun kam diese Lungenentzündung dazwischen und entscheidet das für immer, fürchte ich. Manche Leute versuchen wieder und wieder, an das wirkliche Geschehen heranzukommen; und immer geschieht etwas, das sie zurückhält. Schade.

Ich freue mich jedesmal, wenn ich das Haifa Krankenhaus[199] sehe. Dieses Gebäude steht. Sie sollten es sehen; und auch die Universität in Rehovot[200] die ehrwürdigen Banausen von Mogilev[201] immer noch als ein Gehöft bezeichnen! Werden wir Sie wohl jemals wieder in diesem Land sehen?

Alles Gute, Dank und Grüße an Madame Mendelsohn.

Ihr

Julius Posener

# An Erich Mendelsohn

2/Lt. J. Posener. R. E.
Nr. 12 Brit. Gen. Hospital
M. E. F.

22 July 44

Dear E. M.,

Eumaios, als er Telemachos oder Odysseus antwortet, beginnt: «I see. I get you. You are speaking to a sensible man.» So zumindest übersetzte es Lawrence von Arabien.[202] Ich will Ihr Eumaios sein und meinen Ausführungen zu den Three Lectures[202a] genau dieselben Worte voranstellen. Natürlich habe ich Ihre Vorträge aus der Zeit des Sturm und Drang der Architekturrevolution nicht vergessen,[203] zumal Sie damals einige Bilder gezeigt haben, die auch die neuen Vorträge begleiten; doch die Reaktion damals war anders. Damals haben Sie die «Käseglocken» kritisiert, die Gropius über die Treppenhäuser seiner Fabrik in Köln gestülpt hat, und die Fassade des Hamburger Bahnhofs. Damals hätten Sie nicht das verkrampfte Hochhaus-Modell dieses zahmen Ästheten Mies gezeigt und vermutlich auch nicht die Stuttgarter Häuser von L.C.[204] Aber «I get you.» Sie sprechen zu einem bestimmten Publikum. Sie versuchen die Grundlagen zu klären. So betonen Sie die Verwandschaft und den gemeinsamen Nenner aller schöpferischen Kräfte der Revolution, um, in der Hitze des Gefechts, das Publikum in *eine* Richtung des architektonischen Ausdrucks zu lenken. Die Haltung, die Sie in den Vorträgen annehmen, erinnert mich an das, was Sie mir sagten, als ich in einer palästinensischen Publikation das Weizmann-Treppenhaus kritisierte: «Unterlassen Sie das in diesem Land! Hier müssen die Leute erst noch den Unterschied zwischen Gut und Böse in der Architektur lernen. Deshalb muß man das unterstützen, was man im großen und ganzen für gut hält. Wenn Sie im Detail zweifeln, denken die Leute: Nun, auch das ist nur eine halbe Lösung. Und dann wissen sie überhaupt nicht mehr, was sie denken sollen.»[205] Ich bin geneigt, Ihnen recht zu geben. ( – Sie sehen, auch ich werde im Lauf der Zeit langsam erwachsen und verliere die kompromißlose Schwärmerei der Jugend. – ) Aber diese Einstellung birgt auch Gefahren. Man kann sein Publikum unterschätzen. Und wenn Sie Dinge unterstützen, die nicht exakt die sind, die Sie in einer privaten Unterhaltung mit Leuten vom Fach empfehlen würden, dann werden Ihre Kritiker Ihnen das nicht als eine pädagogische Haltung durchgehen lassen, sondern Ihre Unterstützung für bare Münze nehmen und diese Dinge attackieren – und Sie dafür, daß Sie sie unterstützt haben. In diesem Sinne hätte mein alter italienischer Halbgott viel-

Die Seefestung Akko (St. Jean d'Acre), Fotografie aus dem Nachlaß

leicht auch Sie mit den Versen angeredet, die er zu sich selbst im Paradies gesprochen hat:

> Ma, nondimen, rimossa ogni menzogna
> Tutta tua vision fa manifesta,
> E lascia pur grattar ov'è la rogna:
> Chè se la voce tua sarà molesta
> Al primo gusto, vital nutrimento
> Lascerà poi, quando sarà digesta.
>
> Das heißt, (in Stefan Georges Übersetzung):
> Dem ungeachtet, halt' Dich frei vom Schmucke
> Und ganz eröffne das von Dir Geschaute.
> Laß es gescheh'n, daß wen es kratzt, sich jucke.
> Denn wenn beschwerlich fallen Deine Laute
> Beim ersten Kosten, wird lebendige Zehrung
> Man daraus nehmen, wenn man sie verdaut. [206]

(– was schlecht genug klingt im Vergleich zur lateinischen Kraft und Präzision des Originals; aber das ist nun mal eine genaue, wörtliche Übersetzung. –)

Darf ich Ihnen, nachdem ich herausgearbeitet habe, was meiner Ansicht nach die pädagogische Absicht der Vorträge ist, eine offene Frage stellen? Aus den kleinformatigen Fotos Ihres Textes konnte ich keine sehr klare Vorstellung von den drei Planungsschemata in den U.S.A. gewinnen, die Sie als die Grundmuster zeitgenössischer Planung im letzten Vortrag anführen. Verzeihen Sie mir dennoch meine Zweifel: Gibt es wirklich erstrangige Muster, oder verschweigen Sie Ihre Kritik, um etwas präsentieren zu können, was nur im großen und ganzen gut ist, um die öffentliche Meinung – wenngleich auf noch unklare Weise – in Richtung des wirklich Guten zu lenken?

Nachdem ich somit meinen Kopf von allem entlastet habe, was die klare Flamme meiner Zustimmung verdunkeln könnte, kann ich reinen Gewissens sagen, daß ich die Vorträge für eine sehr wesentliche Arbeit halte. Sie haben drei große Fundamentblöcke gelegt, um darauf die Planungsstruktur für eine umgebaute Welt zu errichten. Ich hoffe, Sie setzen diese Vortragsblöcke mit weiteren Vorträgen oder Büchern fort, und wenn ich Ihren letzten Brief richtig verstehe, haben Sie mit der Arbeit schon begonnen.

Sie haben den Architekten in die hohe Position gebracht, die er in dieser neuen Welt zu Recht innehat. Sie müssen ihm nun, meine ich, einen soliden Sockel bauen, auf dem er stehen kann. Eines wird aus Ihren Vorträgen sehr deutlich: Der Architekt braucht eine völlig andere Ausbildung, wenn er den Anfor-

ARCHITECTURE TODAY 25

Empire's despair to reconstruct the *existent* world, was marked by the rise of the austere buildings of the early Middle Ages [17], embodying mankind's hope for the creation of a *new* world. Thus, the aim of the architecture of today is unequivocal; the means of approach, however, have many ramifications.

I shall now try to explain the elements which have contributed to the digression of the followers from the advance guard. Contemporary architecture, being a movement of the spirit, quite naturally is accompanied by a variety of creeds and a multitude of camps. Though they fought each other—and the all too clever may still go on fighting—with a pandemonium of war cries fed by a great amount of competent and a still greater amount of incompetent writing, they, fortunately, did not lose sight of the main issue of building: to simplify life in accordance with and in consequence of the technical inventions and scientific discoveries of *our* age.

8. Sketch, optical factory

9. Model skyscraper in glass

10. Dwelling houses, Stuttgart

Both technical inventions and scientific discoveries found their foremost expression in the machine, which has become an inevitable part of our life's texture. The sensitive though fundamentally contemplative mind of the artist was bound to become the first to be exited by the working of the machine. His hand, trained to construct and to design, trembled with fear and courage alike when seeing the machine perform so easily the most complicated process. His brain, taught to observe minute order and to coördinate all details, was spurred by the scientific certainty of working-order and division-of-labor. His imagination, ever prepared to invent and to shape, was stirred up by the organic simplicity, the shining polish and exactitude of the machine-made products. And, finally, the artist, because of his natural instinct for things to come—inherent in art,—felt blessed by the new mechanical rhythm: speed and mass production; and by the new mechanical energy: motorized traffic and highways, which the machine has brought upon him. No wonder that one part of the profession tried to apply the rules of the machine—as literally as possible—to its buildings, in technique as well as in form [18]. They expected that, to produce an architectural unity [19], the only needs would be: an exact analysis of purpose, material, and construction; a mere coördination of the separate units; the demonstration of mechanical apparatus and technical devices—that is, the mastery over the *factual* conditions of a building project.

Thus, from the properly and easily functioning quality of the machine sprang the war cry of *functional building*. Another part of the profession tried to transfer the elastic power of iron and steel (the *machine* material par excellence) into the steel construction of *buildings*, expecting that this would automatically produce

Seite mit Entwürfen bzw. Bauten von Erich Mendelsohn, Ludwig Mies van der Rohe und Le Corbusier aus der in der Nachlaßbibliothek überlieferten Publikation «Three Lectures on Architecture» von Erich Mendelsohn

derungen seines Berufes gerecht werden soll. Seltsam genug, aber ich habe ein wenig von dieser besseren Ausbildung in der Armee erhalten: indem ich Baley-Brücken[207] gebaut und mich wieder und wieder mit dem komplizierten Mechanismus eines Autos, eines Bulldozers, eines Elektrizitätswerks beschäftigt habe. Ein Kurs wie der technische Teil meines O.C.T.U.[208] -Kurses kann jedem werdenden Architekten wärmstens empfohlen werden. Er sollte diese Stahlbrücken mit seinen eigenen Händen bearbeiten; und sich dann hinsetzen und ihre Klassifikationen und Berechnungen lernen. Er sollte ein Flußbett suchen für eine geeignete Stelle zur Überbrückung; und dann sollte er ein Schema ausarbeiten: Zeichnungen, Berechnungen, erforderliches Material und Arbeiter, Zeitplan. Und danach sollte er die Brücke bauen («Bauen» heißt: das Kommando über den Einsatz führen) – vorzugsweise bei Nacht –. Es ist eine gute Schule, auch wenn er in seinem ganzen Leben keine Brücke mehr bauen wird.

Nun gut, ich ziehe jetzt besser die Bremsen an.

Noch einmal: vielen Dank für die Zusendung dieser großartigen Perspektiven auf unsere eigene Kunst.

Ihr ergebener

Julius Posener

# Von Erich Mendelsohn

Von
Eric Mendelsohn
Finney Farm
Croton on Hudson, N.Y.

August 20th, 1944

An
2/Lieutenant J. Posener, R. E.
North. Brit. Gen. Hospital
M. E. F.

Dear Posener,

Ihre Briefe vom 3. und 22. Juli stehen in enger Verbindung miteinander durch die unglückliche Nachricht Ihres Krankenhausaufenthalts und die erfreuliche Mitteilung Ihrer Ernennung zum Offizier. Nun braucht es nur noch das D. S. C.[209], um aus Ihnen einen Veteranen zu machen.

Ich beneide Sie um Ihre Patriarchenluft, vor allem in diesem Moment, wo eine noch nie da gewesene Hitzewelle die Staaten quält und selbst unsere wunderschönen Hügel ausbleicht. – Was den geistigen Zusammenhang des Zitats angeht, so könnte ich Ihre Serenität leicht durch Überlegenheit an Jahren und Erfahrung in Frage stellen. Ich brüte immer noch über meinem Buch, das, wenn ich Glück habe, die Tektonik über den Fundamentblöcken, die Sie in bezug auf meine Berkeley Lectures angesprochen haben, erfolgreich aufbaut. Ich denke, das bringt es auf den Punkt, und wenn Sie sich um eine Übersetzung ins «Newspaper Dutch» kümmern könnten, wäre das eine perfekte Geschichte für die Palestine Post.[210] Ich sage Geschichte und nicht Kritik, aus Gründen, die Sie selbst herausgefunden haben. Dieses Mal stimme ich mit Ihnen völlig überein: diese Vorträge sind für ein bestimmtes Publikum gedacht, dem die Gedanken so klar wie möglich vorgestellt werden sollten und dessen Aufmerksamkeit nicht vom erzieherischen Hauptziel der Vorträge abgelenkt werden sollte.

Ich sage «Erziehung», denn das Publikum bestand aus Studenten, amerikanischen Studenten, noch am Beginn ihrer eigenen architektonischen Existenz und des allgemeinen zeitgenössischen Konzepts.

Professioneller Pomp und scharfe Kritik sollten weder den darzulegenden Prinzipien noch der anzuregenden Phantasie Abbruch tun.

Diese Haltung hat nichts zu tun mit Zaudern oder geistiger Müdigkeit, das Gesamtbild ist hier entscheidend.

Ich bin froh, daß es nicht lange gedauert hat, bis Sie diese erzieherische Strategie erkannt haben. Deren kraftvolle Durchsetzung, ihre Taktik werden in meinem Buch zur Sprache kommen. Dort werde ich der Offizier mit direkter Feindberührung sein, und nicht der Oberkommandierende.

Was die letzte Frage in Ihrem ersten Brief angeht, «Werden wir Sie wohl jemals wieder in diesem Land sehen», so bin ich in diesem Moment weder gewillt noch fähig, eine definitive Antwort zu geben. Das Kriegsende wird eine ganze Reihe von wichtigen Fragen aufwerfen, für Sie, mich und jeden anderen. Das Schicksal unseres Volkes ist für uns und unsere Entscheidung sicher die allerwichtigste – ungeachtet der Banausen von Mogilev.

Mit meinen und Madams allerbesten Wünschen

Ihr Eric Mendelsohn

## An Erich Mendelsohn

C. M. F.

6. Dec. 44

Dear E. M.,

vielen Dank für die Beförderung von Posener zu Julius.[211] Es gefällt mir aus den Gründen, die Sie mir dafür nennen; und es paßt sehr gut in meine neue Umgebung, wo so viele Menschen von ihren Zeitgenossen und der Nachwelt beim Vornamen genannt wurden, wie Leonardo oder Michelangelo, und sogar bei ihrem Kosenamen, wie Dante (dessen eigentlicher Name Durante war).

Yes Sir: Ich bin endlich in Italien, dieser bewölkten, verregneten Halbinsel, die wir immer als den sonnigen Süden bezeichnet haben. Tatsächlich hatte ich mir als Junge immer vorgestellt, Italien sei so etwas wie Palästina und Palästina so etwas wie Ägypten. Heute weiß ich es besser.

Im Moment befinde ich mich an unserem italienischen Stützpunkt und erwarte die Versetzung zu einer Einheit des Engineers' Services, vermutlich Flughäfen. In der Zwischenzeit frische ich meine Kenntnisse von Minen auf, ein Bereich unserer Arbeit bei den Engineers, der sich mittlerweile zu einer Art Wissenschaft entwikkelt hat, die alle zwei Wochen eine neue und tödlichere Konstruktion hervorbringt. Dieser Kurs ist tatsächlich höchst interessant, sobald man sich für das Thema erwärmt hat, und ich verliere nicht meine Zeit.

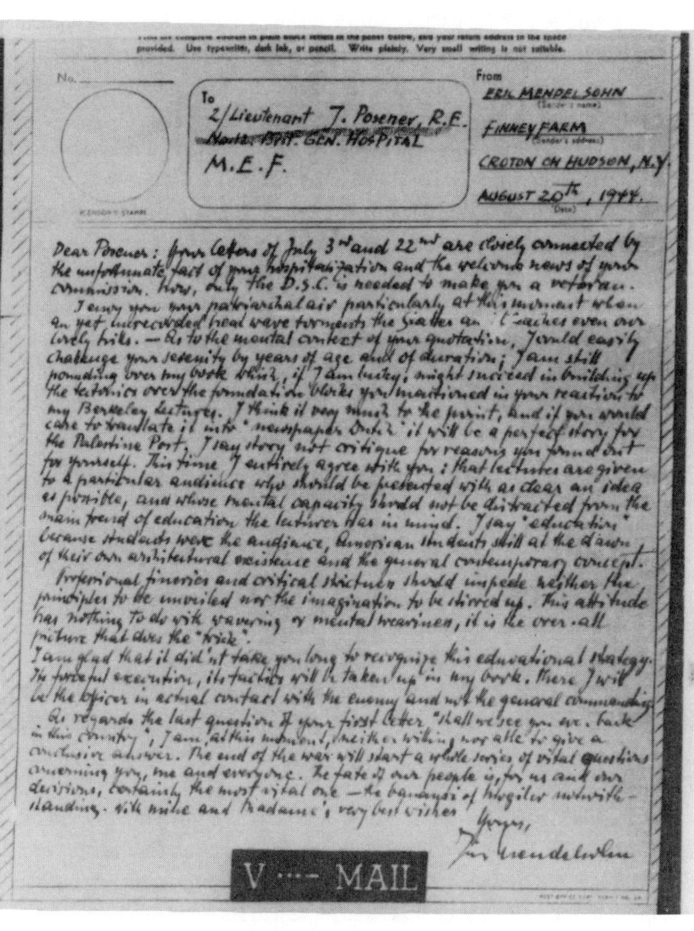

provided. Use typewriter, dark ink, or pencil. Write plainly. Very small writing is not suitable.

No. ______

To
2/Lieutenant J. Posener, R.E.
~~[illegible]~~ Brit. Gen. Hospital
M.E.F.

From
ERIC MENDELSOHN
(Sender's name)
FINNEY FARM
(Sender's address)
CROTON ON HUDSON, N.Y.
AUGUST 20th, 1944.
(Date)

(CENSOR'S STAMP)

Dear Posener: your letters of July 3rd and 22nd are closely connected by the unfortunate fact of your hospitalization and the welcome news of your commission. Now, only the D.S.C. is needed to make you a veteran.

I envy you your patriarchal air particularly at this moment when an yet unrecorded heat wave torments the [illegible] and [illegible] even our lovely hills. — As to the mental context of your quotation, I could easily challenge your serenity by years of age and of duration; I am still pondering over my book which, if I am lucky, might succeed in building up the tectonics over the foundation blocks you mentioned in your reaction to my Berkeley lectures. I think it very much to the point, and if you would care to translate it into "newspaper Dutch" it will be a perfect story for the Palestine Post. I say story not critique for reasons you found out for yourself. This time I entirely agree with you: that lectures are given to a particular audience who should be presented with as clear an idea as possible, and whose mental capacity should not be distracted from the main trend of education the lecturer has in mind. I say "education" because students were the audience, American students still at the dawn of their own architectural existence and the general contemporary concept.

Professional finesses and critical strictness should impede neither the principles to be unveiled nor the imagination to be stirred up. This attitude has nothing to do with wavering or mental weariness, it is the over-all picture that does the "trick".

I am glad that it did'nt take you long to recognize this educational strategy. Its forceful execution, its tactics will be taken up in my book. There I will be the officer in actual contact with the enemy and not the general commanding.

As regards the last question of your first letter "shall we see you etc. back in this country", I am, at this moment, neither willing nor able to give a conclusive answer. The end of the war will start a whole series of vital questions concerning you, me and everyone. The fate of our people is, for us and our decisions, certainly the most vital one — the [illegible] of [illegible] notwithstanding. With mine and Madame's very best wishes

Yours,
Eric Mendelsohn

V ···– MAIL

Luftbrief vom 20. 8. 1944 von Erich Mendelsohn

Von Italien habe ich bis jetzt so gut wie nichts gesehen. Dennoch konnte ich, en passant, einige der Kriegsschauplätze von 1943 mitbekommen: Salerno, den Volturno; und ich ziehe den Hut vor den Soldaten, die Stellungen wie diese bezwungen haben (noch dazu vermint!).

Ich sah den Vesuv, in Wolken gehüllt, und die breite, schwarze Ebene an seinem Fuß, erhaschte einen Blick von der tyrrhenischen Steilküste bei Amalfi; überquerte die südlichen Apenninen bei Nacht und hellem Vollmond, der diese Klippen und Schluchten noch imposanter wiedergab als sie bei Tageslicht erscheinen; und ich befinde mich nun in einer weiten Ebene an einem kleinen Fluß, wo eine Kette von steilen kahlen Bergen sich unvermittelt erhebt. Das Land ist grün, Gruppen von Olivenbäumen, italienischen Pinien und kahlen Pappeln folgen den Flußufern, die Straßen führen zu dunklen Höfen.

In kurzer Entfernung sehen wir die Campanile und barocken Kuppeln einer Kleinstadt – zu Hannibals Zeit weltberühmt – die man sich besser nicht zu genau anschaut, weil man dann entdecken würde, daß die Campanile tiefe Löcher haben und die mit römischen Ziegeln gedeckten Dächer der barocken Kirchen zusammengestürzt sind: Das ist es, was der heute weltberühmte Alexander[212] aus einem Ort macht.

Ich freue mich auf Neapel und Rom und – wer weiß – wieder auf das geliebte Florenz; Neapel und Rom sind neu für mich, und ich hoffe, Italien, das Land, zu sehen, von dem ich nicht viel weiß.

Ich habe versucht, zur Jüdischen Brigade zu gehen, wurde jedoch belehrt, für den Dienst als ein Subalternoffizier in einer Field Company sei ich zu alt – leider! – so gehe ich zurück zum Dienst und hoffe wenigstens auf einen Einsatz in der Nähe der Front.

Ihr Brief klang enttäuscht, und diese Enttäuschung ist gut zu verstehen. Sie haben immer noch so viel und wahrscheinlich Ihr Bestes als Baumeister zu geben, daß Sie die Lehre vom Bauen, so wesentlich sie auch sein mag, nicht ganz befriedigen kann. Ich hoffe, Sie zurück im Osten zu sehen, aber dann sollten Sie mit einer Aufgabe als Lehrer und als Baumeister betraut sein, die es Ihnen erlaubt, Ihre Ideen in größerem Rahmen zu verwirklichen. Eines Tages werden Sie diese Académie Méditeranéenne bauen oder die Middle East Master School, wo Bauen und Lehren sich gegenseitig ergänzen und deren Umrisse Sie schon seit 1933 vor Augen haben.

Ich bin gesund und fit und werde rund in der Mitte und unwiderruflich kahl auf dem Kopf. Meine neuesten Hobbies sind Reiten und Autofahren, was ich beides erst letzten Monat gelernt habe.

Die besten Wünsche für 1945 für Madame Mendelsohn und Sie selbst.

Ihr Julius

# An Ludwig Posener

Lieut. J. Posener. R.E. // 382 Works Section R. E. C. M. F.
312003. German Language

22. 3. 45

Lieber Freund,

endlich, um eine berechtigte Neugier zu befriedigen, hier einige Daten über Haus, Straße etc. Wir leben in einer Vorstadtvilla am Rande eines traurigen Halbindustrienestes: dürftig, dreckig, freudlos. Vom Fenster haben wir die typische Aussicht, für die Reisende so viel zahlen: die Schirmpinie vor Meer und Berghintergrund. Über die Straße sieht man einen Mandarinenhain, hochstämmig, wie die meisten Pardessim[213] hier, Furchen für Gemüse und Weinreben in die Aschenerde gezogen, dahinter den Strand: Aschensand mit ocker[farbenen] und roten Netzen, zum Trocknen ausgelegt; dem Strand folgend, sieht man ein paar qualmende Schornsteine. Außer diesen sind alle Versatzstücke da, wie es im Buche steht; aber das Bild, das sie geben, ist anders, als wir dachten. Nicht: seidenblaues Meer, weite Bucht und im Hintergrund der Vesuv mit der Rauchpinie, alle Schirmpinien übersteigend, Krone einer glücklichen Landschaft. Was Du siehst ist: ein bleierndes Meer, stets mit einem weißen Dunst über dem Wasser, der den Fuß der Berge verschleiert; schwer und träge; zuweilen abends dunkel graublau vor Bergen von reinem Purpurviolett. Diese Berge, steil aus dem Meer aufsteigend, sind kahl oder mit einem braunen Flaum von Unterholz bedeckt, Maronen, deren Laub überwintert. Sie tragen Orte auf allen Höhen, von denen, die auf dem Steilufer sitzen, bis zu einzelnen Gehöften auf zweidrittel Gipfelhöhe. Es sieht sehr anziehend aus; aber leider bin ich in keinem dieser Orte gewesen.

Den wesentlichsten Faktor der Landschaft siehst Du nicht von unserem Fenster: Der Vesuv steht hinter dem Haus, mit höckerigen Lavazungen am Fuß, wie Wurzeln eines Riesenbaumes, dunkelgrau, mit neuen schwarzen Lavagletschern in den Tälern zwischen den älteren Hügeln, manche noch heiß unter der langsam erkaltenden Oberfläche. Über diesen Wurzelstöcken steht der glatte, hellgraue Aschekegel, oben ungleich abgebrochen, mit rötlichen und braunschwarzen Strähnen anderen Materials hier und dort nahe dem oberen Rand. Den siehst Du nur selten; denn der Berg nimmt einen Wolkenbausch um den Mund. Wolken scheinen von ihm angezogen, bleiben um seinen Gipfel liegen, zerteilen sich nur ungern. An ganz klaren Tagen siehst Du nichts oder dünne Dampfstrahlen, die aus Spalten im Krater und am Kegel aufsteigen. Die von außen kriechen am Berg hoch, mischen sich mit denen aus dem Krater und werden bald von der reinen Luft aufgesogen.

Der Berg hat das Land an seinem Fuß geschaffen. Nicht nur, daß es jetzt mit Asche bedeckt ist;[214] auch in normalen Zeiten ist es sichtbar vulkanisch. Wo immer eine Straße eingeschnitten ist, tritt der graue Tuffstein zutage, und der Strand selbst ist in Lavaschlamm geschnitten, mit Blöcken von Tuff und Pumex darin, und außerhalb, ins Wasser, sind grober Schutt und Steine aus dem selben brandgrauen Material. Der ganze Abhang nun, von Neapel bis zum Sarno, ist bedeckt mit Häusern und Gärten, meist armseligen Vorstadt- oder Bauerngehöften, aus überputztem Tuffstein, grau, rot, aschig, mit Tonnen- und Klostergewölben über den Räumen und Außentreppen, die so gebogen und gezogen sind, daß sie aussehen, wie aus Lehm geknetet. Gartenmauern, gerade, dünn, scharf oben, auch sie mit dem gleichen, unansehnlichen Material geputzt; und in den Gärten, hügelauf und ab, ein Gestrüpp von Wein und Obstbäumen, jetzt alle in Blüte, mit gelegentlichen Stücken von hohen Mandarinenpflanzungen und Oliven. Wenn Du aber über ein breites Gebäude dieses Abhanges siehst, so wirst Du es mit den Schirmen breiter Pinien gesprenkelt finden, hier einzeln, dort zu zweien und dreien, dort wieder zu einem Wäldchen zusammengenommen: *ein* Dach mit dünnen Stammbeinen, die gegen die Straße zulaufen.

Es ist die eigenartigste Landschaft, die ich gesehen habe, und man lernt sie lieben; aber die Liebe war in meinem Fall keineswegs spontan, und in der Gegend sehe ich nichts von der Seligkeit, von der die Tenorlieder singen, nicht einmal jetzt, wo dieser milde Frühling in all den hunderten von Obstgärten ausgebrochen ist. Ich wünsche aber doch, das Land wiederzusehen, weniger frostig und im Frieden. Es muß schön sein, jemanden dort spazieren zu führen; ich denke an etwas Weibliches; aber, in absentia irgendeiner Frau, der ich es, auch in Gedanken, zeigen könnte, unterhalte ich mich oft mit Dir, will sagen mit Euch, wobei ich zu Lottes Gunsten einräumen muß, daß sie ja eine ist.

Hoffentlich kommt es mal dazu, daß man dies und anderes zusammen sieht. Dann wird Paestum Dein Gefühl für Architektur so endgültig festlegen, wie das

Deines Bruders Julius.

## Von Erich Mendelsohn

Von
Erich Mendelsohn
Finney Farm
Croton on Hudson, N.Y.

April 7th, 1945

An
Lieut. J. Posener, R. E.
R. E. T. O.
Central Mediterranean Forces

Dear Julius,

ich bin froh, daß Sie, Ihrer eigenen Beschreibung zufolge, in der Mitte rund und auf dem Kopf kahl werden – und nicht umgekehrt. Sonst müßte ich Sie zu den Gentlemen zählen, die Sex für eine intellektuelle Erfahrung halten.

Ihre Beschreibung der Apenninenüberquerung bei Nacht ist sehr dramatisch, und ich freue mich für Sie, daß Sie sich endlich aufgemacht haben, Dantes Land von seiner teutonischen Pest zu befreien. Ich glaube zu wissen, wo Sie sind, aber ich werde es Ihnen nicht sagen, Sie Glückspilz! Hoffe, daß Ihr Stahlroß Sie durchs Land trägt, das so viel mehr für das mediterrane Wesen steht als die städtischen Gegenden Italiens. Und vergessen Sie nicht Paestum, wenn Sie in Neapel sind, und das Orbitello aberrato, wenn in Rom. Und die Gärten der Villa d'Este, die ich 1937 Dr. Yassky zeigte, um ihn zu lehren, was sie auf dem Mount Scopus sein könnten. Sie wissen, wie gering das Ergebnis meines Unterrichts war.[215]

Er[216] ist auch der Grund für mein langes Schweigen und meine neue Enttäuschung über Palästina, wo ich geächtet bin wie ein Soldat, der seinen Posten verlassen hat. Das war die Quintessenz der Botschaft, die er mir in die Staaten gebracht hat – die Stimme unserer Kollegen dort drüben, die versuchen, meine Rückkehr zu blockieren. Was sind sie doch für eine kleine Gruppe in einem großartigen Land! Ich brauche ihre Warnungen wahrlich nicht, sollte ich mich in dieser Richtung entscheiden. Diese Entscheidung ist sehr schwierig, obwohl sie sich bald in ihrer ganzen Komplexität präsentieren könnte.

Was unsere Kunst angeht, so ist Palästina vielleicht der einzige Fleck in der Nachkriegswelt, wo westliche Ratio und östliche Vision sich zu einem tektonischen Organismus verbinden könnten.

Europa (einschließlich England) und Rußland werden die nächsten zehn Jahre brauchen, um das Grundbedürfnis nach Obdach für ihre heimatlose Bevölkerung zu befriedigen. Jenseits dessen wird Rußland – gemäß der Theorie seines wiedererwachten Nationalismus – den reaktionären Weg der letzten Vorkriegskonzepte verfolgen.

Amerika, für die nächste Dekade weltweiter Produzent von nützlichen Dingen, wird sein architektonisches Konzept in noch stärkerem Maße rationalisieren oder «funktionalistischen» Übertreibungen frönen, der letzten Erinnerung, daß es einmal eine europäische Kolonie gegeben hat.

Wenn Palästina sein Schicksal annehmen könnte, wäre es für mich lohnend, dort zu arbeiten und das Akademie-Projekt, das Sie in Ihrem Brief erwähnt haben, neu zu überdenken. Aber ich fürchte mich zu Tode vor den beengten Verhältnissen, beengt in jeder Hinsicht. Es muß etwas Außergewöhnliches geschehen, um mich von diesen Befürchtungen zu befreien.

Ich habe erste Entwürfe für das Weizmann-Wissenschaftsinstitut gemacht, das in Rehovot errichtet werden soll, und für ein neues Musikkonservatorium in Jerusalem, Hansens Traum.[217]

Meine Bemühungen, den umfangreichen Auftrag für die medizinische Fakultät der Hadassah-Universität zu bekommen, wurden vereitelt, oder so gut wie, von Yasskys unannehmbaren Vorschlägen und der schwachen Position von Hadassah gegenüber dem «reifen» Willen des Jishuv, den er repräsentiert.

Ich muß natürlich abwarten, wie sich alles entwickelt, bevor ich mich entscheide.

Um Sie auf dem laufenden zu halten über das, was sich hier auf unserem Gebiet tut, habe ich in Ihrem Namen die «Pencil Points»[218] abonniert und würde gerne Ihre Bestätigung und Reaktion hören.

Machen Sie weiter, das Schlimmste wird bald vorüber sein.

Ergebenst Ihr

E. M.

## An Ludwig Posener

312003. Lieut. J. Posener. R. E. 382 Works Section R. E. / *B. L. A.*
German Language

*8. May 45*

Dr. L. Posener
House Marein
Beth-Hakerem
Jerusalem
Palestine

Liebster Freund, mein erstes Wort und alle meine Gedanken in diesem Augenblick sind für Euch.

Du weißt ja, daß ich vor sechs Jahren an eben diesem Tage das letztemal an Mutters Bett saß, da sie schon nicht mehr sprechen konnte, aber doch hören, was ich sagte, und den Satz von Bach, den ich ihr «vorspielte». Sie sah mich an und bewegte den Kopf mit einem Ausdruck, den ich nicht vergesse; und das war das letzte Zeichen von Bewußtsein, das sie mir gab. Und hier sitze ich nun, am Ende der sechs grausamen Jahre, und versuche auszudenken, daß in diesem Augenblick in Europa, legal wenigstens, kein Blut vergossen wird.

Ich sitze in einem Garten, wie wir so viele gut gekannt haben. Es ist der erste echte Maitag: Sonnenschein; Kastanien, Flieder, Goldregen in voller Blüte; Iris in den Rabatten; und ein wildes Vogelzwitschern. Wir bewohnen die Villa, eins der wenigen Häuser, die in dem Ruin dieser kleinen Stadt[219] heil geblieben sind (–wenigstens beinahe heil–). Was ich heute empfinde, ist so gemischt aus Erlösung, Furcht, Hoffnung, Schmerz, daß ich es nicht beschreiben kann. Es ist merkwürdig, daß es meinen Kameraden, (mit Ausnahme zweier völlig menschenunähnlicher Offiziere, die offenbar gar nichts empfinden), ähnlich geht; und einer der Sergeanten sagte gestern abend plötzlich: «I am afraid, that's all: there is so much more still to come: everything, everywhere, still open questions.» Es ist wenig Triumph in der Stimmung. Man fühlt sich erleichtert; man ist sehr ernst und wundert sich. Triumph ist für die Leute zu Hause. Es kommt dazu, daß die Niederlage des Gegners den Sieger mit ergreift. Engländer sind so. Nun sitzen sie da an ihrem Siegestag, können nirgends hingehen, können sich nicht unters Volk mischen, was sie (und das Volk) gern täten, fühlen Mitleid wider Willen; und, nach Middle East und Italien, Verwandtschaft, finden sich angenehm empfangen, freundlich bedient, die Kinder zudringlich, die Weiber lächelnd; und sie haben steif zu sein. Immerhin, ich hoffe ihnen einen lustigen Nachmittag in einem anderen Land zu schaffen; und sie werden bald nach Hause gehen zu ihren eigenen Leuten und diese Spannung vergessen. Ich dagegen, fremder Soldat im Geburtsland, habe nicht Heimat im vollen Sinne, die mich nach all dem aufnehmen wird. Ich gehöre nur zu Euch.

Und das ganz.

Euer Julius.

## An Charlotte Posener

312003. Lieut. J. Posener. R. E.
382 R. E. Works Section. B. L. A.
German Language

18. Juni 45

Liebe Lotte,

da Du Marken wünschst, hier sind einige. Ein paar sind noch ungestempelt, und Du kannst Deine Briefe mit dem Bild des Teufels frankieren, wenn Du Leuten schreibst, die Du nicht magst, aber da Du überhaupt nicht viel schreibst, so ist wohl wenig Aussicht vorhanden, daß Du sie dafür benutzen wirst. Die Marken sind ein Geschenk eines kommunistischen Bürgermeisters, ehemaligen Con-Camp[220] -Insassen – der Entlassungsschein ist der beste Ausweis, den man jetzt in Deutschland besitzen kann –, der jeden Sonntag eine spezielle Arbeitsparade für ehemalige PGs[221] hält (alltags arbeiten sie ohnehin). Der Ursprung der Marken ist also verhältnismäßig sauber.

Wenn es am roten Holze geschieht, so braucht man sich ja nicht zu wundern; aber ich wünschte, der Führer wäre am Leben und hier, um die Szene zu sehen, die sich in diesem Augenblick hier am bräunlichen Holze abspielt.

Wir packen. Die Leute, die zwei Monate lang in ihrer Küche gelebt und für uns gekocht und gescheuert haben, haben nun gute Aussicht, ihr Haus wieder zu besetzen. Und, sollte man's glauben, sie sehen aus, als wollten sie jeden Augenblick losheulen. Madame sagt mir: «Ich bin sehr traurig, daß Sie gehen, Herr Posener.» – «Aber Madame, Sie haben mich doch schon vor 12 Jahren hier rausgeworfen; und damals war ich kein Feind.» Worauf die übliche, törichte Antwort kam: «Nicht ich, nicht wir!» Es ist schwer, ihnen klarzumachen, daß diese Antwort nicht gilt. Leute in Brüssel haben mir erzählt, daß im Siege jeder Deutsche jedem Gegner klarmachen wollte, daß es in Deutschland keine Diktatur gäbe.

Sagt ein Leutnant: «Das Geheimnis unserer Kraft liegt darin, daß der Führer den Willen *eines jeden* ausdrückt.» Jetzt will ein jeder damit nichts zu tun gehabt haben.

Diese Verleumdung der jüngsten Vergangenheit nimmt zuweilen die merkwürdigsten Formen an. Ein Bürgermeister sagt mir, er sei Mitglied der Luftwaffe gewesen: «Aber ich habe an diesem Kriege nicht aktiv teilgenommen. Ich war Kampfflieger von 15 bis 18. Damals kämpfte man noch ritterlich.» – «Und diesmal nicht?» – «Oh, auf ihrer Seite ja; auf unserer nicht.» – «Das höre ich zum ersten Mal. Ich glaube es auch nicht.» – Da ich das Haus verlasse, rennt er mir nach: «Und bitte, Herr Oberleutnant, ich hoffe, Sie haben mich nicht mißverstanden: Auf unserer Seite, nur auf unserer Seite war man nicht ritterlich. Ich weiß. Ich habe viel gesehen. Nicht auf Ihrer Seite, Herr Oberleutnant!» –

Inzwischen ist nun das Serviermädchen wirklich in Tränen ausgebrochen. Sie ist ein süßes Ding, achtzehn Jahre, und sie arbeitet allerdings freiwillig. «Die Zeit war so kurz. Ihr wart so freundlich. Es ist so seltsam, daß das nun schon zu Ende ist.» – «Nun, das ist ja gut, daß es Ihnen gefallen hat. Wir waren auch sehr zufrieden mit ihrer Arbeit.» – «Ja, Herr Posener? Da bin ich froh. Ich wollte, was an mir liegt (und das ist nicht viel) gut machen, was wir an Ihnen gesündigt haben.» –

Was macht sie schon gut? Aber es ist nett, daß sie's sagt. Wie lange wird diese Stimmung halten?

Ich bekomme eben einen Packen Briefe. – Keinen von Euch. – Schließe also, indem ich Dich umarme.

Dein Julius.

In dem Packen war der Brief von Karl, den ich Dir beilege.[222] Er schlägt mich sehr nieder. Ich fürchte, wir werden Ihn nicht wiedersehen, und wenn, so wird er uns nicht klar mehr sehen können. Solches Leiden und ein so sinnloses Dasein – bestenfalls – nach schwerster Mühe, an schönste Berufsbegabung gewendet! Es ist schrecklich, hoffnungslos traurig!

Inzwischen bin ich im neuen Logis angekommen, Mühlheim/Ruhr. Oberhausen, Teile von Duisburg und Mühlheim, durch die wir fuhren, sind viel weniger mitgenommen als Bocholt. Fabriken merkwürdig unbeschädigt. Eine Kohlenzeche arbeitete. Die Elektrischen fahren. Wir bewohnen einige Villen auf einer Höhe am Stadtrand mit weitem Blick über das Ruhrtal. Hier haben vor uns Amerikaner gehaust. Sie haben die dreckigen Kleidungsstücke von Zivilisten in den Schränken gelassen, der Staub liegt fingerhoch am Boden, gesprenkelt mit ausgekauten Konfekthülsen und prophylaktischen Artikeln. Ich bekam den Eindruck einer Fraternisation, bei der sich die Partner unter anderem auch auf der Basis gleicher Abneigung für Bolschewisten und Juden trafen. So viel ich gegen Engländer auf dem Herzen habe, so bin ich doch überzeugt, daß niemand eine Okkupation sauberer, dezenter, höflicher durchführt – ohne plump vertraulich zu werden – als sie. Die Hemmungen und engen Begriffe, die ihnen ihre Erziehung mitgibt, und die uns oft so wütend machen, erweisen sich für dies Geschäft als sehr gut.

Herzlichst Dein Julius.

## An Ludwig Posener

321003. Lieut. J. Posener. R. E.
382. R. E. Works Section.
B. L. A.
German Language.

2. Aug. 45

Lieber Freund,

diesen Brief wirst Du spät bekommen: Ich habe in diesem Augenblick kein Luftpostpapier; denn das ist hier schwer zu kriegen. Ich habe aber für 50 Mark Luftpostbriefe bestellt, und die werden mir für den Rest der Freundseligkeiten reichen, meine ich.

Meine Briefe von hier müssen Anlaß zu manchen Mißverständnissen gewesen sein. Ich weiß, daß die Rechnung für uns nicht aufgeht, und es ist mir nicht um Zugehörigkeit zu tun. Die gibt es für mich in vollem Sinne nirgends. «Keiner kann sich umprägen, und keiner kann seinem Schicksal entgehen.» (Goethe)[223] Ich verachte die Leute, die versuchen, sich umzuprägen; ich bedaure die, die ihrem Schicksal auszuweichen versuchen, indem sie sondieren, nach welcher Seite die Waage der Zugehörigkeit schließlich doch ausschlägt; am meisten sind die mir peinlich, die am neuen Ort bestrebt sind, sich in einen allgemeinen Zusammenhang einzuordnen: Judentum versus Judenheit und die Idee der Gerechtigkeit und was dergleichen mehr ist.

Wir beide jedenfalls wissen, daß wir letzten Endes vaterlandslos sind und daß es nicht weiterführt, über diesen Gegenstand nachzudenken. Deutschland, um nur das noch klar zu machen, hat mich nicht wieder zu sich hingezogen. Von Deutschland hatte ich merkwürdigerweise ein Nazi-Idealbild im Gedächtnis behalten. Etwa das, was Friedenthal mit neidischer Bewunderung erfüllte, als der «Graf Spee» von der Besatzung in die Luft gesprengt wurde;[224] das, was mich bestimmt annehmen ließ, in Deutschland würden wir, wie Hitler gesagt hatte, jedes Haus eine Festung und jeden Bissen vergiftet finden. Damit ist es nun nichts; und das ist enttäuschend. Ich habe auch außer der Jansenschen[225] Freundlichkeit, die ich nicht verachten kann, so viel biedere Servilität, Denunziation, Schieberei, Stänkerei gesehen, daß mir zuweilen übel wird. Noch eins: So viele Züge deutschen Lebens, an denen ich als Kind und junger Mann litt, hatte ich vergessen. Ich war damals geneigt gewesen, mir oder allgemeinen Umständen die Schuld zu geben, und so sah ich nicht, daß sie ausdrücklich deutsch und in der Tat schrecklich waren. Jetzt, da ich mich wieder ihnen gegenüber finde, weiß ich es. (Freilich: Sie erinnern mich an so viel Jeckisches, daß, wer sich aus diesem Grunde als losgelöst betrachten wollte, sich von den Seinen schlechthin loslöst.)

Das ganze Bild gleicht Abneigung und Zuneigung aus. Man weiß nun, daß man eine gewisse Art zu sein, die uns verwandt ist, nirgendwo anders findet; daß gewisse Gestalten, deren Wert wir durchaus in unserem Inneren bewahrt haben, hier und nur hier vor uns erscheinen können; und daß das tiefst Gehaßte unseres früheren Lebens uns nur hier begegnen kann. So ist das, und so mag das nun auf sich beruhen.

Von Vergeben und Vergessen kann auch die Rede nicht sein; wohl aber von Mitleid, das mit Vergebung nichts zu tun hat. Wer mir sagt, ich möge mein Mitleid für die Meinigen aufsparen, der hat unrecht. Man kann gar nicht mehr unrecht haben.

Ich habe mich dieses Unrechts selbst schuldig gemacht, wie man denn immer am falschen Ort hart und weich ist. Ich habe einem gebrochenen armen Teufel, der mir in den ersten Tagen erzählte, er habe seine junge Frau in den Trümmern ihres Hauses zugrunde gehen sehen, erwidert, Juden haben Schlimmeres erlitten. Man kann aber ein schlimmstes Unglück nicht mit einem schlimmeren übertrumpfen wollen. Da gibt es nur Mitleid.

Das Aufsparen des Mitleids für die Eigenen ist ein deutsches Dogma. Es ist die Grundwurzel jedes angreifenden Nationalismus. Stolz auf die eigene Leistung, ein Lebensplan für das eigene Volk und was der Fahnen sonst sind, mit denen der Nationalismus sich schmückt, sind Beweggründe zweiter Ordnung; sie sind aus dem anderen abgeleitet.

Die Leute, die sagen, man müsse Novgorod aufbauen, ehe an Lübeck überhaupt zu denken ist, haben auch unrecht.

Man muß alles das aufbauen, dessen Vernachlässigung Verlust an Leben, Krankheit etc. im Gefolge haben würde. Nach Erledigung dieser Rettungspflicht hat darum Vorrang das Gebiet, das für das Ganze Europas das wichtigste ist, liege es nun in Frankreich oder in Deutschland. Nur nebenbei sei erwähnt, daß die Verhütung von Hungersnot und Krankheit, wo es auch sei, unser eigenes

Interesse ist. Mit diesem Argument wollen es ja die Zeitungen entschuldigen, daß man in der Tat Deutschland aus dem Wiederaufbauwerk nicht völlig ausschaltet. Auch falsch: Man müßte es auch dann aufbauen, wenn andere Nationen kein Interesse daran hätten, ein Massensterben hier zu verhüten.

Das klingt süßlich-christlich. Es ist aber nichts als common sense. «Feindschaft ist unzulänglich» (Werfel). Das ist ganz wahr. Und was wir zu tun haben, nun, *vielleicht,* das Dasein des Erdteils zu fristen, der unsere Heimat ist, läßt für Feindschaft keinen Raum.

Du fragst mich, in wessen Namen und in wessen Sprache ich dergleichen Sprüch' vortragen will; und wem? Die Frage ist berechtigt; auch ich weiß, daß man nur aus dem eigenen Kreis heraus und zum eigenen Kreis sprechen kann. Da liegt nun mein Dilemma: Was ich gesehen habe und was sich mir an Folgerungen aufdrängt, trennt mich von dem Kreis, für den ich zum Heer gegangen bin; (sogar von der Aliyah Chadaschah[226]). Dort wird, was ich ausdrücken möchte, abwegig erscheinen, ja, charakterlos. Und einen anderen Kreis kann ich nicht den meinen nennen.

Dem Irrtum, zu sagen, ich sei ein Europäer und könne wo immer in Europa leben (was dann vornehmlich auf Zürich, Prag oder Wien hinauslaufen würde: die «sauberen» deutschen Gegenden), dem bin ich nicht verfallen. Das Land Europa mag denknotwendig sein; aber deswegen ist es noch nicht wirklich; und solange es noch die anachronistischen Länder Frankreich, Belgien, Deutschland gibt, hat jeder, der wirken will, einem von ihnen anzugehören; und zwar dem, dem er angehört: Das steht nicht frei. Das hieße dann: Deutschland; und den Gedanken kann auch der «weise» Julius nicht ohne Schauder denken.

Bei so bestellten Dingen wird es dann wohl alles nichts nützen, daß Erfahrung, Anlage und Trieb mich von der Architektur und der selbstverliebten Nation fort zur Mitteilung und zu einer weniger genau umschriebenen Loyalität drängen. Ich werde auf Nummer Sicher (P. W. D.[227]) setzen müssen, das Ende vom Liede wird sein:

Des anderen Tags ging Bählamm so
Wie ehedem in sein Bureau.[228]

In diesem Sinne, herzlichst

Dein Julius.

## An Charlotte Posener

321003. Lt. Julius Posener. R. E.
Att. 71. Inf. Bde. B. A. R.
German Language

28. Aug. 45

Beste Schwester, Du verwöhnst mich mit Briefen.

Wäre nur der Inhalt nicht so sehr traurig. Ja, es scheint hoffnungslos, jemanden wiederzusehen, der in dieser Hölle geblieben ist. Ich hatte mich während des Krieges gesträubt zu glauben, daß mehr als ein Zehntel der Dinge, die berichtet wurden, wahr seien. Und ein Zehntel war ja gerade schlimm genug. Es stellt sich nun, zweifelsfrei, heraus, daß alles wahr ist.

Ich habe einige alte Leute besucht, die in die bergischen Städte zurückgekehrt sind. Ich bekam jene ruhigen, ja freundlichen Berichte, die Du kennst und die noch von dem Dulden alles Scheußlichen eingegeben sind, das über die unseren «nun einmal» verhängt ist. Sie sind sehr erschütternd. Das Hilfswerk in diesem Lande ist offenbar ganz unzureichend, und ich sehe nicht, wie es besser werden kann, bis der Kontrollkommission ein Stab jüdischer Verbindungsoffiziere beigegeben wird. Ich bin ein self-styled Offizier dieser Art; aber abgesehen davon, daß ich keine rechte Autorität, noch irgendwelche Unterstützung über den engen Sektor meiner Tätigkeit hinaus habe, bin ich gerade jetzt in einer Hetzjagd, die sich vielleicht gar mit Deinem gewohnten Tempo vergleichen läßt. Und ich muß sagen, die Arbeiten sind durchaus wichtig. Ich bin sogar zur Architektur gekommen, (und morgens vorm Frühstück reite ich, was mir scheint's nicht bekommt, aber unendliches Vergnügen macht.) Unter alldem vergesse ich keinen Augenblick, was mir auf dem Herzen liegt. Und so habe ich mich entschlossen, mich für ein weiteres Jahr nach meinem Entlassungstermin im November zu verpflichten, gesetzt, ich kann den Posten eines solchen Liaison Offiziers oder etwas ähnlich Nützliches bekommen. Das mag Euch aus persönlichen Gründen betrüben, die mir schmeicheln; aber gerade Du wirst mir sicher recht geben, daß ich das versuchen will.

Du schreibst, daß die Welt wohl das, was uns angetan wurde, bald vergessen wird. Es ist noch schlimmer: Sie hat sich nie viel darum bekümmert. Die Bilder von Belsen[229] waren nicht dazu bestimmt, die Gewissen zu unseren Gunsten aufzurütteln, sondern sie in Bezug auf die Deutschen zu beruhigen. Die Folgerung, die aus diesen Veröffentlichungen gezogen werden sollte, war nicht: Wir haben die Überlebenden zu retten und endgültig zu sichern, sondern: Nichts, was man nun Deutschland tut, kann genug Strafe sein.

Und so sagt denn auch niemand etwas zu dem, was hinter dem Vorhang der russischen Grenzpostenkette geschieht. Vielleicht wird man uns eines Tages mit Stolz auf die monumentale Rache hinweisen, die dort «für uns» geübt wird, als ob das eine Träne zu trocknen imstande wäre, oder ein Heim für Verfolgte zu schaffen.

Uns ist damit nicht geholfen, und wenn die Reaktion gegen diese neuen Verfolgungen einsetzt (und sie wird heftig sein), so wird man unseren Namen mit diesen Greueln verbinden und meinen, wir seien ja nun quitt mit den Deutschen und hätten keine Forderungen mehr.

Mit dem Geld sogar, das man hier zur Schaffung eines neuen Problems anwendet, könnte man unsere Nöte erheblich lindern. Die politischen Implikationen der neuen Grenze und der neuen Bevölkerung in Pommern, Schlesien und beiden Preußen sind auch, durchaus und nur, zu unserem Nachteil. Von Europa, wovon man zu einer gewissen Zeit des Krieges wenigstens gemunkelt hat, ist gar nicht mehr die Rede. Eine dünne Bevölkerung und eine polnische in Ostdeutschland, eine zusammengepreßte, hungernde im «Rumpf» erledigt Europas Widerstandskraft und Eigenleben endgültig. Und nur einer, der glaubt, wir säßen auf einer Insel, weil man in unserem Lande überall das Meer sieht, kann meinen, Europa ginge uns nichts an.

Ich gehöre nicht zu denen, so wenig wie Du.

Wenn ich mich vom Insularen noch weiter emanzipiere, als Du tust und für recht hältst, so wirst Du doch zugeben, daß man, nach langer Überlegung, zu einem solchen Standpunkt gelangen kann.

Er bringt allerdings eins mit sich, das Dir wenig sympathisch erscheint: daß nämlich mein Gefühl den Greueln gegenüber, die heut im Osten geschehen, nicht anders ist, als mein Gefühl angesichts der Greuel gegen die Juden.

Verstand und Herz stellen mir diese Sache als meine eigene dar.

Gerne würde ich mich mit Dir unterhalten und versuchen, Dir die lange Kette von Erfahrungen und Erwägungen zu erklären (verzeihe die hochtönenden Worte: aber wie sonst soll ich einen so langen stufenweise fortschreitenden Prozeß beschreiben), die mich schließlich zu einiger Sicherheit in diesen Dingen geführt hat. Ich meine sogar, es sei gut, diese Sache in einem Buch zu wiederholen, um an dem Gang der eigenen Zweifel, Erschütterungen, Bekräftigungen anderen zu helfen, naheliegende Irrtümer zu überwinden.

Aber zu dem Buch läßt mir die gegenwärtige, nicht unbefriedigende und die zukünftige erwünschte Tätigkeit hoffentlich nicht Zeit; und die Unterhaltung wird vielleicht durch meinen eigenen Entschluß hinausgeschoben, hier noch länger zu dienen.

Inzwischen schreibt Dein Mann die interessanten Sachen, und ich gratuliere ihm im Namen der Stadt Lennep für die Verherrlichung ihres Sohnes Röntgen, an den hier in diesem Jahr keiner gedacht hat. Er soll mir den deutschen Text schicken. Alles Gute Dir. Schreibe wieder

Deinem Julius

## An Erich Mendelsohn

Lieut. J. Posener G. S. I. H.Q. IB Corps. BAOR.
German Language

23 March 46

Lieber E. M.,

es geschieht nicht aus Nichtachtung vor Ihnen, sondern aus Achtung, daß ich Ihnen das Lesen meiner grausigen Handschrift erspare, wenn ich Ihnen viel zu berichten habe.

Ihr Brief[230] hat mich ganz außerordentlich gefreut, da er wieder vom Bauen spricht, und so sehr eine Pause im Bau für Sie eine schöpferische ist und Tätigkeit auf der gedanklichen Seite bedeutet, so sehr erfreulich ist es doch, Sie Ihrem wesentlichen Beruf wiedergegeben zu sehen. Selbst wenn Ihr Bauen nur Kommentar für Ihr Denken wäre, so muß dieser Kommentar eben doch auch gegeben werden, sonst werden die Leute sagen: «Der alte E.M. hat sich ausgebaut. Der schreibt nun nur noch.» Ich bin begierig zu sehen, wie der Kommentar jetzt aussieht und was weiter geschieht. Ich meine, Sie sind heute in einem Maße im Besitz Ihrer Ausdrucksmittel, daß, was Sie tun, den Stempel der Zusammenfassung und Freiheit tragen wird, den man Altersstil nennt. Sie sagten mir einmal im höchsten Raum der Windmühle, als wir den Dankgesang in lydischer Tonart[231] hörten: «Der kann nun alles sagen, was er sagen will.» Und diesen Eindruck, hoffe ich, werden Ihre neuen Bauten auch machen.

Ich bekomme regelmäßig die Hefte von Pencil Points, und das gibt mir die nötige Verbindung mit dem Bauen. Sie haben mich um meine Reaktion gebeten. Ich möchte lieber noch einige Hefte abwarten, bevor ich mich äußere. Soweit scheint es mir, daß Pencil Points etwas in der Denkweise befangen ist, die meint, wenn man einen Bau zur Kiste vereinfacht und die Kiste verglast, wobei man dann auf Grund «wissenschaftlicher» Untersuchungen ein Glas wählt, das die heilsamsten Strahlen ins Hausinnere dringen läßt, und eine Heizung, die durch Bestrahlung des Hinterhauptes die Denkungskräfte anregt, dann habe man das denkbar Beste getan. Wir wissen, daß es ganz so einfach nicht ist.

Von alter Architektur habe ich im letzten Jahre mehr gesehen als in irgendeinem Jahr vorher; von Pompeji über Rom, Brügge, London bis nach Wells und Winchester. Leider waren in dieser Überschau auch solche neu-archäologischen Besuche enthalten, wie die Spaziergänge durch das, was einmal Köln und Münster war. In Münster lebe ich jetzt für ein paar Wochen und habe Gelegenheit, was ich sehe, mit den Heften über Alt-Münster zu vergleichen, die ich hier im Hause finde (– das Haus, notabene, ist von Dominikus Böhm, Köln –); und das ist ein träges Studium. Warum gerade Münster eine der meistgebombten Städte war, und warum hier, wie in Köln, gerade die Stadtmitte, das kann ich nicht verstehen, und noch weniger den Deutschen erklären. Die Fabriken vor den Toren von Köln und die Kasernen außerhalb Münster sind intakt: aber St. Martin und der Erbdrostenhof sind Trümmerhaufen. Der Vesuv hat Pompeji erhalten, und die Sarazenen haben Paestum nur eben leicht beschädigt; aber die Mächte der Kultur haben einiges in Europa ausgelöscht, und die Welt ist viel ärmer geworden.

Und wenn's damit getan wäre! Aber nun setzt der Friede fort, was der Krieg begonnen hat, und das Gesicht ganzer Länder, die noch als geordnete Gebiete landwirtschaftlicher und industrieller Produktion aus dem Kriege hervorgegangen sind, wird entstellt. Das Egertal soll aufgeforstet werden, weil niemand es anbauen will, nachdem die Bauern vertrieben wurden. Schlesien und Pommern liegen brach, während es der Welt an Brot gebricht, und die Kunstdüngerwerke von Bitterfeld werden abmontiert, damit ja die Ernte von 1946 auch vernichtet wird. Oh Weisheit. Du sprichst wie eine Taube[232] (I mean, like a deaf one, not a pigeon.)

Die Unruhe, mit der mich dies alles erfüllt, habe ich in meinem letzten Brief[233] erwähnt. Als die unmögliche Grundlage, auf der der Friede aufgebaut werden soll, im August bekannt gemacht wurde, schrieb ich an Gollancz, dessen Heft «Nowhere to lay their Heads»[234] ich gerade gelesen hatte, und fragte ihn, was er, der doch versicherte, es interessiere ihn nicht, wer leide, und wem Unrecht geschehe, solange gelitten wird und Unrecht geschieht, was er dazu zu tun gedenke? Ich hatte die Genugtuung, in der Antwort zu erfahren, daß er schon tätig sei, und ich fand dann, daß er in der Tat außerordentlich tätig ist.[235]

Als ich also auf meinem langen Urlaub im Herbst nach London kam, hoffte ich, ich könnte ihm helfen. Er hatte mein Angebot dafür, das ich in einem zweiten Brief machte, warm begrüßt. Aber Gollancz war in den Wochen, die ich in London zubrachte, ein gehetzter Mann, und ich konnte ihn nicht sehen. Da es aber für mich feststand, daß es keinen Sinn habe, nach Hause zu gehen und wieder im PWD Schrankdetails für Polizeistationen zu zeichnen, nachdem mir einmal aufgegangen war, daß das Feuer schon angefacht wurde, das meine schönen Details auffressen würde; und daß ich meine Beobachtung mit denen teilen mußte, die es vielleicht noch ausstampfen könnten, so hatte ich mir nun zu überlegen, wo in der Welt ich am besten plaziert wäre, um das zu tun.

Wäre ich ein freier Mann, ein Engländer z.B., so wäre die Sache einfach genug gewesen. Ich hätte versucht, als Berichterstatter, sagen wir des News Chronicle,[236] wieder in dieses Land geschickt zu werden. Da ich aber bin, was ich bin,[237] so hatte ich unter den sehr beschränkten Möglichkeiten zu wählen, die unsereinem offenstehen. Nämlich: Jewish Relief Unit,[238] Demobilisierung, noch ein Jahr in der Armee. Demobilisierung, meinte ich, schied aus; denn in Palästina durfte ich mich noch nicht einmal für Fragen *interessieren,* von denen doch, wie jedem klar sein muß, der imstande ist, über Tel-Aviv hinauszusehen, unser Wohl und Wehe abhängt. Einmal dort, hätte ich noch nicht einmal den *Juden* in Deutschland helfen können. In der Jewish Relief Unit hätte ich das tun können, und ich habe ernsthaft daran gedacht, diesen Leuten beizutreten; aber Leonard Cohen sagte mir, er würde es sogar für Jewish Relief mehr begrüßen, jemanden wie mich in der Armee zu haben, als in der Unit, besonders, da ich Aussichten hatte, in den Intelligence Service zu kommen. Auch war ich, offen gestanden, etwas in Furcht, daß auch dort jeder Gedanke, der über die unmittelbar jüdischen Belange hinausging, als Hochverrat angesehen worden wäre; und so hätte ich von den Dingen, die mich so lebhaft beschäftigen, noch nicht einmal etwas erfahren. Ich entschloß mich also im Dezember in London, mich für ein weiteres Jahr in der Armee zu verpflichten, und zwar im Intelligence Service. Lernen tue ich hier viel; sagen, was ich gelernt habe, darf ich freilich nur im Rahmen unserer eigenen Berichte; und in denen wird zunächst einmal alles weggeschnitten, was ich sagen will, so z.B. ein schöner Bericht über die Lage der jüdischen Gemeinden in Rheinland-Westfalen; und doch glaube ich, das Richtige getan zu haben, sei es auch nur deswegen, weil ich in dieser Tätigkeit alles lerne, was mich befähigt, bei späterer größerer Freiheit so zu wirken, wie ich es für notwendig halte.

Im April werde ich wieder in London sein. Ich werde in einem Kreis von Freunden sprechen. Ich werde mit jüdischer Zähigkeit noch einmal versuchen, Gollancz zu sehen. Ich werde meine Dienste allen möglichen Verbündeten anbieten: Sozialisten, Katholiken, Quäkern, jüdischer Wohlfahrt: allen, außer Kommunisten. Die öffentliche Meinung entwickelt sich in erfreulicher Weise in England, und ihre Stimme wird sich auf die Dauer nicht überhören lassen. Ich bin ja nicht freiwillig in diesen Krieg gegangen, um dann nach Hause zu kommen mit der Gewißheit, daß die nächsten Bomben in Kürze fallen werden. Und diesmal werden es atomische sein. Ich meine, es ist richtig, daß man sich bis zum wirklichen Frieden zur Verfügung stellt, um zu sprechen und zu helfen.

Und hier komme ich auf einen Punkt, wo ich Ihre Hilfe brauche: Bei aller Unfreiheit habe ich doch das Recht, mir, als Zulage zu meinen Rationen, so viel

Gaben senden zu lassen, wie ich bekommen kann, und ich wäre Ihnen dankbar, wenn Sie das tun wollten. Ebenso, wenn Sie Ihre Bekannten bäten, ein gleiches zu tun. Ich werde Ihnen mit nächstem [Brief] Adressen anderer Soldaten geben, die den gleichen Wunsch haben.

Die Lebensmittelkürzungen für das deutsche Volk machen vor Juden nicht halt. Freilich bekommen Juden eine gewisse Zulage, aber die wird ja in der gleichen Proportion gekürzt, und diese Leute, die zwölf Jahre haben leiden müssen, weil sie, wie es hieß, keine Deutschen waren, leiden jetzt, weil sie, wie es heißt, Deutsche sind.

Dies ist eine unmittelbare Hilfe. Ich bin überzeugt, daß Sie schon die Stellen unterstützen, die durch Jewish Relief Nahrungsmittel en bloc verteilen. (Joint)

Das nächste, was zu tun ist, wäre endlich die Frage in Fluß zu bringen, wie den Juden wieder zu ihrem Vermögen zu helfen ist. Die Crux der Situation ist – es ist grotesk –, daß das jüdische Vermögen, da es von den Nazis beschlagnahmt wurde, Staatsbesitz geworden ist, und eins der ersten Gesetze der Militärregierung, das berühmte Gesetz 52, hat verfügt, daß deutscher Staatsbesitz weiter von der öffentlichen Hand verwaltet wird. Wenn also einem Juden ein Haus gehört hat, dessen Mieten ins Finanzamt gingen, seit ihm das Haus als Eigentum eines Staatsfeindes abgesprochen wurde, so gehen diese Mieten weiter ins Finanzamt, und der Jude kann sehen, wie er von der Unterstützung lebt, die ihm als Opfer des Faschismus gegeben wird (60 RM). Es ist wahr, eine deutsche Provinzregierung hat jetzt 3000 RM monatlich im Etat, um die Juden der Provinz zu unterstützen. Es sind etwa 2000, so daß jeder, wenn's hoch kommt, Eins fünfzig im Monat erhält. Die gleiche Regierung hat eine Million rund in ihrem Jahresetat zur Unterstützung der Hinterbliebenen der Waffen SS. (!) Da der Etat noch nicht durch ist, so bitte ich Sie, die Sache nicht zu erwähnen. Aber das Gesetz 52 und die dadurch entstandene Situation ist offiziell, und Sie können diese Dinge bei Leuten zur Sprache bringen, die vielleicht imstande sein werden, etwas zu tun. Es handelt sich in der ganzen britischen Zone nur um ein paar tausend Juden. Ich bin bereit, die Rechte von Leuten wie Sie und ich zurückzustellen; aber denen, die hier sind und hier bleiben müssen, muß geholfen werden. Das Problem ist bei einer so geringen Zahl gewiß nicht groß.

Soviel für den Fall von verstaatlichtem jüdischem Vermögen. In Fällen, wo der Jude zu Zwangsverkauf gezwungen wurde, oder wo ein dritter unwissentlich jüdisches Eigentum erworben hat, steht es nicht besser. Diese Leute, meist Nazis, sind heute im Besitz jüdischer Villen, deren Besitzer nebenan in einer undichten Dachkammer wohnt. Eine Grundbuchumschreibung würde hier genügen, um solches Unrecht ungeschehen zu machen; aber ich kenne noch keinen Fall einer solchen Grundbucheintragung.

Lieber E.M., wenn ich nur diesen Leuten direkt und indirekt helfen kann, so wird das Jahr, das ich hier noch zubringe, mich nicht gereuen. Aber wie ich oben sagte, ich habe auch größeren Ehrgeiz, und wenn ich «bis zum Frieden» dienen will, so mag leicht aus dem einen Jahr eine längere Zeit werden. Es hängt von den Möglichkeiten ab, die ich finde, um meinem Wunsch gemäß zu leben.

Vielleicht habe ich mich nicht getäuscht, wenn ich aus Ihrem Brief etwas wie eine Einladung herausgehört habe. War das Ihre Absicht, so nehmen Sie meinen herzlichen Dank. Ich fühle während dieses ganzen Krieges, wie Sie sich bemühen, eine Freundschaft zu erhalten, die in besseren Zeiten begonnen hat, und wie Sie aus der Entfernung «nach mir sehen». Was meinen Beruf angeht, so entfernt mich die Unruhe, von der ich sprach, von der Architektur und treibt mich in die Richtung, in der ich mich jetzt bewege. Dabei weiß ich mehr von Architektur, als je vorher, und könnte heute besser bauen, als ich es im Anfang meiner Tätigkeit hoffen durfte; dessen bin ich sicher. Architektur als Freude und Erhebung nimmt mehr und mehr die Stelle aller anderen Künste bei mir ein. Musik und Poesie nicht ausgeschlossen.

Somit glaube ich, Ihnen einen Bericht über mich gegeben zu haben. Er war mal wieder fällig. Was ich im einzelnen hier tue und sehe, werde ich ein andermal schreiben.

Mit allen guten Grüßen und Wünschen für Madame Mendelsohn und Sie

Ihr Julius.

I might have written in English. I am afraid it's Münster in Westfalen that made me relapse into the old idiom.

## Von Erich Mendelsohn

Von: Erich Mendelsohn. 233 Sansome Street. San Francisco 4. California. U.S.A.

April 28th, 1946

Lieutenant J. Posener. R. E.
G.S.I. H.Q. 1st Corps
B. A. O. R.
British Zone – Germany

Dear Julius,

G. S. I. – zu viele Bezeichnungen und dazu unbekannte, und ich war nie gut im Lösen von Gleichungen.

Erstens, zu meiner negativen Antwort auf Ihr inständiges Flehen um meine Hilfe für unser Volk in Deutschland. Ich habe das Gefühl, mich nicht dafür entschuldigen zu müssen, daß ich nicht in der Lage bin, das zu tun, was ich unter anderen Bedingungen für meine Pflicht gehalten hätte. Meine Verpflichtungen gegenüber meiner Familie in England, Japan und hier überhäufen mich. Außerdem bitten mich persönliche Freunde aus der ganzen Welt um mehr, als mir möglich ist, ihnen zu schicken. Juden und Nichtjuden in der gleichen Situation von Not und Verzweiflung. Und unser Beruf – selbst in den Staaten – hat noch keinen goldenen Boden.

Die neue Veterans' Housing Bill hat fast jegliches Bauen gekürzt mit Ausnahme von kleinen Häusern – 1,5 Millionen sollen jedes Jahr gebaut werden. An sich ist das nichts, was U.S. Hersteller nicht herstellen könnten. Aber niemand hat diese Knappheit vorhergesehen – diese Grundbedürfnisse und die Umstellung von Krieg auf Frieden hat als erstes die Untergrundkanäle einer Wirtschaft geöffnet, die profit- und nicht zweckorientiert arbeitet. Der Baumarkt ist der schwärzeste von allen, der sichere Beweis dafür, daß das neue Zeitalter einem Land, das vom großen Geschäft regiert wird, noch nicht zum Bewußtsein gekommen ist.

Nationen sind wie Kinder, sie akzeptieren keine vorherigen Erfahrungen. Beide müssen die gesamte biologische Entwicklung des Menschen wiederholen.

Nahrungsversorgung und alle Regierungserlässe sind den Parteizwängen unterworfen, und bei einer Regierung, die zwei Parteien umfaßt, will die Partei, die gerade oben ist, auch dort bleiben – ziemlich natürlich. Und doch ist das Potential des Landes so groß, daß es allein – unter anderen Bedingungen – die Weltmisere lösen könnte.

Andererseits kann dieses Land nicht durch Erlasse geführt werden; daß es am ehesten handelt, wenn es durch ganz gewöhnliche Gefühle wachgerüttelt wird, ist seine außergewöhnlichste Tugend. Weil es im Prinzip gutherzig ist, ist es auch bereit, sich die grundsätzlichen Dinge zu Herzen zu nehmen. Daß es dabei oft Sentimentalität mit Gefühl verwechselt, Mitleid mit dem, was ihnen vor Augen geführt wird, für Einblick in das Notwendige hält – offenbart nur seinen immer noch unreifen Geisteszustand.

Glauben Sie mir, der Krieg und das Anfangsstadium des Friedens werden seine Haltung rasch verändern. Die Frage ist, ob die endgültige Erziehung durch Erkenntnis – das objektive oder intuitive Wahrnehmen der Tatsachen – oder durch Zwang – das Auferlegen eines reifen Verhaltens durch neue verheerende Ereignisse stattfindet. Das ist die Alternative, vor der wir alle stehen, die aber hier höchst augenfällig ist und vor allem für jemanden, der unter beiden Polen gelebt hat.

Und diese Tatsache, meine ich, ist mein Kommentar zu Ihrer Entscheidung, die ich begrüße. Es ist gut, daß Sie sind, wo Sie sind. Ihre Intelligenz – kosmopolitisch in ihrer Ausrichtung, Ihr Lebenskonzept – grundsätzlich philosophisch, ist Ihr größter Vorzug. Davon den bestmöglichen Gebrauch zu machen, d.h. für die Allgemeinheit, ist wertvoller, als sich für Zionismus oder Architektur einzusetzen. Denn der Zionismus, beschränkt auf eine meiner Ansicht nach verspätete nationale Idee, könnte Sie zwingen, sich in zu enge Gewässer zu begeben; die Architektur, in ihrer sagenhaften Komplexität, braucht Sie nur, wenn Sie bereit oder fähig sind, die Wogen kreativer Gefühle und räumlicher Schöpfung zu reiten.

Nicht zufällig wurden Sie – wieder und wieder – von ihrem eigenen Magneten angezogen: dem Wort, der literarischen Sprache. Ich bin überzeugt davon, daß dort Ihr Schlacht- und Siegesfeld liegt, Ihr magnetisches Feld, in dem sich Ihre Energie im Rahmen Ihrer Möglichkeiten entfalten kann und, indem Sie sich entwickeln, auch jenseits dieser Grenzen. Ihre Briefe der letzten fünf Jahre sind Beweis für meine Überzeugung, die Sie, wie ich hoffe, als den Rat Ihres Freundes akzeptieren, oder besser – als Bestätigung Ihrer eigenen Entscheidung.

Alles, was Sie berichtet haben, ist von höchstem Interesse, obwohl trübselig und verwirrend. Symbol von Kräften, innerhalb derer unsere Zeit, unser Leben sich hindurchwindet.

Was meine Arbeit betrifft, hier ist ein Foto des St. Louis Modells: Tempel, Gemeinschaftszentrum und Seminarräume. Ich wurde gerade zum Architekt des Cleveland Jewish Center gewählt, ein Projekt doppelt so groß wie St. Louis.[239]

Wenn eines davon für Sie wie «lydische Tonart» klingt, so ist das mein «Dankgesang».

Alles Liebe von Louise und
Ihrem

E M

## An Ludwig Posener

Lieut. J. Posener. R.E.
12. RIO. BAOR.

20 July 46

«Schnallen Sie sich an, Herr Posener!»

Da steht das «Boot», auf einen Flügel gestützt, die Schnauze in der Luft. Vorsichtig hebt man das linke Bein über den Rand des Cockpit, der aus dünnstem Sperrholz besteht, und tritt auf den Sitz. Die Nase senkt sich unter dem Gewicht. Man setzt sich auf den Sitz und sucht nach den Riemen. So, da wäre man also wieder festgemacht. Ich habe doch nicht etwa Angst? Ach wo, garrr kkeinne Angst (brrr!). Der Instructor macht das Kabel an der Schnauze fest. «So: Sie fliegen nur so lange gerade aus, bis sich das Flugzeug beruhigt hat, dann links, Richtungspunkt Aussichtsturm, überm Clubhaus noch einmal links; und schätzen Sie die richtige Höhe zum Reinkommen.» – Richtige Höhe zum Reinkommen – denke ich. «Ja.» Jemand hält den Flügel und macht der Winde Flaggenzeichen; aber das merke ich gar nicht. Ich starre auf das Kabel, das schlapp am Boden liegt; auf einmal wird es zur Seite gerissen, strafft sich, ich werde vorwärts gezogen, die Kufe schleift über das Gras, ist schon, weich und leicht, abgelöst; das Flugzeug gleitet flach in die Luft, steiler, der Boden bleibt zurück. Jetzt nehme ich den Knüppel nach hinten, die Nase hebt sich steil, ich sehe nur Himmel. Hängt der linke Flügel? Linker Fuß etwas nach vorn. Sehr schön. Es scheint ganz normal zu steigen. Immerhin, ich möchte aussteigen. Schlecht möglich. Ach wo, ich will nicht aussteigen. Der Horizont kommt in Sicht: blaue Waldhügel. Jetzt erscheint Land; Waldstücke, Weiden, Felder; rechts unten Pyrmont mit dem Bornberg und dem Spelunkenturm. Damals war es Eselreiten. Heute - offenbar habe ich mich nicht sehr verändert.

Ich steige immer noch. Trotzdem es sich anfühlt, als läge ich schon wieder eben. Der Knüppel will nach vorn. Das Seil ächzt. Das Flugzeug wippt, weil das Seil an der Schnauze zerrt und die Schwerkraft am Schwerpunkt. Ich steige immer noch. Das Land entfaltet sich, feierlich, tief unten. Auf einmal scheint das Flugzeug ins Leere zu irren. Der Seilzug hat nachgelassen. Sofort stoße ich den Knüppel nach vorn. Steil auf ein fernes Feldstück niederblickend, löse ich das Seil aus. Wo sind wir? Das Flugzeug fliegt etwas langsam, schwankt; ein leichter Druck gibt das gewünschte Tempo, richtet die Flächen gerade, 60 km. Der Wind pfeift angenehm «normal» und die Flügel. Das Flugzeug ist «beruhigt». Ich trete links und schwinge den Knüppel nach links, neige mich mit den Flügeln, und langsam wird der Horizont nach rechts an der Schnauze vor-

Schnappschuß aus einem Segelflugzeug. Auf der Rückseite notierte Posener: «The <Weihe>, taken from the <Kranich>. Barntrup 3. 7. 1946»

beigezogen, bis sie den Aussichtsturm berührt. Aufrichten. Schön, Boot! Gutes Boot! Gerade, stetig gleite ich auf den Aussichtsturm zu. Das dürfte genug sein. Wieder gibt es eine Linkskurve, und nun sehe ich neben mir den Flugplatz: drei Gleiter am Start, und der «Kranich» kommt eben hoch. Wie ist das: Werde ich sehr schnell zum Startende getrieben? Kann ich riskieren, noch draußen zu bleiben? Winkt der da herein? Wahrhaftig. Gut. Ich komme. Noch eine Kurve (ein bißchen steil und zu schnell. Der Horizont glitt nicht eben an der Nase vorbei. Offen gesagt, ich habe auch nicht auf den Horizont geachtet. Ich habe auf den Boden gesehen. Nie auf den Boden sehen!) Da wäre ich also überm Feld; und viel zu hoch. Was winkt der da? Einen Kreis? Gut. Einen Kreis. Pfui, das kommt zu nah an den Turmhügel. Oh, pfui: Wie komme ich jetzt rum? Der Seitenwind treibt das Boot ab. Warum ist die Kurve auf einmal so steil? Ich berühre ja den Boden mit dem Flügel! Aufrichten, Knüppel zurück, schnell! Hallo, der steigt ja! Das soll er nicht. Oh, das wird zu langsam! – Nicht nach vorn. Ruhig bleiben. Den Stock nicht so krampfhaft festhalten! 60 km. 65. Gut. Der Boden kommt entgegen. Leicht ausgleichen. Zu - rück - ganz - zu - rück. Etwas vor. Jetzt, fühlt das «Boot» am Boden hin, langsamer, fast geräuschlos, schwebt es aus; es setzt auf, Kufe und Schwanzsporn zugleich (gut, Julius!) Gleitet einen Augenblick, steht, kippt auf den linken Flügel. – Ein Jeep kommt: «Ausgezeichnet, Herr Posener. Die letzte Kurve etwas steil und hastig.» «Ja, ich weiß. Aber schön war's doch.» «Das glaub ich, daß Ihnen das Spaß gemacht hat. Sie sind Thermik geflogen.» «Ich weiß (oha)» «Darum kamen Sie so hoch rein. Ich hatte Sie rausgewinkt.» «Ich weiß. Ich wollte aber gern noch einen Kreis fliegen...» - (?!) ...

Und so, lieber Freund, fühlt sich das Segelfliegen an.

## Von Erich Mendelsohn

July 14th, 47

Mr. Julius Posener
c/o Herzberg
2 Maayan Street
Mt. Carmel – Haifa

Dear Julius:

Ihr «In Deutschland» ist der informativste Bericht, den ich bis jetzt über dieses leider unverbesserliche Land und sein Volk gesehen habe.[240] Glückwunsch und Dank.

Ich hoffe für Sie, daß die Rückkehr in Ihr «intellektuelles Gebiet» möglich ist. Es wäre gut für Sie und gut für die Besatzungsmächte. Wenn sie weise wären und an die Zukunft dächten, würden sie Ihre Kenntnisse und Ihre Beratung schätzen.

Ich bin gerade erst von einer ausgedehnten Reise nach East Haven zurückgekehrt mit Projekten für diese halb-tropische Atlantikküste, um sie nun in der Klarheit und Kühle des Pazifiks auszuarbeiten.

Den Geist unseres Volkes zu leben – 5 Synagogen und Gemeindezentren – und seine körperlichen Gebrechen zu heilen – 2 Krankenhäuser – ist eine dankbare Aufgabe für einen wie mich und meiner momentanen Stellung und Philosophie angemessen.

Sir Christopher[241] wird bald überwunden und das religiöse Kapitel unserer Kunst neu geschrieben werden. Hier und nicht in Palästina. Wie traurig und Mitleid erregend! Ich fürchte, Ihre Vorschläge zu Wright und Corbu werden diese Enge nicht ändern.[242] Die Vision entschwindet, wenn die Augen trübe sind, das Herz hört auf zu schlagen, wenn das Gehirn die Pumpe ist.

Die politischen Funktionalisten sitzen im selben Boot wie unsere funktionalistischen Kollegen. Diese haben den Vorteil, es jetzt zu lernen, jene werden nie dahinter kommen! –

Lassen Sie mich wissen, wenn Sie «gen England» gehen.

Unsere allerbesten Wünsche an Sie

E. M.

## Von Le Corbusier

Le Corbusier
35, Rue de Sèvres, Paris (6e). Tel. Apparat 99-62
Monsieur J. Posener

Paris, le 25 Juin 1948

6, Belsize Square
Londres N. W. 3

Cher Monsieur Posener,

nach mehr als zehn Jahren des Schweigens erhalte ich Neuigkeiten[243] von Ihnen. Es freut mich, Sie am Leben zu wissen.

Ich denke, daß Sie eine große physische und moralische Erfahrung gemacht haben in diesen Jahren, und ich bin überzeugt, daß Sie sich geistig einen außergewöhnlichen Blick erschlossen haben, hatten Sie doch die Gelegenheit, die Kunstwerke und den Städtebau des Orients, Italiens etc. unter Bedingungen genau zu studieren, die den akademischen geradezu entgegengesetzt sind. Ich bin sicher, daß dieses Wissen zukünftig bei Gelegenheit Verwendung findet.

Ich wünsche Ihnen viel Glück und behalte Sie in guter Erinnerung

Le Corbusier

## Von Erich Mendelsohn

San Francisco, II. Cal.

June 28th, 48

Dear Julius,

der beigefügte Brief vom 30. Mai[244] hat Sie nicht erreicht – er kam zurück, weil er an Belsize Park statt an Belsize Square adressiert war.

Nun zu dem Ihrigen vom 18. Juni.[245] Ihre Unschlüssigkeit gegenüber Palästina ist zwar verständlich, aber meiner Meinung nach völlig sinnlos. Sie sind kein Soldat, kein Held. Ihre Natur sucht – berechtigterweise – den Frieden, was auch immer Ihre sehr eigensinnigen Habitats-Wünsche sind.

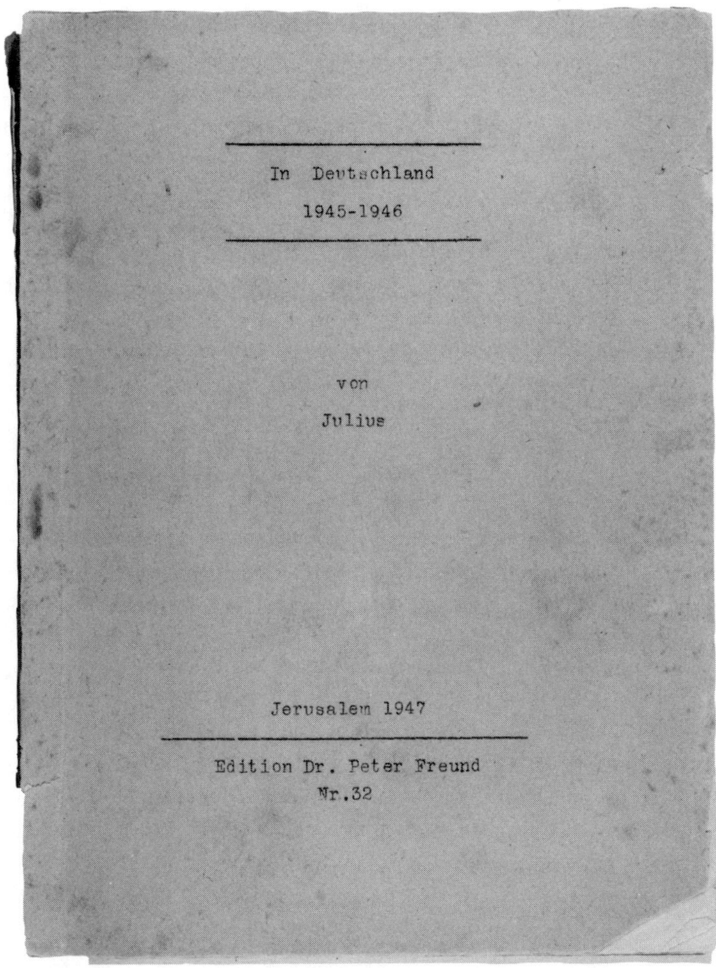

In Deutschland
1945-1946

von
Julius

Jerusalem 1947

Edition Dr. Peter Freund
Nr.32

Titelblatt von «In Deutschland», dem von Posener verfaßten Bericht über seine Eindrücke im Nachkriegsdeutschland

Wenn Sie sich als Teil des Jishuv fühlen – dann und nur dann – gehen Sie zurück. Wenn Ihr «heroischer» Impuls, Ihre physische und mentale Existenz für Israels Zukunft zu opfern, nur eine vorübergehende Gefühlsregung ist – und das scheint er für mich zu sein – dann befreien Sie sich von Sentimentalitäten und ständigem Zaudern, entscheiden Sie sich und bleiben Sie standhaft!

Es ist Ihr dualistisches Wesen, das Sie stört. Sie müssen sich ein für allemal befreien und ein ganzer Mensch werden.

Sie können keine wichtige Veränderung in Ihrem Leben herbeiführen, wenn Sie nicht gewillt sind, das, was war, zu vergessen und sich ganz auf die Gegenwart einzulassen, um eine gute Zukunft zu schaffen.

Wenn Sie Ihr Mädchen lieben und sie bereit ist, Ihnen zu folgen – vergessen Sie den Unterschied von Alter, Rasse und Erziehung.

Das starke Band der Ehe bindet Sie – Sie zuerst, dann das Mädchen. Eine Ehe ist nur dann glücklich, wenn der Mann seiner Berufung folgt. Nur dann kann die Frau ihn respektieren. Respekt bedeutet Opfer, Gehorsam und Entschlossenheit. Das ist gegenseitig und muß es sein.

Sie müssen ihr junges Leben leiten, indem Sie selbst ein volles Leben leben. Das Gesetz der Harmonie gilt für Kunst und Leben, wie Sie wissen. Entschließen Sie sich, und – egal wie die Entscheidung ausfällt, sie wird Sie festigen. Aber zunächst entscheiden Sie sich und dann bleiben Sie dabei. –

Ich bin schrecklich beschäftigt, gerade zurück von Baltimore und Washington. Alle Projekte werden nun gebaut – und ich bin ganz auf mich gestellt.[245a]

Alles Liebe für Sie und einen Kuß für das Mädchen.

Ihr E. M.

## Von Lotte Cohn

lotte cohn, architect – townplanner – lic. valuer
tel-aviv, 15 arthur ruppin street, telephone 4092

d. 3. 9. 48

Mein lieber Freund Posener!

meinen allerallerherzlichsten Glückwunsch![246] Ich hätte Ihnen schon längst gratuliert – aber offen gestanden, ich wollte nicht ins Fettnäpfchen treten, es hätte doch sein können, daß alles wieder auseinander war, wenn meine Gratulation eintraf. «Engagement», das ist doch gar nichts und bei Ihnen noch immer eine ängstliche unsichere Sache, so schien mir, bei Ihrer notorischen Scheu, sich irgendwo und -wie festzulegen. Umso mehr hat mich Ihr Brief gefreut – mich und noch einige Freunde, Loevisohn z.B., der lebhaften Anteil an Ihrem Schicksal nimmt.

Also noch einmal: alles Allerbeste! Was lange währt, wird gut – und so gebe ich Ihnen die beste Prognose. Grüßen Sie Ihre liebe Frau, sagen Sie ihr, ich glaube, sie würde es sehr schwer mit Ihnen haben, und ich hätte alles Mitgefühl! Übersetzen Sie das bitte ebenso ironisch, wie es gemeint ist, ja? Schicken Sie mal ein Bildchen von der Frau Posener, ich bin doch sehr neugierig!

Ich brauche Ihnen ja nun keinen Bericht von hier zu geben, Bruder und Schwägerin haben Sie sicher auf dem Laufenden gehalten. Das «Laufende» lief mir ein bißchen zu rasch und stürmisch. Ich bin keine so ganz wahre Patriotin, noch weniger ein echter Soldat. Dies unter uns – man darf es hier nicht so laut sagen. Alles in allem – so ungeheuer sorgenvoll und bedenklich für mich diese «große Zeit» immer noch und wohl noch auf lange ist, so hat sie doch manche erfreuliche Überraschung gezeitigt: Nie hätte ich geglaubt, daß es so ausgehen würde, nie ein solches Sich-Bewähren für möglich gehalten. Es ist bewundernswert und gibt einem natürlich auch eine gewisse Beruhigung. Aber ich fürchte, daß die Dinge «außen» uns noch viel zu schaffen machen werden. Ich glaube, *Sie* gerade werden mich ganz gut verstehen, wenn ich Ihnen sage, daß ich nicht zu denen gehöre, die glückselig und berauscht sich zu «Ysrael» bekennen. D.h. ich bekenne mich schon – ganz selbstverständlich bekenne ich mich – aber mit schwerem Herzen. Ich hätte es mir anders gedacht, eine Gemeinschaft oder doch Eintracht mit den Arabern und *kein* Krieg und auch *kein* Rausch für einen eigenen Staat. Aber ich bin eine alte Frau – es ist meine Zeit nicht mehr. (Die meine war – wie das immer so ist – viel schöner!) Nun sollen die anderen sehen! Trotz dieser Einstellung fühle ich mich zugehörig und werde von Herzen froh sein, wenn meine Sorgen sich als unbegründet erweisen sollten.[247]

Nun zu Ihnen. Vor mir brauchen Sie sich weiß Gott nicht zu entschuldigen. Es wäre töricht, wenn Sie in Ihrem hohen Alter unter den gegebenen Umständen hierher gekommen wären. Zu niemands großem Nutzen. Es tut mir leid, daß Sie den Ihnen gemäßen Weg in eine Arbeit nicht gefunden zu haben scheinen. Deutschland? Ich weiß nicht so recht! Aber ich kann nicht urteilen. Für mich wäre es völlig undenkbar, aber ich weiß ja, daß sich da unsere Wege trennen – ich habe dabei vor dem Ihren allen Respekt. Ysrael? Lieber Posener, würden Sie denn gerne wollen? (Später mal, in friedlicher Zukunft?) Wie sehr böse ich Ihnen bin, daß Sie die Architektur so nebenbei behandeln, wissen Sie ja. Es ist ein Jammer um Ihre große Kunst und Ihr Können!! Hier ist natürlich im Augenblick der Baumarkt tot. Es hängt von dem Ende des Krieges ab – und von vielem anderen noch –, wann er wieder auflebt. Wenn es wieder mit dem Aufbau losgeht, so werden wir wohl alle die Hände voll zu tun haben. Wenn ...!! Arbeiten tut zur Zeit nur das Militär (Befestigungen) und die Regierung (Landesplanung). Sharon ist Leiter des Amtes unter dem Arbeits-und Bau-Ministerium geworden. Und hat einen Stab von ca. 35 Architekten bei sich, und es soll sehr anregend und noch ein bißchen ungeordnet dort sein. Die Leute, die er hat, sind alle unsere alten Freunde, die ganze Chewre[248] sozusagen. Wenn Sie hiergewesen wären, so säßen Sie auch dort, aber das will noch nicht sagen, daß es in 2 oder 3 Monaten noch eine Chance für Sie dort gibt. Einmal wird dies Amt sich schließen und genügend Mitarbeiter haben. Vorläufig ist alles im Fluß. Wie alles weitergehen wird, weiß kein Mensch – man ist ungeheuer optimistisch und rechnet auf einen großen Aufschwung über kurz oder lang – ich glaube *auch* daran, aber nur «über lang»!

Wenn ich Ihnen einen Rat geben soll – so ist es der, mit Bezug auf Palästina noch ein Weilchen zu warten. Da Sie aber, wie Sie selber sagen, Ihre Existenz aufbauen müssen, so untersuchen Sie *alle* Chancen, auch die, die möglicherweise Dauerchancen sind und Palästina noch weiter wegrücken. Ich fürchte, es gibt so was gar nicht, und es wird Ihnen immer mal wieder die Gelegenheit bleiben, eine andere Sache aufzugeben und herzukommen. Versuchen Sie bei der Architektur oder Verwandtem zu bleiben. Wir haben doch so einen wunderschönen Beruf, oder etwa nicht?!

Kennen Sie unseren gemeinsamen Kollegen Josef Patrick Cohn? Er arbeitet bei Sommerfeld (Andrew (!) Sommerfield ), seine Adresse ist: Oakworth. Hadley cr. Wellington, Shropshire. Versuchen Sie mal, mit ihm in Kontakt zu kommen. Sie werden Freude von dieser Bekanntschaft haben, und vielleicht kann er Ihnen Rat geben. Ich habe eine Weile mit ihm gearbeitet und das war sehr schön. Grüßen Sie ihn von mir.

Die Mendelsohn-Pläne werde ich suchen.[249] Ich fürchte aber, *Sie* haben die Originale an sich genommen!! Was ich haben sollte, schicke ich Ihnen.

So – nun erwarte ich wieder mal eines Ihrer charmanten Briefchen, die mir immer eine Freude sind.

Haben Sie wieder mal was Amüsantes gedichtet?

Und grüßen Sie Ihre liebe Frau, übersetzen Sie mich ihr recht vorteilhaft, was Sie sicher können. Und Euch beiden einen sehr, sehr herzlichen Gruß

Ihre

Lotte.

Das von Posener 1937 entworfene Haus Mendelsohn in Kfar Schmaryahu bei Herzliah, Fotografie aus dem Nachlaß

# Von Erich Mendelsohn

2423 Leavenworth Street, San Francisco II, Cal.
U. S. A.

IV/25. 49

Dear Julius:

Ihr Brief vom 24. März[250] bestätigt alte Binsenweisheiten zur Vaterschaft. Die Kombination J. P. und Geldverdienen läßt einen Wandel von Temperament und «Weltanschauung» erkennen.

Gewiß, unter dem grauen Himmel Englands nehmen alle Ideale die gleiche Farbe an.

Im Gegensatz zu Ihren Lehrerfahrungen[251] besteht meine letzte Gruppe von Studenten (5. Jahr) im allgemeinen aus begabten jungen Männern, die nach 4 Jahren Mühen und Tränen ausgesiebt wurden. Ich habe völlig freie Hand – als freischaffender Professor – wenn es darum geht, die Studenten vergessen zu lassen, was sie vorher gelernt haben. Sie bauen derzeit eine brandneue ländliche Siedlung des Jahres 1970, wenn Rauch und Eisenbahn, Slums und Funktionalismus längst vergessen sein werden und «Intellekt *plus* Vision» wieder die Kunst der Menschen und die Menschen der Kunst beherrschen.

Der einfachen Wahrheit zu folgen ist für die am schwersten, die nicht dafür geboren sind.

Und so werden wohl meine Schriften als Architekturbibel wieder aufgelegt werden – entweder posthum oder zuvor, sofern Giedion seine vierte Dimension nicht gegen die Durchdringung des interplanetaren Weltraums eintauscht.

Was Ihr Projekt angeht, ein Buch über israelische Architektur zu schreiben – ist das nicht ein journalistischer Schnellschuß?

Es wäre eine gute Übung für Ihre anstehende Vaterschaft, wenn Sie das Kind erst einmal wachsen ließen, bevor Sie es auf männliche oder weibliche Eigenschaften festlegen. Lassen Sie es sein, von Propaganda ist das Land bereits überschwemmt. Lassen Sie sie erst einmal zeigen, wo ihre Fähigkeiten liegen, ohne daß ihre Hervorbringungen reiner Abklatsch von Europa sind. Lassen Sie sie erst einmal im mediterranen und orientalischen Erbe wühlen, lassen Sie sie zu einem Volk zusammenwachsen, nachdem sie nun die Voraussetzungen für die Eigenstaatlichkeit erworben haben.

Der Gauner Chaim[252] preist Amerika jetzt überschwenglich: Hilfe und Verpflegung vom Geld der amerikanischen Juden, das er so oft und öffentlich verachtet hat.

Diese sentimentalen Seelen, sie folgen der Propaganda und erliegen dem Mitleid. Sie kommen in Scharen nach Israel und sind erschüttert von seinem Elend, sie kehren zurück und bezahlen, um zu vergessen. Im Grunde sind es gute Menschen und die helfende Hand ist – abgesehen davon, daß es ihre Pflicht ist – zwar nicht das Ergebnis natürlicher Großzügigkeit, doch wenigstens das Resultat ihres väterlichen, gönnerhaften Amerikanismus.

Darüberhinaus möchte ich Sie warnen – als die tektonische Mischung aus Realist und Idealist, die ich bin –, Ihre neue Stellung in Surrey zu untergraben, indem Sie an Englands Wunde rühren, von Israel besiegt worden zu sein. Zuerst das Fundament, Herr Baumeister – Ihr eigenes! Oder wollen Sie Ihre Sachen packen – Mann, Frau und Nachwuchs – um als führender Kunstkritiker nach Israel zu gehen? Haben Sie nicht ausreichend erfahren, daß Sie dort nicht erwünscht sind?

Halten Sie sich an England, schreiben Sie Artikel und Bücher – wenn Sie müssen – etwa über den «ewigen Wert von Brightons Pavillon», die «Bedeutung von Englands Einfluß auf die neue Architektur Amerikas» oder «Coventry – eine neue Stadt des 20. Jahrhunderts». Gefallen Sie den Engländern, sonst werden sie den Rat des Ausländers nie hören.

Wie einfach ist es doch, sich über die graue Mentalität lustig zu machen, wenn man – wie ich derzeit – unter der Sonne Kaliforniens sitzt, an den Ufern des blauen Pazifiks, in Sichtweite des majestätischen Bandes von Amerikas Highway Number 1. Dennoch werden Sie sicher die Ernsthaftigkeit bemerken, mit der ich alles behandle, was Sie selbst betrifft.

Ich mache gerade Kurzferien mit Louise, und wir beide schicken Ihnen und Charmian unsere besten Wünsche und Gedanken.

Wie immer,

Erich

## An Klaus Müller-Rehm

119. Leathwaite Road.
London S. W.11.

Aug. 17, 49

Lieber Klaus Müller,

nett, daß Sie sich gemeldet haben. Ich finde das wirklich sehr nett und habe es nicht erwartet. Die Artikel in «Blick in die Welt»[253] haben das eine Gute, daß sie als eine Art Alte-Freunde-Filter wirken. Sie kommen Leuten zu Gesicht, die einen gekannt haben; und die unter ihnen, die Wert darauf legen, einen noch zu kennen, machen die Anstrengung, sich zu erkundigen. Das ist, Sie werden gewiß verstehen warum, für uns der gangbarste Weg des Wiederfindens. Wir selbst erkundigen uns ja nicht, es sei denn, es handle sich um die Allernächsten oder unter den etwas Fernerstehenden um Leute, von denen wir genau wissen, wie sie durch die Jahre gekommen sind. Nach Ihnen, Klaus, hätte ich mich nicht erkundigt, trotzdem ich oft an Sie gedacht habe. Ich erinnere mich einer Unterhaltung im Jahre 32, in der Sie sagten: «Gerade Sie, Posener, werden für die Lösung Verständnis haben, die diese Leute finden werden, wenn sie einmal etwas zu sagen haben.» Ich habe oft darüber nachgedacht, wann Ihr Verständnis für die Lösung aufhörte. Meines verhältnismäßig früh; aber da ich über die Weite des Ihrigen nichts wußte, so blieb ich stille.

Aber nun haben Sie sich gemeldet, und das ist ja ausgezeichnet. Wie geht es Ihnen? Schreiben Sie einen vollen Bericht! Von irgendwoher hatte ich schon gehört oder gelesen, daß Sie Professor sind. Glückwunsch! Ich bin nichts dergleichen. Aber da ich von Ihnen einen Bericht verlange, so will ich meinen vorschießen. Also: Wo hört unsere Beziehung auf? Sagen wir, der Vorsicht halber, anno 33.

Im Mai ging ich nach Paris, um in der Redaktion von L'Architecture d'Aujourd'hui zu arbeiten.

Ich machte dort gute Fortschritte, und vielleicht haben Sie eines oder das andere der Hefte gesehen, die ich redigiert habe. Eines darunter hieß: L'Architecture du Troisième Reich.[254] Ich habe es ewig nicht gelesen; aber ich glaube, es war einer der besseren Berichte über die damaligen deutschen Bestrebungen, die im Auslande erschienen sind.

Paris war interessant; aber ich faßte es nur als einen Übergang auf. Ich wollte nach Palästina. Ich wurde schließlich von Mendelsohn eingeladen. Er wollte seine Académie Méditerranéenne in Jerusalem verwirklichen, nachdem sie in Südfrankreich gescheitert war. Dazu wollte er mich als einen Propagandisten,

Vorbereiter und Lehrer. Da aber das Unternehmen auch in Jerusalem nicht vom Fleck kam, so wurde ich ins Zeichenbureau gesteckt, wo ich mich nicht mit Ruhm bedeckte.

Mitte 1936, ein halbes Jahr, nachdem ich im Heiligen Lande eingetroffen war, hörte auch das auf. Die beginnenden Unruhen[255] machten dem Plan ein Ende, eine Meisterschule aufzubauen, und Mendelsohn, der in Schwierigkeiten war, mußte mich entlassen. Ich stelle es so freundlich dar, wie es in der Tat war. Es war nicht seine Schuld.

Ich ging nach Beyrouth und baute an einem Hause weiter, das ein französischer Architekt für den Präsidenten der Republik, Monsieur Eddé, angefangen hatte. Das Ganze war ein Filmabenteuer, und wenn wir uns einmal treffen sollten, werde ich Ihnen davon weiteres erzählen. Die Freude dauerte nicht lange, und Anfang 37 war ich wieder in Palästina, mit einem kleinen Bauauftrag.[256] Zugleich arbeitete ich an Zeitschriften, örtlichen und europäischen, was aber alles nicht ganz auslangte, mich über Wasser zu halten.

Mein Bruder Ludwig traf in Palästina ein, und unsere Mutter besuchte uns dort zweimal, um ihre eigene Einwanderung vorzubereiten. Sie bemühte sich, durchaus nicht ohne Erfolg, um Arbeit dort, trotzdem sie nicht mehr jung war und nicht eben gesund. Sie hat leider noch den November 38 in Berlin erlebt, der ihre Auswanderung nun doch in eine Art Flucht verwandelte, und auf dieser Flucht ist sie, in Genua, gestorben. Ich konnte sie dort noch einige Wochen lang pflegen. Ihr Bewußtsein, das getrübt war, als sie Berlin verließ, kam nicht völlig wieder, und sie starb ruhig, wohl wissend, daß sie sterben mußte, aber wenig sonst.

Der «Ausflug» nach Genua hatte mich einen Bauauftrag gekostet, und bis zum Ausbruch des Krieges lebte ich so dahin, wobei Gelder, die meine Mutter noch hatte nach Palästina transferieren können, mir durchhalfen.

Ich tat damals Monate lang nichts als die Divina Commedia zu lesen, wieder zu lesen und zu studieren. Sie wissen, daß das für viele eine Lebensaufgabe ist. Für mich war es eine intensive Beschäftigung während mehrerer Jahre. Ich schrieb auch darüber; aber die Arbeit, die deutsch geschrieben ist, konnte ich nirgends unterbringen, und jetzt scheint sie verloren gegangen zu sein.

«Mehrere Jahre», sagte ich, und das ist korrekt, trotzdem ich das hauptberuflich nur während etwa eines halben Jahres betrieb. Dann ging ich als Zeichenknecht und Clerk of Works ins Public Works Department der Regierung, unter unserem Freunde Günther Ascher, der sich dort eingenistet hatte, und baute Polizeistationen. Das wäre vermutlich eine gute Zeit weitergegangen, wenn ich mich nicht selbst entlassen hätte, um freiwillig in die Armee zu gehen. Ich dachte, ich müßte etwas zum Weltgeschehen tun. Einfacher gesagt: Ich hielt es einfach nicht mehr aus in dem geruhigen Jerusalem, Möbeldetails zeichnend, während die Welt ziemlich nahe bei uns bedenklich aus den Fugen geriet. Ich sagte mir: «Dieses Stück wird jetzt gespielt, und man hat mitzuspielen.» Zudem schien mir das anno 40/41 der einzig praktische Zionismus zu sein.

Ich ging also als Sapper in die Royal Engineers und wurde sechs Jahre später als Captain R.E., zugeteilt der Political Intelligence, in Deutschland entlassen. Dazwischen liegen Dienstjahre in Ägypten, Italien und Deutschland.

Ich glaube immer noch, daß ich der erste Palästinenser bin, der über den Rhein gegangen ist (Xanten, 6. 4. 45). (Ich war inzwischen Palästinenser geworden.) Was ich damals und später in Deutschland sah, berührte mich natürlich einigermaßen tief, und ich meinte, ich könnte dort nützliche Arbeit leisten. Ich fügte also meinen fünf Dienstjahren ein weiteres freiwillig hinzu und ließ mich zur Political Intelligence überweisen. Die Arbeit dort bestärkte mich in meinem Vorhaben. Ich versuchte nach meiner Entlassung und Rückführung nach Palästina, als ziviles Mitglied der Control Commission nach Deutschland zurückzugehen.

Diesem Bemühen brachte ich viel Zeit, meine letzten Mittel und in der Tat erhebliche Kräfte zum Opfer. Ich gab eine Stelle in Haifa auf, die mich befriedigte und ernährte;[257] ich ging nach Ägypten, um deutschen Gefangenen von Deutschland zu erzählen; ich schrieb ein Buch über meine deutschen Erfahrungen und gab es unter Unkosten im Selbstverlag heraus (in Palästina!);[258] ich reiste schließlich nach England, um mich persönlich der Kommission vorzustellen, ohne irgendeine Zusage erhalten zu haben; es war aber nur auf diesem Wege möglich, anzukommen, also tat ich es. Ich kam nicht an.

Danach erwog ich für einen Augenblick die Möglichkeit, als «Rückwanderer» nach Deutschland zu gehen und dort eine Erziehungsarbeit anzufangen. Es wurde mir eine Reise bewilligt. Sie trug mir ein sehr gutes Angebot von Seiten des Deutschen Gewerkschaftsbundes (Böckler) ein. Böckler kannte mich von meiner Dienstzeit her. Dieses Angebot lehnte ich schweren Herzens ab; denn meine Reise hatte mir gleichzeitig gezeigt, daß man als ehemaliger deutscher Jude soweit nicht gehen kann. Deutschland im Frühjahr 1948 war ein niederdrückendes Erlebnis.

So hätte ich denn getrost nach Hause zurückkehren können; aber eben um diese Zeit kam es mir in den Sinn, zu heiraten. Meine Frau ist 23 Jahre jünger als ich und eine englische Christin. Unter den Umständen schien es mir nicht geraten, nach Israel zu gehen, und anstelle eines Honeymoon eine weitere unbestimmbar lange Zeit als Soldat im Kriege zu verbringen. So blieb ich hier, ließ mich naturalisieren und tat mich nach Arbeit um.

Wir wollen immer noch – meine Frau mehr als ich – nach Israel gehen; aber einstweilen ist meine Odyssee zur Ruhe gekommen. Ich bin Architekturlehrer an der Brixton School of Building des London County Council, eine Tätigkeit sehr nach meinem Herzen, und wir erwarten im Oktober ein Kind.

So, lieber Klaus Müller, nun wissen Sie Bescheid über mich. Das Rote Schild[259] habe ich aus den Augen verloren. Er lebte zu Beginn des Krieges in Chile.

Schreiben Sie bald und vollständig.

Dank, Gruß und Alles Gute!

Ihr Julius Posener

Wenn Sie eine Frau haben, wie ich hoffe, so grüßen Sie sie.

N. B. Ich möchte dem Eingangsparagraphen eine Erklärung beifügen, um ein naheliegendes Mißverständnis zu vermeiden. Sie werden vielleicht mein zu scharfes Gedächtnis und die Folgerungen, die ich aus einer längst vergangenen Unterhaltung ziehe, dämlich finden. Sie wären dämlich, wenn ich den Richter spielen wollte und in meinem Privatgericht einen jeden Deutschen verdonnern wollte, der jemals irgend etwas mit jener Bewegung oder einigen ihrer Gedanken betreffend Juden zu tun gehabt hat. Ich bin, ganz im Gegenteil, auch heute noch der Meinung, daß das unter den Umständen, in denen Deutschland sich im Jahre 31-32 befand, durchaus möglich war, ja, daß es nicht ganz leicht war, nicht von diesen Gedanken und dieser Bewegung beeinflußt zu werden. Unsereiner hatte es leicht, da er es einfach nicht konnte – und, notabene, nicht einmal durfte –. Was ich sagen wollte, war lediglich dies: daß unsereiner nach allem, was geschehen ist, sua sponte den Kontakt mit Leuten nicht sucht, die sich in dieser Lage befunden haben. Und dies wurde mehr zur Erklärung der Tatsache gesagt, daß ich mich nicht bemüht habe. Um so besser, daß Sie den Weg gefunden haben. Noch einmal: schönsten Dank.

J. P.

## Von Erich Mendelsohn

Mr. Julius Posener
119 Leathwaite Road
London, S. W. 11, England

31 July 1950

Dear Julius:

Ihre Briefe vom 13. April und vom 11. Juni[260] sind in der Tat «unhealthy». Eine gute Bezeichnung in der Sprache, die wir beide nun sprechen. Sie lassen sich immer noch ausgiebig über Vorstellungen aus, die nicht Architekten, sondern Schreiberlinge erfunden haben, um ihr Gehirn in einem großen Wald, den sie vor Bäumen nie gesehen haben, zu orientieren.

Als Giedions «vierdimensionales» Buch[261] erschienen ist, habe ich seine Bemerkungen und Zitate zur Raum-Zeit-Theorie an Einstein geschickt. Dessen Antwort lautete: «Das ist alles sehr schlecht verdaut, aber brillant geschissen!» Ich habe mein Bestes getan, um dieses Diktum um die Welt zu schicken, denn es ist eine angemessene und aufrichtige Verurteilung jener literarischen Clique, die Louis Sullivan verabscheute und jeder wirkliche Architekt zu jeder Zeit.

Ihre Briefe zeigen, daß Sie auch – verzeihen Sie mir! – von Dingen reden, deren Erfahrungen Sie selbst nie gemacht haben. Und ich bin absolut dagegen, daß man solche Menschen auf unsere Architekturstudenten losläßt. Was unsere Schüler von ihren Lehrern erwarten, sind nicht Details, die ihren Ursprung in Zweifeln und Unsicherheit haben, sondern Beweise von und Vertrauen in ganze Dinge. Ich leite diese Thesen von meiner nun dreijährigen Erfahrung mit meinen Absolventen (5. Jahr) ab und versuche, diese das Ganze und die Details, als einen Teil des Ganzen, zu lehren.

Als Architekt kann ich nicht in einzelnen Dimensionen denken, als Künstler nicht in vielen, als Schaffender nur in der Einheit allen Geschehens. Diesem allein ist mein Leben gewidmet – dies ist die Erwartung meiner jungen, die Gewißheit meiner reiferen Jahre.

Ich glaube, es wird Zeit, daß Sie diese Philosophie erkennen und ihr folgen.

Europa oder Amerika, Krieg oder Frieden – es gibt kein anderes Mittel für Ihre persönlichen Gebrechen.

Beste Wünsche an Euch alle,

Ihr

E M

# An Klaus Müller-Rehm

12. Ulundi Road. Blackheath.
S. E. 3.

5. 4. 55

Lieber Klaus Müller,

ich höre eben von meinem Anwalt, daß er die von mir seinerzeit angeregte Untersuchung über die Verwertungsmöglichkeit des Oppenheimschen Familienbesitzes[262] – und ähnlicher Objekte – für noch nicht spruchreif hielt, als er mit Ihnen in Berlin korrespondierte. Nun ja, da muß man eben warten. Die Sache ist ja auch noch nicht wieder in unseren Händen, und wenn ich mir die Komplizierungen vergegenwärtige, die der ganze Vorgang seit Jahr und Tag mit sich bringt, so wünschte ich oft, ich hätte mich nie damit beschäftigt.

Die andere Sache, die zwischen uns schwebt, scheint sich nicht schneller vom Flecke zu rühren. Ich schrieb Ihnen vor einigen Monaten, daß ich für Rückgabe des Abbildungsmaterials für das Buch[263] dankbar wäre. Sollten Sie sich die Entscheidung über die meisten dieser Bilder noch vorbehalten wollen, so wäre ich Ihnen auf jeden Fall dankbar, wenn Sie mir das Luftbild von Harlow (A 27 der Harlow Development Corporation) zurücksenden wollten; denn die Leute verlangen nun Geld von mir. Sie könnten es, der Einfachheit halber, unter Beziehung auf mich an die Corporation direkt schicken.

Harlow Development Corporation.

59. The Stow. Harlow. Essex.

So. Das wäre das Geschäftliche. Wie geht es Ihnen? Was treiben Sie? Könnten Sie mich nicht mal nach Berlin zu einem Vortrag über die gegenwärtige Architektur in England einladen? Ich spreche noch fließend deutsch. Die Akademie[264] brauchte mir nur meine Reise [zu] bezahlen; denn falls Sie ihr freundliches Angebot aufrecht erhalten wollten, mich bei sich schlafen zu lassen, so könnte ich mir die Reise leisten. Für mich wäre ein solcher Besuch sehr interessant und wichtig. Ich könnte mir selbst einmal die Potsdamer Straße[265] ansehen, und wir könnten uns darüber unterhalten. Ich könnte auch bei Berliner Zeitschriften vorsprechen, neue Bauten sehen (Ihre unter anderen) und sie hier veröffentlichen etc.. Es wird hohe Zeit, daß ich dergleichen einmal wieder tue und den berühmten Bauschreiber Posener wieder auferstehen lasse.

Wir hatten hier eine Ausstellung deutscher Architektur. Ich weiß nicht, wer im B.D.A. die Auswahl getroffen hat; aber ich hatte den Eindruck, daß man es besser hätte machen können. (Ich hoffe, Sie waren an der Sache nicht beteiligt; sonst hätte ich Ihnen unvorsichtigerweise eben auf den Fuß getreten: Pardon!

Dergleichen passiert mir. Neulich erzählte ich meinen Studenten von einem Haus, das ich gesehen hatte und das mir als ein Beispiel einer gewissen nicht eben guten Modeströmung erschienen sei. Mir gegenüber saß einer meiner Kollegen und ein sehr guter Freund. Er hatte ein etwas säuerliches Lächeln auf den Lippen, so daß ich fragte: Hast Du es entworfen, Thomas? Er zog die Mundwinkel nach unten und nickte traurig ...) Nein, aber was fehlte, waren Siedlungspläne, Stadtpläne, Darstellungen der Bedingungen, unter denen so vieles schnellstens hat gebaut werden müssen. Was dagegen vorhanden war und nicht unbedingt hätte vorhanden zu sein brauchen, waren Häuser von Rambald von Steinbüchel und gewisse andere nicht eben bedeutende Schöpfungen. Ich habe den Verdacht, daß diese Sache, wie das oft der Fall ist, in einem gewissen inneren Kreise des Vereins vorbereitet wurde, unter Bevorzugung gewisser Mitglieder und Ausschluß anderer. Irre ich nicht, so war nichts von Ihnen dabei. Ich entsinne mich des erstaunlichen Eindruckes, den die neue Hohe Straße in Köln[266] auf uns machte, als wir im vorigen Sommer einen Abend dort verbrachten; aber in der Ausstellung fand ich nichts von dieser großartigen Entwicklung einer eleganten Geschäftsstraße aus dem Schutt, den ich dort im Jahre 45 gesehen hatte. Noch etwas habe ich vermißt. Im Anfang der Ausstellung gab es etwa acht Tafeln von Werken der Pioniere, abschließend mit des Meisters I.G. Farben-Bau in Frankfurt[267]; und dann ein Loch von zwölf Jahren (mindestens). Es scheint mir aber unnötig g'schamig zu sein, die Leistungen, die unter jenem Regime entstanden, einfach als nicht vorhanden zu behandeln. Da waren schließlich Bonatz' Autobahnbrücken, Tamms' Werk für die Autobahnen in Norddeutschland, das Olympische Dorf[267a] und eine große Anzahl vorzüglicher Einfamilienhäuser; auch einige der «Ordensburgen» waren interessant. Wir hatten hier vor einiger Zeit eine Ausstellung italienischer Architektur, die in dieser Hinsicht weniger Hemmungen zeigte. Zugegeben muß werden, daß es für die Italiener leichter ist: Schließlich waren sie so lange unter dem Fascismus, daß es kaum möglich war, die ganze Zeit seit 1922 als nicht vorhanden zu bezeichnen. Und dann hat ja Mussolini nicht im gleichen Maße wie sein Bruder im Norden seine eigene Kunsttheorie den Architekten aufgenötigt. Eine ganze Reihe von Bauten jener Zeit in Italien ist modern. Trotzdem glaube ich, daß an meiner Kritik ein Körnchen Wahrheit ist. In meiner Lebenszeit gab es in Deutschland nicht weniger als drei «Umbrüche», und jedesmal wollte man von dem, was gestern entstanden war, durchaus nichts wissen. Es hat aber immer mehr Kontinuität gegeben, als die Umbrecher wahrhaben wollten, und die dürfte man getrost zeigen.

Nun, schreiben sie bald und senden Sie das Foto nach Harlow! Alles Gute! Hoffentlich sehen wir uns mal in diesem Jahr.

Ihr Julius Posener

# An Le Corbusier

12, Ulundi Road
Blackheath

28. Juni 1956

Cher Monsieur Le Corbusier,

hier neue Nachricht von mir.

Im kommenden Monat werde ich nach Kuala Lumpur gehen, um am Technical College dieser Stadt einen Fachbereich Architektur einzurichten. Ich habe für drei Jahre einen Vertrag mit der Regierung der Föderation Malaya. Aber falls ich an dem Leben dort Geschmack finde – und natürlich falls die Schule meine Dienste noch länger in Anspruch nehmen möchte –, wird es, so glaube ich, einfach sein, den Vertrag zu verlängern. Die Aufgabe, der ich mich widmen werde, erscheint mir interessant und notwendig. Sie haben im Laufe der letzten Jahre Ihren Beitrag zur Architektur in den tropischen Klimazonen geleistet, einen Beitrag, den wir in Malaya mit aller Aufmerksamkeit studieren werden.[268] Es scheint, daß diese Länder Südasiens, die im Begriff sind, sich als unabhängige Staaten zu konstituieren, gegenwärtig eine der vitalsten Regionen der Welt darstellen; und ich bin glücklich, daß ich ein wenig dazu beitragen kann, die Architekten auszubilden, die in einem dieser Länder die Städte von morgen bauen werden. Ich hoffe, cher Monsieur Le Corbusier, daß Sie mir gegebenenfalls mit Ihrem Rat beistehen werden, den ich zweifellos brauchen werde.

Ihr ergebener

Julius Posener

# An Le Corbusier

Julius Posener
Technical College
Kuala Lumpur (Federation of Malaya)

27. Dez. 1958

Cher Monsieur Le Corbusier,

bitte empfangen Sie meine besten Wünsche zum neuen Jahr.

Ich schreibe Ihnen, um Sie dafür um Verzeihung zu bitten, daß ich mir erlaubt habe, Ihren Namen als Referenz in einem an die Technical Assistance der UNO gerichteten Antrag zu nennen. Ich hoffe, daß Sie die Rolle des Schirmherren akzeptieren werden, obwohl Sie mich seit geraumer Zeit nicht mehr gesehen haben. Auch hoffe ich, daß es mir möglich sein wird, Sie zu besuchen, wenn ich im Juni/Juli in Europa sein werde.

Ich habe hier eine außerordentliche Erfahrung gemacht, tatsächlich die schönste meines Berufslebens: Es ist mir gelungen, in diesem Land einen Architektur-Studiengang einzurichten, etwas Neues und Interessantes. Diese jungen Chinesen, Malaien, Inder sind außerordentliche Leute: Die Information, die man ihnen zu geben sucht, saugen sie wie Schwämme auf, und sie sind sehr dankbar. Übrigens ist Kuala Lumpur bei weitem keine Eingeborenenstadt. Erst heute habe ich hier eine Ausstellung von Werken eines chinesischen Malers, Chen Wen-Hsi, gesehen, der ein wirklich begabter Künstler und auch ein echter Chinese ist. Und er ist nicht der einzige.

Das Land ist großartig. Wir sind gerade von einer kleinen Autoreise zurückgekehrt, die uns zunächst in der Malakkasee auf eine vor tropischer Vegetation strotzende Insel führte – ein Dschungelparadies mit weißen Sandstränden und Dörfern indischer und malaiischer Fischer im Urzustand; und dann haben wir dort ganz in der Nähe Berge von mehr als 2000 m bestiegen.

Architektur? Nun, ich hoffe, daß Sie PETA, unsere kleine Zeitschrift, erhalten haben, die Ihnen ein wenig von dem gezeigt haben dürfte, was man hier macht.[269] Natürlich fehlt es an Originalität. Schlimmer noch, es mangelt am Geist des Archipels, zu dem diese Halbinsel gehört. Es gibt hier sehr interessante Dörfer, Häuser aus Holz und Bambus auf Pilotis! Das ist die Tradition der Malaien und auch die der Eingeborenen, der Sakai und sonstigen Stämme. Aber unsere sogenannten modernen Architekten setzen ihre Klötze auf die Erde und verwenden Backstein und Stahlbeton. Es ist eine sehr gründliche Forschungsarbeit zu leisten; doch könnte unsere Schule der Ausgangspunkt für eine solche Forschung sein. Ich hoffe dies. Es wäre schön, wenn Sie eines Tages hierher kommen könnten, um mit eigenen Augen zu sehen und den Leuten hier zu sagen, was Architektur der heißen und feuchten Regionen ist und vor allem, was Städtebau in diesen Regionen bedeutet!

Mit dem Ausdruck meiner Bewunderung für Ihr stets frisches, stets suchendes Werk und mit Gefühlen der Freundschaft

Ihr ergebener

Julius Posener

Für mein schreckliches Französisch muß ich Sie um Nachsicht bitten: Ich bin es überhaupt nicht mehr gewohnt, mich in dieser Sprache auszudrücken.

## An Klaus Müller-Rehm

Kuala Lumpur 24. 1. 59

Lieber Klaus Müller,

es ist Jahre her, seit wir einander geschrieben haben, und ich bin a-furcht, wie die Engländer sagen, daß die gegenwärtige Sendung nicht nur den Zweck hat, Ihnen ein gutes neues Jahr zu wünschen. Den hat sie natürlich auch; daneben aber möchte ich Sie an schriftliche Unterhaltungen erinnern, die wir vor mehr als Jahresfrist gepflogen haben, und die ich jetzt, so kurz vor Ablauf meines hiesigen Regierungsvertrages, wieder aufnehmen muß.

Es handelt sich um den Gedanken, mich als einen Professor für Baugeschichte – oder für Baugeschichte und Entwurf, mit dem Akzent auf Geschichte, – an eine deutsche Hochschule oder Akademie zu bringen. Ich habe über das Gleiche eben an Egon Eiermann geschrieben.

Ich habe hier, wie Sie wissen, einen Mann von Ulm (Max Bills Schule),[270] welcher mir sagt, es dürfte nicht schwer sein, in Deutschland eine solche Stelle zu bekommen, da zwischen der ältesten Lehrergeneration und den jungen Leuten eine Lücke klaffe, in die ich mich gut finden könnte. Es sei, in der Tat, in Deutschland ein Mangel an Leuten fühlbar, wie ich einer bin. Was ich bin, wissen Sie: Ich bin durchaus kein Geschichtsspezialist. Die Frage, ob man die Rippenwölbungen in Mailand eher begonnen habe, als die in Durham, interessiert mich durchaus: aber ich bin nicht einer von den Leuten, die, wie der alte Gall, hierüber eine eingehend begründete Meinung haben dürfen. Dagegen bin ich, das darf ich wohl sagen, ein guter Geschichtslehrer, überhaupt ein guter Lehrer; und das werden Sie wahrscheinlich, sogar nach Ihrer so weit zurückliegenden Kenntnis des Subjektes Posener, nicht für unwahrscheinlich halten. Solche Leute aber sind vielleicht für einen Lehrstuhl wertvoller, als die Leute, die alle Einzelheiten am Schnürchen haben und darin weiter herumforschen. Zu forschen bin ich durchaus aufgelegt, und, um mich noch weiter zu loben, für gewisse Dinge habe ich einen Flair, den der Baugeschichtsprofessor oft nicht hat. Das klingt wie ein ziemlich unverschämter Anspruch; aber näher besehen, wird Ihnen auch dieser Anspruch als wahrscheinlich berechtigt erscheinen. Da habe ich kürzlich das Buch in der Pelican History of Art genau studiert, das dem Bauen und der Kunst des alten Orients gewidmet ist, und der sehr gelehrte und feinsinnige Professor Frankfort (leider verstorben) erwähnt in dem ganzen Buch nirgends, ob und wie Räume, die in seinen Plänen gezeigt werden, eingewölbt waren.[271] Da liegt's, Klaus! Die Leute sind Kunstwissenschaftler, wie mein Namensvetter Pevsner in London. Als ich in einem Aufsatz über Choisy in der Architectural Review[272] erwähnte, daß die starke Rustikawand im Palazzo Strozzi nur eine dünne Verblendung einer Backsteinmauer ist, schrieb mir Pevsner, ich sollte, bevor das Ding gedruckt wird, diese erstaunliche Behauptung doch noch einmal prüfen. Dem Kunstwissenschaftler kommt eine solche Behauptung in der Tat erstaunlich vor. Uns Architekten, die wir an die Geschichte (wie Choisy, der Ingenieur) von der bautechnischen Seite herangehen, erscheinen sie nicht so sehr abwegig. Dieser Standpunkt aber scheint mir für den Unterricht, der jungen Architekten in diesem Gegenstand erteilt wird, der erheblich fruchtbarere. Ich erhebe also meinen Anspruch nur als ein bescheidener Schüler des alten Choisy, der gefunden hat, daß sogar unter Architekten dieser Standpunkt nicht oft eingenommen wird, da sie nämlich selbst, als Studenten, Baugeschichte als eine Abteilung der Kunstgeschichte gelernt haben, was sie nicht ist, oder nicht *nur* ist.

Mein Vertrag hier läuft im Laufe dieses Jahres ab; und da meine Frau ein Kind erwartet (im August), so muß ich recht bald wissen, ob ich hier einen zweiten Vertrag erwarten kann, oder ob ich mich woanders festzusetzen habe. Daher, lieber Klaus, dieser Brief.

Ich möchte an sich lieber noch zwei Jahre hier arbeiten, da die Sache Spaß macht und da ich, was ich nicht vermuten durfte, als ich Ihnen über meine Staff-Schwierigkeiten schrieb,[273] diesen kleinen Laden hier nun wirklich in Gang gebracht habe. Er steht aber immer noch auf nicht den stärksten Füßen; und dar-

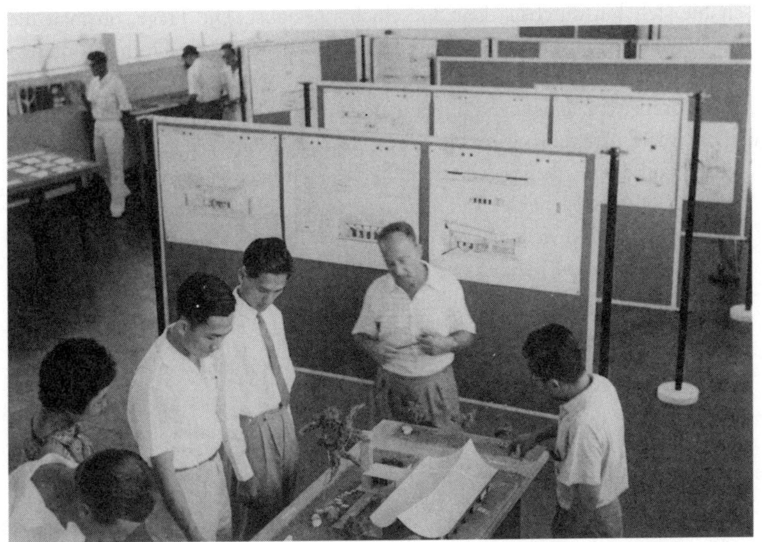

Julius Posener mit Studenten am Technical College in Kuala Lumpur,
Fotografie aus dem Nachlaß

um möchte ich gern helfen, ihn auf solche zu stellen, damit ich von hier fortgehen kann mit dem Gefühl, daß die Schule hier gesichert ist.

Ich wäre Ihnen also außerordentlich dankbar, wenn Sie sich die Sache durch den Kopf gehen lassen könnten und am besten nicht nur durch den Kopf, sondern durch die schreibenden Hände und den telefonierenden Mund.

Nebenbei – und keineswegs so ganz nebenbei – werde ich mich freuen, von Ihnen wieder zu hören.

Mit besten Wünschen,

Ihr Julius Posener

## An Klaus Müller-Rehm

Julius Posener, Architect, Dipl. Ing.
Head of the Dep. of Architecture
Technical College,
Kuala Lumpur

Dec. 20, 60

Professor Klaus Müller-Rehm.
Berlin-Dahlem.
Miquelstraße 92.

Lieber Klaus Müller,

Zunächst: Dank für Ihren Brief.[274]

Zuzweit: Mein Principal hat mich gebeten, ihm eine Liste unserer «staff requirements» für die nächsten zehn Jahre zu geben. Er selbst scheint nur eine unbestimmte Vorstellung davon zu haben, wie groß die Anzahl von fest angestellten Lehrern und «part-time»-Lehrern für eine solche Schule ist. Er meint, wir hätten bereits zu viele Lehrkräfte. Nachdem, wie ich Ihnen seinerzeit schrieb, ich diese Sache fünfzehn Monate lang allein zu machen hatte und dann bis zum Ende des zweiten Jahres meines Aufenthaltes hier mit Voltz, dem Mann aus Darmstadt, den ich hergeholt hatte, finde ich diese Bemerkung schmeichelhaft. Sie zeigt, daß es mir trotz aller Schwierigkeiten gelungen ist, die kleine Schule hier schließlich doch aufzubauen. Er meint, nirgends in der Welt hätten Architekturstudenten so viele Lehrer, wie hier. Ich habe ihm versprochen, ihm

Prospekte anderer Schulen zu zeigen. Deshalb wäre ich Ihnen dankbar, wenn Sie mir die Prospekte der Hochschule, der Technischen Universität, und, wenn möglich, auch die von Stuttgart und München senden wollten und mir mitteilen wollten, was in Berlin an den beiden Schulen die Studenten-Lehrer-Ratio ist. Sie könnten mir damit einen großen Dienst erweisen.

Ich verlasse diese Schule ungern, trotz vieler Schwierigkeiten, die ich hier gehabt habe und die das Unternehmen zeitweise verzweifelt erscheinen ließen. Was mich hier immer befriedigt hat, und weswegen ich ungern gehe, sind die Studenten. Aber ich muß gehen. Ihr ausführlicher Brief[274a] über meine Schwierigkeiten in Berlin hat mir sehr klar gezeigt, daß man es sich in meinem Alter nicht mehr erlauben kann, von zwei Jahren zu zwei Jahren weiter zu wursteln, besonders dann nicht, wenn man junge Kinder hat. Ich bemühe mich also ernsthaft, irgendwo eine Stelle zu finden, die mehr Dauer verspricht, am liebsten in England; aber wenn nicht England, dann eben irgendwo sonst in der Welt. Ich frage nicht nach deutschen Stellen, da Ihre Bemühung an der Hochschule wohl endgültig gezeigt hat, daß dort für mich keine Aussicht besteht. England wäre schön.

Lassen Sie den Kontakt nicht abreißen! Sollten Sie mir gegenüber irgend etwas wie Verlegenheit fühlen, so schlagen Sie sich solche Gefühle bitte aus dem Kopf. Sie haben sich meinetwegen bemüht wie nur wenige Leute. Sollte ich nach England kommen – und auf jeden Fall gehe ich dorthin auf Urlaub, wenn ich hier fertig bin –, so hoffe ich ja doch, daß unsere Beziehungen einmal wieder aus schriftlichen zu mündlichen werden. Jetzt habe ich einen Mann vom Stadtbauamt Wilmersdorf hier, der Voltz ersetzt, Günther Naleppa, einen patenten Kerl. Es geht ihm bereits wie allen von uns: er ist begeistert von den Studenten.

Fröhliche Weihnachten und Prost Neujahr!

Ihr Julius Posener

## An Klaus Müller-Rehm

Julius Posener. 193. Westway. Raynes Park. S.W. 20.

1. 8. 61

Professor Klaus Müller-Rehm.
Berlin-Dahlem.
Miquelstraße 92.

Lieber Freund,

Dein Brief[275] ist klar, beruhigend und milde. Milde als von einem geschrieben, der seit vierzehn Tagen genau jeden zweiten Tag mit einem langen von Endesunterzeichnetem gelöchert worden ist. Hierfür bittet derselbe um Vergebung.

Ich habe nun, nach langem und wirklich nicht einfachem Hin- und Herüberlegen einen dämlichen, sentimentalen Entschluß gefaßt: Ich gehe nach Haifa.

Die Bezahlung dort ist erheblich schlechter, obwohl man mir inzwischen auch von dort eine Sicherung bis zum Lebensende zugesagt hat. Es gibt das Sprachenproblem, das wirklich für den Lehrer eins ist, und für den Sohn auch. Es gibt alles Mögliche, was durchaus schwierig ist. Und doch.

Wie die Engländer sagen: Blood is thicker than water. Wie die Deutschen nun wahrscheinlich sagen werden: Auf die Iden ist eben kein Verlaß. Irgendwie gehört es sich so, und über alle Vernunft- und auch anderen Gründe hinweg gab es da bei mir eine Art von innerlichem Summen, welches tönte: Haifa, Haifa.

Ich sage: die anderen Gründe; denn Berlin ist für mich, ganz abgesehen von dem schönen Posten, der mir freundlichst angeboten wurde, sehr anziehend. Daß es heute in der Vorfront des Kampfes für menschliche Freiheit steht – und schon lange da steht und leider diesen Ruhm noch lange genießen und erleiden wird – schreckt mich nicht, im Gegenteil: Es bildet ein Band, welches wahrscheinlich die Vergangenheit aufwiegt (wiegt ein Band auf? die Sprachenfrage offenbar auch in Berlin), also, die einem von uns dort unvermeidlicherweise doch immer wieder entgegentreten wird, wenn man dort ist. Das wird nicht von mir abhängen, wie ich schon in der kurzen Zeit meines Besuches dort gemerkt habe. Es ist, scheint mir, unvermeidlich, daß das, was war, an einen herangetragen wird, daß man sich und seine Wiederanwesenheit zu erklären hat, kurz, daß man sich in einer etwas schiefen Lage befinden wird.

Nun wirst Du sagen, daß das doch schon lange bei mir bedacht und positiv entschieden war, damals nämlich, als ich auf Deinen Fühler erwiderte, daß ich im Prinzip durchaus bereit sei, nach Berlin zu kommen.

Damals aber gab es kein Angebot von Haifa. Das spitzt die Lage eben doch ein wenig zu. Es ist nicht leicht für einen alten Juden, der ich bin, zu Haifa nein zu sagen und nach Berlin zu gehen, mögen die Gründe, die mich hierzu bewegen, noch so klar, nüchtern und menschlich untadlig sein.

Es kommt ein recht äußerlicher Grund hinzu. Wie ich dankend anerkenne, bemüht man sich in Berlin, meine Angelegenheit im Eiltempo zu erledigen. Man muß das ja auch schon aus dem Grunde tun, da bis zum Semesterbeginn nicht mehr so sehr viel Zeit ist. Auf der anderen Seite besteht immer noch ein, wenn auch sehr geringer, Faktor der Unsicherheit, der sich einfach so schnell nicht aus dem Wege schaffen läßt.

In Haifa dagegen, wo sie sehr lange Zeit zum Überlegen hatten, sind alle Entscheidungen bereits getroffen, und die Sache ist fertig. Man mußte also zugreifen, um nicht am Ende gar zwischen zwei Lehrstühle zu fallen und mit einem Assistant Lecturer Grade B in Aberistwyth oder sonstwo vorlieb nehmen zu müssen (non pensionable).

Über Deiner langen und angestrengten Bemühung, mich wieder heimzubringen, stand, wie man in schlechten Büchern sagt, ein Unstern. Im vorigen Sommer war ich zu weit weg; und jetzt hat da Haifa dazwischengefummelt. Schade.

Daß es sich hierbei von Deiner Seite, und nicht nur von Deiner Seite, sondern auch von der der anderen Kollegen um die Bemühung handelt, mich wieder heimzubringen, empfinde ich mit großer Dankbarkeit.

Also: Auf Wiedersehen. Haifa ist nicht aus der Welt. Ich werde ganz gewiß einmal wiederkommen und vielleicht wieder zu den Studenten sprechen.

Gruß und Dank

Julius

[Der Brief ist mit rotem Stift durchgestrichen und mit dem Vermerk Klaus Müller-Rehms versehen: «Inhalt am 3. 8. fernmündl. aus London widerrufen. 4. 8. 61»]

# Von Lotte Cohn

Lotte Cohn
6 Ben Amistr.
Tel-Aviv/Israel

17. 11. 62

Mr. Julius Posener
Franzensbader Str.181/2
Berlin/Grunewald
West-Deutschland

Lieber Julius!

Leider habe ich soeben Ihren Brief – bereitgelegt zur Beantwortung – mit den zum Wegwerfen aussortierten zerrissen. Aber da es so weit zurückliegt, werden Sie vermutlich eine Punkt-für-Punkt Beantwortung nicht mehr kontrollieren können. – Mein Lieber, es war töricht von Ihnen zu glauben, daß ich Ihren Schritt, nach Deutschland zu gehen, moralisch so abwerten würde, daß ich nun nichts mehr von Ihnen würde wissen wollen. Wenn man über ein gewisses Alter heraus ist, so ist man, eine gewisse philosophische Einstellung vorausgesetzt, über den Standpunkt des «Unbedingten» hinaus, nicht wahr? Das Leben ist sowieso so kompliziert und schwierig, daß man sich zufrieden gibt, wenn einer einen modus vivendi herausfindet, der in irgendeinem Sinne zu einem fruchtbaren Leben führt. Ich bin also zufrieden, wenn Sie es sind, und ich wünsche aus freiem Herzen, daß Sie zufrieden bleiben mögen. Daß alles in diesem Punkte noch ein großes Fragezeichen hinter sich schleppt, weiß ich, vielleicht besser als Sie. Aber das hängt nicht mit diesem einen letzten Schritt, nach Berlin zu gehen, zusammen, sondern an Ihrer eigenen innersten Natur – das Fragezeichen ist sozusagen bei Geburt in Ihrer Seele eingeschmiedet worden – und es gibt Lebensabschnitte, wo Sie selber es blutig spüren: Ihr Herkommen seinerzeit, Ihre Kriegserlebnisse in Deutschland, Ihre Heirat, die Taufen Ihrer Kinder – ich stelle mir vor, keines dieser Ereignisse war ohne Frage und vielleicht bittere Beantwortung zu überwinden. Es wäre auch nicht eindeutig für Sie gewesen herzukommen und praktisch ohne Zweifel viel, viel schwerer, als Sie oder Charmian sich das ausgemalt haben. Es ist gut, daß die Kinder sozusagen die Entscheidung Ihnen abgenommen haben – so stelle ich es mir wenigstens vor. Man kann halbjüdische Kinder hierherbringen – aber *getaufte* halbjüdische Kinder nun mal nicht. *Damals* haben Sie eine Entscheidung getroffen, nicht jetzt, wo Sie Berlin gegen Haifa ausgekämpft haben, und ich bin wohl nicht im Unrecht anzunehmen, daß Ihre großen Kinder Ihnen das zu Bewußtsein gebracht haben. Es ist gut, daß Sie nicht herkamen, und irgendwie ist mir ein Stein von der Seele, so leid es mir persönlich tut.

Ja, natürlich ist es schade, daß man nun aufs Brief-Schreiben weiterhin begrenzt ist. Vielleicht – vielleicht auch nicht!! Ich möchte glauben, daß wir manche gereizte Auseinandersetzung vermieden haben – denn brieflich ist die obige Lebensphilosophie viel leichter –, ich bin nicht sicher, ob ich sie «gekonnt» hätte, wenn ich Ihnen gegenüber gesessen hätte und versucht hätte, Ihre komplizierte Seele zu verdauen. Sie hätte sich in jeder schwierigen Situation – und mehr als eine wäre aufgetreten! – häßlich nach außen gedreht, und für einen einfältigen Menschen wie mich ist das gar nicht so leicht. Sie verstehen das?

Aber zu Besuch müssen Sie nun entschieden bald mal kommen und viel erzählen. Ihr avancement zum Was weiß ich? Professor? macht mich sehr stolz – aber (wie man hier sagt): es kommt Ihnen zu, «Magia Lecha»![276]

Ich bin sicher, daß Sie mit deutschen Jungen und Mädels leichter Kontakt finden werden, als zu unseren Zabres,[277] so nett die auch sein mögen. Sprache ist nun mal das Medium des Kontaktes und wenn die nicht ganz und gar funkt, so ist es ein handicap, besonders bei Menschen, wie Sie es sind, so sehr auf kultivierten Ausdruck gestellt!

Schreiben Sie bald wieder mal, Ihre Briefe sind gut, besonders gut, und man hat ja auch viel von brieflichem Verkehr, schreiben und lesen gleicherweise geben einem viel, nein? Mir bestimmt – ein kleines Stückchen Schriftsteller steckt, glaube ich, in uns beiden und will heraus, und Briefe sind eben für mich der einzige outlet: Zum Dichter bin ich ganz und gar nicht geboren. Sie ja!!

Von uns? Pfund-Devaluation! Mehr hört man nicht! Übrigens nimmt das Publikum es ganz gut – keine Shock-Reaktion, oder doch kaum. End-of-season-sales ohne Preiserhöhung, alle Läden sind voll Ware – bisher noch nichts vom Markt verschwunden, hoffentlich bleibt es so!! Das kann man nicht wissen. Es scheint nicht ganz so gut von der Regierung vorbereitet zu sein, wie es sollte. Die Erleichterungen, die Hand in Hand gehen müssen bei Zoll und Steuern sind noch nicht heraus, und manches ist im Dunkel. Unternehmer geben keine Preise ab ohne entsprechende Klausel. – Ich persönlich lasse es an mir abgleiten. Da ich viel zu dumm bin, vernünftig in Geldsachen zu handeln, werde ich, wie immer, leiden müssen. Man ist nicht ungestraft dumm!

Gesundheitlich alles in bester Ordnung – ein bißchen Arthrosis in den Knien, eine Schleimbeutelentzündung im Ellbogen – ich habe es vom Silberputzen, feine Leute kriegen es vom Tennis-Spielen! Aber alles in allem ganz und gar aktionsfähig. Wir bauen fleißig – der Ernst[278] viel mehr als ich, denn die alte Schachtel ist natürlich doch nicht mehr so ganz up to date. So geht das eben, man muß da resignieren und mit Naturgesetzen sich abfinden! Nicht jeder ist Churchill oder Adenauer! Ich bin eben bloß –

aber mit vielen Grüßen für Sie und Charmian –

Lotte Cohn

## An Alfred Gellhorn

19. 4. 70

Lieber und verehrter Gellhorn,

Daß das Semester eben wieder in Gang kommt, daß das Finanzamt mich bis aufs Blut quält, daß ich schon lange weder mit meinen Arbeiten, noch mit meiner Korrespondenz zurechtkomme: Das ist alles keine Entschuldigung dafür, daß ich erst heute antworte. Eher schon wäre es eine Entschuldigung, daß ich vor vier Wochen geheiratet habe (zum zweitenmal), daß die Frau hübsch, jung und liebenswert ist und daß einen eine solche Erfahrung schon ein wenig beschäftigt. Wünschen Sie also mir Glück, wie ich jetzt endlich Ihnen Glück wünsche!

Dieser Wunsch kommt von Herzen. Ich freue mich, daß Sie da sind, und hier sind, und verstehe nur nicht recht, warum ich bis heute noch nicht den Weg nach Wiesbaden gefunden habe. So weit ist es schließlich nicht. Nun, wenn Sie aus Spanien zurückgekommen sind.

Sie haben auch recht, daß Sie eine Würdigung[279] verlangen; und was an mir liegt, werde ich dafür tun. Habe mit Ulrich Conrads gesprochen. Er will etwas in der Bauwelt machen, und ich soll es zusammenstellen. An die Deutsche Presseagentur habe ich mich noch nicht gewandt, tue es aber bald.[280]

Beim Durchsehen von Zeitschriften aus den zwanziger Jahren finde ich immer einmal wieder Dinge von Ihnen, auch Aufsätze, und ich habe mir Notizen gemacht. Sie haben eine Aufgabe gesehen und angegriffen, die damals, erinnere ich mich recht, nur Sie gesehen haben: skulpturales Bauen. Bei Scharoun kam dergleichen wohl vor; aber es stand nicht im Mittelpunkt seiner Bemühungen; bei Mendelsohn natürlich auch; aber auch er wollte *bewußt* etwas anderes. Beiden (und anderen: Luckhardts z. B.) ist es gelungen, in den Novemberjahren, das heißt, bis zur Wendung zur Neuen Sachlichkeit, mehr zu verwirklichen (Mendelsohn), oder sich durch große Projekte sichtbarer darzustellen

(Scharoun), als Sie. Beide hatten eine weniger ehrliche, daher aber mehr überzeugende Doktrin, als Sie. Ich meine das so: Mendelsohn sprach von der Konstruktion. Scharoun (i.e. Häring) sprach von der Funktion. Sie, verehrter Gellhorn: Sie sprachen von der Kunst. Garkau war Kunst (war, in der Tat, reine Skulptur; und ich finde immer noch, daß es gute Skulptur gewesen ist). Der Einsteinturm und Luckenwalde waren das ganz gewiß; aber Garkau wurde funktional erläutert, der Einsteinturm und Luckenwalde konstruktiv.[281] Sie sagten, daß sie die plastischen Wert für die Baukunst erobern wollten in einem Moment, da das ohne Floskeln: Säulen, Gesimse, möglich geworden war; und das wollte man nicht hören. Ich entsinne mich sehr deutlich unseres ersten Zusammentreffens: Wir hatten Sie eingeladen, einer Gruppe von Studenten vorzutragen. Wir nannten uns den «Arbeitskreis der Neuen Form». Wir haben uns damals an alle gewandt, die im Bauen hervorgetreten waren; aber nur drei sind unserer Einladung gefolgt: außer Ihnen Häring und Mendelsohn. Das war 1925: Garkau war eben fertig. Mendelsohn hatte Luckenwalde und noch mehr zuwege gebracht und beschäftigte sich mit Herpich und mit Leningrad.[282] Sie hielten einen leidenschaftlichen Vortrag, und ich muß gestehen, daß ich wenig verstand, aber sehr beeindruckt war. Häring, eine Woche später, erläuterte Garkau, und das leuchtete mir völlig ein. Ich wachte erst auf, als ich Poelzig fragen hörte: «Birnenförmiger Kuhstall? Warum denn nicht euterförmig?» Poelzig konnte solche vernichtenden Epigramme gut. Als Bruno Taut ihn zur Einweihung seines Hauses in der Form eines Viertelkreises eingeladen hatte (ein, pardon, dummer Grundriß mit noch dümmeren Erklärungen veröffentlicht[283] – nichts gegen Bruno, den ich sehr verehrt und geliebt habe –), legte er ihm seine schwere Pranke um die Schultern und sagte: «Bruno, wenn Du vier machst, hast Du'n Ganzes.» Aus solchen Epigrammen lernten wir eins: daß es sich im einen wie im anderen – wie in so vielen anderen – Fällen um Kunst handelte: Kunst, die sich zimperlich hinter Formeln versteckte. Poelzig, der ganz gewiß nicht gegen die Bau*kunst* war, entlarvte gern die maskierte Kunst. Bei Ihnen hätte er nichts zu entlarven gehabt. Wahrscheinlich gefielen ihm Ihre Sachen gar nicht; aber alles, was er dann gesagt hätte, wäre «scheußlich!» – und das läßt man sich gefallen; denn es wäre eine Anerkennung gewesen, daß es sich um Kunst handelt, nur um eine, die ihm mißfiel.

Ich – um auf unsere erste Begegnung zurückzukommen –, ich war gern bereit, die Scheingründe zu schlucken, die uns von den nicht eingestandenen Künstlern serviert wurden; denn von der Baukunst als Kunst hielt ich nicht viel; und, daß ich es nur gestehe, ich habe auch heute meine Zweifel. Aber das ist ein weites Feld. Ihre Proklamation der Kunst war ganz geradezu und ohne Umschweife; und ich sagte mir: «was will er eigentlich?», merkte aber doch, *daß* hier einer geradezu auf sein Ziel losging; auch, daß dieses Ziel legitim war, mochte ich an der Kunst noch so große Zweifel haben. Das alles aber, was ich hier erinnert habe, zur Erklärung, warum Sie es so schwer hatten.

Aber dann, lange nachher, in den fünfziger Jahren und tief in die sechziger hinein, kam man darauf, daß man die plastischen Werte vernachlässigt hatte. Das war die Reaktion gegen die Neue Sachlichkeit, den International Style – nennen Sie das Ding, wie Sie wollen. Le Corbusier selbst hatte bereits die Pfeiler im Pavillon Suisse modelliert. Er ist oft der gewesen, der zuerst weiterging. Es folgten, nach dem Kriege, Marseille und Ronchamp.[284] Das, spätestens, wäre die Zeit gewesen, einmal wieder von Gellhorn zu sprechen; denn im Grunde wurde das, was er gewollt hatte, mit einer Verspätung von etwa dreißig Jahren vindiziert. Das fiel aber niemandem auf, und zwar deswegen nicht, weil Sie damals keinen großen «splash» gemacht hatten. Man entdeckte den plastischen Jugendstil (es gibt ihn, wenn auch nicht häufig), die Gläserne Kette, die Akademie Breslau,[285] das Neue Bauen Härings; aber Gellhorn nicht. Also haben Sie recht, daß Sie auf dieser Würdigung bestehen und meinen, der Fünfundachzigste sei doch wohl schließlich der Augenblick dafür.

Da habe ich nun, statt Ihnen zu gratulieren, meinen Aufsatz zum Teil schon geschrieben (und, doof wie ich bin, keinen Durchschlag genommen!). Es wird Zeit, daß ich vom fachlichen Glückwunsch zum Persönlichen komme. Als ich Sie in Barcelona traf,[286] ging es Ihnen nicht zum besten. Da war das schlimme Bein. Da waren aber auch persönliche Kümmernisse und Enttäuschungen. Da Sie nun mit Ihrer Frau zur Feier des Tages nach Spanien turnen, das Ihnen zweite Heimat ist, so möchte ich annehmen, daß das überwunden ist. Auf jeden Fall möchte ich es von Herzen wünschen.

Und nun: vivat Gellhorn! Und auf baldiges Wiedersehen!

Ihr Julius Posener.

## An Gerd Albers

1. Berlin 38.
Kirchweg 55
804 94 70

22. 1. 72

Herrn Professor
Gerd Albers
Institut für Städtebau und Wohnungswesen
Deutsche Akademie für Städtebau und Landesplanung
8. München 2.
Theresienstraße 102

Lieber Herr Albers,

es hat mich sehr gefreut, von Ihnen nach so langer Zeit wieder zu hören; und es ist mir doppelt lieb, daß Sie mich wieder einmal am Ammersee sehen wollen. Die Versuchung anzunehmen ist ungeheuer groß.

Wenn ich Sie trotzdem um etwas Bedenkzeit bitte und dabei gleich sage, daß die Chancen, daß ich kommen kann, nicht eben groß sind, so hat das folgende Gründe:

Ich arbeite nicht gut und bin entsetzlich im Rückstand, werde zudem von lauter schrecklichen Sitzungen unterbrochen (Schule, Werkbund, Akademie). Darum sollte ich es mir verbieten, mir noch irgendetwas aufzuladen. Habe auch ohnehin viel zu viel herumzureisen; werde z.B. zwischen dem 26. 1. und dem 30. 1. in München sein, als «Betreuer» einer Gruppe von Studenten, nachdem ich eben erst in Köln war, um dort (of all things!) einen Vortrag zur Eröffnung der Internationalen Möbelmesse zu halten (ein unvergeßliches Erlebnis, wie Sie sich wohl denken können ...).

Das bringt mich zum zweiten Grund: Wie in Köln würde ich auch am Ammersee über etwas sprechen, wovon ich wenig weiß. No fishing: Sie können sich denken, daß ich in dieser Frage einen ziemlich extremen Standpunkt einnehme, kurz gesagt den folgenden: Stadtbaukunst im Sinne des Barock oder auch in dem Camillo Sittes (aber auch in dem der Frau Merete Mattern) scheint mir in der Tat nicht mehr zeitgemäß; und wenn ich einen klugen Mann wie Peter Pfankuch sagen höre: «Du hast ganz recht: es hat beim Märkischen Viertel[287] kein anderes Kriterium der Planung gegeben als das künstlerische; und welches andere hätte es denn damals auch geben sollen?», denn staune ick man bloß – um in der Heimatsprache zu reden.

Dabei ist das Argument der Stadtbaukünstler immerhin bedenkenswert (allerdings auch bedenklich). Es beruft sich auf eine Art von ästhetischer Seelenpflege: daß das anregende Stadtbild, der erregende Stadtraum den Bewohner von der Monotonie rettet, welche einer «zweckrationalen» Planung eigen sei, daß es, wie Guinness, «good for you» sei und daß es die unverwechselbare Form der Heimat schaffe.

Ich, der ich seit Dezennien die gleichen Gedanken wiederkäue, habe anno 1947 einen Aufsatz im Architectural Design über dieses Thema geschrieben mit dem Titel «Knots in the master's carpet»,[288] welcher mit der Behauptung schloß, daß es würdiger und sogar menschlicher sei, eine Nummer in einer kahlen Kiste zu sein, als ein Knoten in des Meisters Knüpfteppich: Im ersten Falle nehme ich am Schicksal des homo sapiens in diesem Jahrhundert teil; im zweiten sei ich eines Anderen Ornament und Spielding. Das könne mir nicht gut tun, seien die Formen, in die ich da hineingezwungen werde, noch so anregend, weil es eben eines Anderen Formen seien: die Anonymität sei der Entfremdung vorzuziehen.

Dem hätte ich heute allenfalls den Versuch einer sehr laienhaften Ableitung des Stadtbaustiles der sechziger Jahre aus der Lage der Gesellschaft hinzuzufügen: die Kunst diene dazu, die wahre Lage der Leute zu verschleiern, die man in das Märkische Viertel schafft. Da man ihnen wirklich angemessene Wohnungen nicht geben könne, so vertröste man sie mit dem Stadtbild. Bestätigt wurde dieses Argument vor mehreren Jahren durch Hans Müller selbst, einen der Planer des Märkischen Viertels Er wurde in der HBK[289] von Studenten gefragt, warum es im Märkischen Viertel keinen einzigen Versuch gebe, zu neuen Wohnformen zu gelangen, sondern lediglich, wie er uns auseinandergesetzt habe, Kunst. Er entgegnete: «Der uns vorgeschriebene qm-Preis langt nicht für Experimente mit neuen Wohnformen. Dafür gibt es allenfalls Kunst.» Ziemlich wörtlich so hat er sich ausgedrückt, und das fanden wir nett und ehrlich.

Informationsästhetik und Semiotik sind mir vage Begriffe, und ich kann mich des Eindrucks nicht völlig erwehren, als stellten sie einen gewissen leicht heimtückischen Versuch dar, die Kunst durch die Hintertür doch wieder einzulassen. Diesem Ziel dienen, notabene, alle mir bekannten sachlich, funktionalistisch oder wie auch immer logisch vorgetragenen Theorien des Städtebaues seit Anfang des Jahrhunderts; und wenn ich es böse sagen wollte, so würde ich feststellen, daß es nicht gut anders sein konnte. Das hängt mit der Ausbildung des Architekten zusammen, welche bis heute eine Ausbildung für einen künstlerischen Beruf ist; und diese Ausbildung wieder ist kein Zufall und nicht eine Form der Rückständigkeit, die man bei größerem Willen zur Reform hätte vermeiden können, da der

Architekt in unserer Gesellschaft *immer mehr* einer geworden ist, der durch Kunst die Wirklichkeit beschönigen soll. Aus diesem Grunde – das ganz nebenbei – ist mir die kurze Zeit der bürgerlichen Baukunst im Jahrzehnt vor dem ersten Kriege so wichtig gewesen – und wird sie mir immer bedeutender –, weil sie die Bedürfnisse einer bestimmten Klasse mit einem Maße von Ehrlichkeit darzustellen sich bemüht hat, welche seither, seit dem Untergang eben jener Klasse, abhanden gekommen ist. Ich kann nicht sagen, daß das mit vollkommener Ehrlichkeit geschehen sei: es gibt auch in den Landhäusern jener Zeit ein theatralisches und posierendes Element; aber verglichen mit den künstlerischen Bewegungen seither im Bauen – und ich kann davon nicht einmal die Siedlungsbaukunst der späten zwanziger Jahre völlig ausnehmen – war diese Landhausbauerei «gesellschaftlich ehrlich», um es einmal so zu nennen. Das zeigt sich besonders in den Einzelheiten, welche in den besten Fällen (Muthesius) eine epische Qualität besitzen, wobei ich unter dem Begriff episch eben dies verstanden wissen möchte: die Darstellung (oder auch die Lobpreisung) einer Lebensform. Die Stadtbaukunst jener Jahre dagegen ist durchaus im Künstlerischen befangen – und das hat den gleichen Grund, den ich schon mehrfach angezogen habe: daß sie nämlich die Stadt einer Gesellschaft wieder herstellen wollte, die es nicht mehr gab. Beim bürgerlichen Einzelhaus stellte sich dieses Problem nicht. Und man kann geradezu sagen, daß die nicht bildhaft geplanten Vorortstraßen von, etwa Nikolassee, welche nichts weiter wollten, als ein sehr angenehmes Zusammenstehen solcher Einzelhäuser zu gewährleisten, die beste Stadtbaukunst der Zeit gewesen sei.

Zeichen aber (Semiotik) müssen Inhalten entsprechen. Und wo diese fehlen (die sozialen Inhalte, meine ich), werden auch die Zeichen zu einer unverbindlichen, also unverantwortlichen Kunst.

Die chaotische und grausame Stadt des späten neunzehnten Jahrhunderts scheint uns wahrscheinlich darum so bedeutend, weil sie einer chaotischen und grausamen Gesellschaft *entspricht*. Die Charta von Athen lehnte diese ungeordnete Agglomeration ab, und ich meine, sie mußte sie ablehnen. Sie legt gleichwohl den Weg zur Illusion offen, vielmehr, sie setzt ihn mit anderen Mitteln fort; denn selbstverständlich war die Stadtbilder bauende Wohnstadtarchitektur von Leuten wie Jansen bereits auf dem gleichen Wege recht weit fortgeschritten. Ich vermag aber auch in den entschiedenen Versuchen der jüngsten Jahre: Raumstadt, Archigram etc. nicht viel anderes zu sehen, als den Weg zur Illusion und den Kurzschluß zur Kunst.

Die peinliche Frage, die vor uns steht, scheint sich mir also so zu stellen: Da das Zusammenleben der Menschen nicht mehr ohne Illusion darzustellen ist, da es (placet Jane Jacobs) außerhalb Greenwich Village und ähnlichen «Zufällen» im Grunde nicht existiert; da ferner die epische Darstellung des städtischen Lebens: das angemessene Fenster, Haus, Straße etc. in diesem Augenblick nicht zu erreichen ist, muß man fragen «*wem* angemessen? was ist zu tun?» In der kurzen Phase großbürgerlicher Hausbaukunst, die ich erwähnte, konnte diese Frage noch beantwortet werden. Wie steht das heute?

Gibt es – das wäre die einzige Frage, die man allenfalls mit einiger Hoffnung auf eine Antwort stellen könnte – Wohnbedürfnisse recht allgemeiner und feststellbarer Natur, Wohnbedürfnisse, die man geflissentlich seit (spätestens) den Siedlungen von Oud übersehen hat, welche so ausgeprägt und – wie gesagt – allgemein sind, daß sie sich im Bau des Hauses und der Stadt niederschlagen könnten? Diese Frage birgt die Gefahr einer konservativen und sentimentalen Antwort in sich; und ich bekenne, daß ich, durch die eigene Muthesianische Vergangenheit geprägt, in Gefahr bin, mich bei einer solchen Antwort zu beruhigen; und das wäre wieder eine Illusion (etwa wie die Nachbarschaft unseligen Andenkens). Wenn ich allerdings mit Leuten spreche, die durchaus nicht großbürgerlich bestimmt sind wie ich und höre, was sie gern wollen: das Alltägliche nämlich, eine Umwelt, zu der man Vertrauen haben kann auch darum, weil sie einem nichts vormacht; eine Umwelt, welche keine Ansprüche stellt und mit der man umgehen kann wie man will; eine Umwelt, in welcher man einander zwar nicht stört, in der man einander aber auch nicht vermeidet (so etwa, daß man einander um Gottes willen nicht in die Fenster kucken darf): die einen, im Gegenteil, dazu zwingt sich zueinander zu verhalten; ein bißchen Garten für die Familie – oder auch Kommune – mit Kindern (es ist auffällig, wie viele Leute das für unabdingbar halten); ein Quartier, welches diese Bedingungen des Wohnens und Arbeitens etc. ungeschminkt zur Darstellung bringt (von ganzen Städten wage ich nicht zu sprechen, da ich meine, die Riesenstadt sei als Einheit nicht darzustellen und werde zusehends mehr polyzentrisch): Wenn ich das höre und bedenke, so habe ich eine sehr schwache Hoffnung, daß eine Vorarbeit für bessere Zeiten: die Zeiten einer neuen Gesellschaft allenfalls jetzt bereits zu leisten wäre (– nicht allerdings so, wie Herr Lehmbrock das macht).

Das sind Gemeinplätze, und schlecht begründete Gemeinplätze dazu; und jeder kann sie aussprechen. Lehmbrock hat zudem Leuten wie mir gegenüber den Vorteil, daß er etwas zeigen kann, während ich nur vage in eine Richtung zu deuten imstande bin (nun, ob es im Falle Lehmbrock ein Vorteil ist, könnte man bezweifeln; but you see what I mean). Und darum meine ich, daß von einem Referat von yours truly nichts zu lernen wäre und meine ferner, daß es wohl besser sein wird, in einem ernsthaften städtebaulichen Forum von einem solchen Referat abzusehen.

Mit bestem Gruß und Dank und Gruß an Ihre liebe Frau

Ihr J. P.

# An Hermann Fehling

[1 Berlin] 33. Tölzerstraße 30.
823 25 53.

24. 11. 74

Professor Hermann Fehling.
1. Berlin 33.
Margaretenstraße 5

Lieber Hermann,

vielen Dank für den Brief und die Rede.[290]

Die Rede hat bereits die meisten der Zweifel, die ich bei meinem ersten Besuch des Gebäudes hatte, zum Schweigen gebracht. Meiner Absicht, über das Haus etwas zu sagen gegenüber – und Deiner Aufforderung, es zu tun – beziehe ich mich auf den letzten Absatz Deiner Rede. Sie besagt, um es kurz und grob zu sagen, das gleiche, was das englische Sprichwort meint: the proof of the pudding is in the eating; will sagen: Man müßte mit vielen Beteiligten sprechen, um zu lernen, ob der Bau «paßt»: nicht nur mit Becker, sondern mit vielen seiner Mitarbeiter, worunter die Wissenschaftler in den Zellen zu verstehen sind, die Leute in der Bibliothek: Bibliothekare wie Benutzer, die Leute in der Kantine – wieder Kantinenpersonal und Esser, den Hausmeister, und die Benutzer der Hörsäle. Man sollte sogar mit den Bauleuten sprechen; und mit Leuten, die vorübergehen.

Ich habe bislang nur mit einem Wissenschaftler gesprochen, mit einem zweiten ganz schnell, mit Herrn Weber aus der Druckerei, der uns bei meinem zweiten Besuch herumgeführt hat, mit meinem Sohn Ben, mit der Inhaberin des Papiergeschäftes am Roseneck und mit unserem Kollegen Mansfeld, mit meiner Frau, mit Ullmann (mit Gogel !!).

Von Mansfeld zuerst zu sprechen: Er vertritt, wie Du weißt, ganz eigentlich die gegenteilige Auffassung zu einem Bau wie dem Euren. Er ist der Mann der seriellen Architektur, welche aus einem einzigen Element den ganzen Bau entwickelt. Das ist ihm im Israelmuseum[291] gelungen, beim Saalbau auf dem Carmel[292] ist es ihm, fürchte ich, mißlungen.

Es gibt kein für alle Aufgaben gültiges Rezept. Ich habe mit Mansfeld beide Bauten besucht: das Max-Planck-Institut und das Institut an der Lichterfelder Dorfaue.[293] Eben an diesen beiden Häusern kann man ablesen, daß es nicht ein allgemein gültiges Rezept gibt; denn sie zeigen zwar die Hand Fehling-Gogel – wenn man zwei Hände eine nennen kann, was in diesem Falle wohl angängig ist –, sie sind aber in der Form und der Stimmung vollkommen voneinander verschieden.

Über den Ausflug mit Mansfeld muß ich Dir einige Worte der Entschuldigung sagen: Ich bin da hinter die Schule gegangen, d.h. hinter die Herbstsitzung. Ich hätte an dem gleichen Tage, dem Sonntag, nach Heppenheim fahren müssen, um bei einer Elternversammlung der Odenwaldschule anwesend zu sein. Ich bedaure sehr, daß ich das nicht konnte. Aber der Zustand meiner Frau (nicht nur die Operation, die wir an unserer Katze haben vornehmen müssen und bei der ich eben wegen dieses Zustandes meiner Frau zugegen sein mußte) hat mich daran gehindert. Nun hätte ich den Montagmorgen gebraucht, um von Heppenheim zurückzukommen, und so habe ich ihn mir denn genommen, um Mansfeld die beiden Häuser zu zeigen. Ich fand, er dürfte Berlin nicht verlassen, ohne sie gesehen zu haben. Ich meine, man hätte einen Abteilungsausflug dorthin machen sollen.[294] Mansfeld meinte das auch, als er die Häuser gesehen hatte.

Am Sonntag abend hatte Mansfeld uns besucht, und ich habe ihm die Veröffentlichung in der Bauwelt gezeigt.[295] Danach hat ihm der Bau gar nicht gefallen (wie eigentlich vorauszusehen). Um so bemerkenswerter finde ich es, daß der Besuch ihn umgestimmt hat. Er bat mich danach, Euch seine ehrliche Bewunderung auszudrücken. Übrigens hat ihm der Lichterfelder Bau noch besser gefallen, als der Dahlemer. Das ist zu verstehen. Denn der Lichterfelder Bau zeigt die Formen der Architektur von 1930.[296] Er hat die Pilotis, die Fensterbänder, die Leichtigkeit und den Frohsinn einer Architektur, an die wir, um es einmal so zu sagen, gewöhnt sind. Der Dahlemer Bau ist in stärkerem Maße das, was man Neo-Expressionismus nennen könnte. (Nicht, daß diese Züge in Lichterfelde fehlen).

Mansfeld also, der trotz gewisser Kritiken an Einzelheiten ehrlich erstaunt war, als er die Häuser sah, fragte nachher immer wieder: «Aber kann man so eine Stadt bauen?» Er gab zu, daß Ihr eine ganze Stadt auf diese Weise planen könntet, fand aber eben das falsch: eine Stadt müsse open ended sein, also nicht in einem Stück geplant, also (in Mansfelds Sinne) serial. Ich bin geneigt, ihm recht zu geben; aber die Frage ist nicht richtig gestellt: Ihr habt in beiden Fällen einzelne Gebäude geplant, mit individuellen Bauherrn und für einen genau festgelegten Gebrauch. Solche Gebäude gibt es noch und wird es weiter geben. Also ist diese Kritik nicht eigentlich relevant.

Der Wissenschaftler: Ich bin bei meinem ersten Besuch in die Zelle eines Wissenschaftlers geführt worden: er stand gerade auf dem Gang, und als er sah, daß ich mir das Haus anschaute, führte er mich herein und schüttete mir sein Herz aus. Er sagte in etwa: «Die Zelle ist zu klein. Der Schrank nach dem Flur hat die Tiefe eines Kleiderschrankes und ist für Bücher und Akten ungeeignet. Die Zeichnung im Plan, die eine Sitzgruppe vor dem Arbeitstisch zeigt, ist reine Phantasie. *Ich* habe meinen Tisch mit dem Rücken zum Fenster gestellt, so kann ich den Raum einigermaßen benutzen. Man spricht von Orten der Begegnung. Wir haben vorher in einem ganz miesen Hause in der Stadt gearbeitet; aber da bin ich meinen Kollegen öfter begegnet, als hier. Die Treppenhalle? Was habe ich von der Treppenhalle? *Dort* begegnet man einander ganz gewiß nicht. Alles, was ich vom Flur und von der Treppenhalle habe, ist dies: daß sie mich stören: Man hört davon zu viel.» Ich darf hinzufügen, daß sich dieser Mann als ein Feind aller Architektur bekannte. «Baut die Institute so einfach, hart und nüchtern, wie Ihr könnt», sagte er dem Sinne nach, «und Ihr werdet der Aufgabe am besten gedient haben.»

Der andere Wissenschaftler: (beim Besuch mit Mansfeld) «Nein, die Zelle reicht aus. Ich habe hier nur wenige Bücher, und ich brauche im Raum nur wenige Bücher. Der «Kleiderschrank» leistet mir gute Dienste. Ja, auch ich werde durch die Geräusche auf den Gängen gestört. Auch die Außenschale ist zu dünn. Der Charakter des Hauses hat mich anfangs befremdet; aber ich habe mich daran gewöhnt.»

«Ich habe mich daran gewöhnt» ist eigentlich kein positives Urteil. Es läuft darauf hinaus, daß er die Reize der Umgebung nicht mehr wahrnimmt. Dies ist, meine ich, ein echtes Problem. Ich bin ja nun seit langen Jahren jeden Tag in der Akademie.[297] Ich nehme immer noch, und mit Vergnügen, die Reize des Gebäudes wahr. Es ist nicht ganz unmöglich, daß eine einigermaßen neutrale Atmosphäre wie die der Akademie diese Wirkung hat und behält, während ein Gebäude, welches so stark geprägt ist wie das Institut, zuerst befremdet und später nicht mehr wahrgenommen wird; und das wäre schlimm. Du erinnerst Dich vielleicht des Zitates von Voysey in meinem Buch «Anfänge des Funktionalismus». Er spricht da von dem Angriff, den die Retina in einer reichen Umgebung erleide, und der schließlich dazu führt, daß man entweder niemals mit seinen Gedanken allein ist, oder daß man das Sehen verlernt. Einfache und dem Sinn angemessene Gegenstände dagegen werden von der Retina aufgenommen und beigelegt: «So stören sie uns nicht mehr (!) und man ist frei, im Sturm und Sonnenschein der eigenen Gedanken spazieren zu gehen.»[298] Something in that. Auch ich habe bei meinem ersten Besuch empfunden, daß man auf Schritt und Tritt von exquisiten räumlichen Reizen in einer Weise überfallen wird, daß einem schließlich keine Wahl bleibt: Will man sich ihnen nicht zu jeder Stunde hingeben, so muß man sie ignorieren. Ich gestehe, daß beim zweiten Besuch dieses Bedenken erheblich abgeschwächt wurde. Ich muß allerdings ferner gestehen, daß mir der Aufenthalt in den Gängen und Arbeitsräumen des Lichterfelder Institutes auch dann weniger Ansprüche zu stellen schien, was ich als positiv empfand.

Ein Haus, in dem man täglich arbeitet, ist keine Philharmonie.[299] Es ist für mich auch heut noch eine offene Frage, ob man den Rahmen einer gewissen Neutralität bei einem solchen Gebäude ungestraft verlassen darf. Aber eben um diese Frage zu beantworten, müßte man mit viel mehr Leuten sprechen, eigentlich müßte man sogar selbst mindestens eine Woche dort arbeiten.

Herr Weber: befremdlich, aber wunderbar. Die Druckerei im besonderen, also sein eigener Arbeitsbereich, gefiel ihm ausgezeichnet. Allerdings sei sie erst dann ausgezeichnet geworden, als man das Vorhaben der Architekten verhindern konnte, neben den Arbeitsräumen einen Gang anzulegen. Erst seit man den Gang zu den Räumen geschlagen habe, besäßen diese die nötige (auch optisch nötige) Weite und seien nun einzig schön als Arbeitsräume. Er zeigte uns das ganze Haus mit Beifall und Stolz.

Ben: «Doll, wunderbar.» Aber ich bekam ihn nicht dazu, das Haus auch innen anzusehen. Damals konnten wir nur herumgehen. Es war Sonntag (Ben ist Fünfzehn).

Die Inhaberin des Papiergeschäftes. «Wie gut, Herr Professor, daß Sie so mannhaft gegen Verunstaltungen unserer Stadt kämpfen! Da habe ich ein neues Gebäude in der Lentzeallee gesehen, das ist ja greulich. Gegen solche Gebäude müßten Sie Ihre Stimme erheben.» Ich: «Wissen Sie, ich finde es eigentlich ganz schön.» Resultat: Meine Autorität als Schützer der Stadt vor Abscheulichkeiten liegt in Trümmern. Andere Passanten: «Eine Burg und eine Kirche! Da sollte ein Kreuz auf dem Turm sein.»

Von Mansfeld haben wir schon gesprochen.

Meine Frau: Sie hat es nur im Vorbeifahren gesehen. Da gefiel es ihr. Die Innenphotos von Ullmann schienen ihr unräumlich und kaligarihaft: « Wenn es so aussieht, dann ist es zu künstlich-künstlerisch.» Aber wir müssen einmal hineingehen.

Ullmann (Ergebnis einer Unterhaltung nach meinem ersten Besuch, also nicht ganz allein Ullmann): «Man betritt das Foyer der Philharmonie, und zwar ist es künstlerisch noch besser gelungen. Drei Treppen stürmen empor, verflechten sich miteinander, erschließen den absichtlich verwirrenden, piranesischen Raum in immer wechselnden Aspekten. Künstlerisch ist das vollendet; aber wo ist die Philharmonie. Kommt man oben an, so kommt man nirgends an. Man läuft wieder zurück und genießt nun von oben nach unten noch einmal die ganze Komplexheit dieses einzigartigen Raumes. Aber wo ist die Philharmonie? Das ist ein Raum, der in sich selbst seinen Sinn hat. Diese Treppen und Gänge sollten von einer auf- und abwallenden festlichen Menge belebt sein. Das war so bei der Einweihung. Es war ganz herrlich. Aber wann sieht man das im Alltag des Institutes? Hier ist der Raum selbst das Ding, und er sollte doch das Vehikel für die Menschen sein, die sich darin ständig bewegen.» Hierzu noch einmal der zweite Wissenschaftler: «Nein, wir treffen einander nicht in der Treppenhalle: *dort* gewiß nicht.»

Die Halle wirkt in der Tat auf den ersten Blick aufwendig. Analysiert man die Situation, so ist sie das nicht. Sie ist nicht aufwendig im Sinne der beiden Schautreppenhäuser in Hermkes Architekturfakultät[300] Übrigens hat Hermkes diese vertikale Straßen genannt und Orte der Begegnung. Hier ganz gewiß ein Irrtum: Man begegnet einander im Fahrstuhl.

Weiter Ullmann: «Conrads Veröffentlichung ist unkritisch; und der Bau ist zu wichtig, um unkritisch veröffentlicht zu werden. Übrigens: ich habe Lichterfelde genau angesehen: Hier ist die ideale Lösung erreicht. Man müßte beide Gebäude zusammen kritisch und genau besprechen. Wollen Sie das nicht tun?»

Gogel: Er hat mich ganz einfach darauf aufmerksam gemacht, wie viele konstruktiv gleiche Teile verwendet wurden. Man sehe das dem Bau auf den ersten Blick nicht an; aber das sei ein ganz strikter, konstruktiv so weit wie möglich standardisierter Bau. Das sollte man wissen.

Meine eigenen Eindrücke sind ja an verschiedenen Stellen zutage getreten, besonders im Teil «Ullmann». Ich war auch zuerst ganz bereit, eine solche Publikation der beiden Institute zu machen, ihre künstlerische Kraft restlos zu loben und die Kritiken geltend zu machen, die in diesem Brief an einigen Stellen geäußert werden. Jetzt bin ich es weniger, auf jeden Fall nicht ohne eine Vorbereitung, wie ich sie am Anfang dieses Briefes gefordert habe. Die aber kann ich nicht leisten, auf jeden Fall jetzt nicht; aber der Bau läuft uns ja nicht weg. Hätte ich noch mein Kritik-Seminar an der HBK, so würde ich mit diesem beide Gebäude so gründlich vornehmen, wie es sein muß. Das würde ein Semester in Anspruch nehmen, und es wäre a semester well spent. Leider bin ich emeritiert, und es macht dort niemand mehr dergleichen. Allerdings wird ja der Posten wieder neu besetzt. Und unter den Namen der Kandidaten sind nicht wenige, die das sehr gut machen könnten. Da ich bei der Auswahl der Kandidaten hinzugezogen worden bin, so werde ich mir auch die Freiheit nehmen, dem, der die Stelle bekommt, diese Arbeit zu empfehlen.

Für mich selbst möchte ich hinzufügen: Ich finde den äußeren Aufbau wunderbar, mir gefällt das Klösterliche der Arbeitstrakte und der Höfe. Ich bin sehr glücklich über die Wendungen des Gebäudes und ihre beiden Vorsprünge, welche einen Bewegungszug nach unten weitergeben, ich liebe die Behandlung des Betons und bin gegen jeden Anstrich. (Den Beton hat auch Herr Weber nicht verstanden. Er nannte das «unordentlich».) Ich liebe die Bibliothek ganz außerordentlich: Das ist ein wunderbarer Raum. Glaub's oder nicht: Ich liebe auch die kritisierte Treppenhalle: sehr sogar. Sollte ich mit einigen Bemerkungen Dich verletzt haben, so muß ich zum Abschluß zwei Dinge sagen:

1. Der Bau ist viel zu wichtig, als daß man ihn einfach hinnehmen könnte.
2. Unsere Beziehung, die ich Freundschaft nennen möchte, ist von Anfang an auf Ehrlichkeit gegründet.

Yours very sincerely

J

## An Tilman Buddensieg

24. 6. 76

Lieber Tilman,

schönen Dank, daß Du meiner Unordnung aufgeholfen und mir die Mittig-Rezension[301] noch einmal geschickt hast.

Die Rezension ist natürlich brilliant, und besonders muß ich die kunsthistorische Breite und die weite Literaturkenntnis (sprich «Bildung») bewundern, auf die sie gegründet ist.

Ich habe das Ding von Mittig als Vortrag gehört, und schon dieser Rahmen schien mir für den Gegenstand zu weit. Ich wußte nicht, daß er ein Buch[302] daraus gemacht hat. Mir hat er es wahrscheinlich deswegen nicht geschickt, weil ich bei jenem Vortrag im Werkbund Berlin stark gemotzt habe. Aber vielleicht *hat* er es mir geschickt, und es liegt «irgendwo» ...

Nun ist natürlich auch dieses Essay nicht ganz ohne Verdienst. Es zeigt an den Speer-Laternen gewisse Punkte auf, die mir allerdings typisch für die NS-Architektur und besonders für Speer erscheinen. Dazu gehört die Panelomanie – Kleinfeldteilung – und damit zusammenhängend die ganze Pseudo-Handwerklichkeit der Arbeit; dazu gehört die Steifheit. *Nicht* dazu zu gehören scheint mir die militärische Aufreihung; denn, wie Du richtig fragst, sollten sie die Dinger in Spiralen an die Straße stellen? Ebensowenig gehört dazu der urnenhafte Charakter der Leuchten, den ich einfach nicht sehen kann (schon darum nicht, weil Urnen meistens anders aussehen). Die Pseudo-Handwerklichkeit aber und die Steifheit sind typische N.S.-Züge, und es geht allerdings nicht an, in ihnen, gerade in ihnen, Zeugen einer kapitalistisch-imperialistischen Kontinuität sehen zu wollen.

Es gibt indessen eine solche Kontinuität, es gibt sie zum Beispiel in nostalgischen Architekturen, Fluchtarchitekturen wie den Landhäusern der zehner, der zwanziger *und* der dreißiger Jahre. Hier und in einigen anderen Gebieten ebenfalls ist der Bruch, der mit dem Jahre 1933 eintritt, weniger stark, zuweilen ist er kaum wahrnehmbar. Wieviel Neues, könnte man zum Beispiel fragen, hatte ein Mann wie Werner March zu lernen, um von Architekten der Reichsbanksiedlung in Schmargendorf (1926) zum Architekten der Olympiabauten (1932-1936?) zu werden?

Es hat eine «zweite Tradition der zwanziger Jahre» gegeben – ich habe über das Thema eine Lecture in der Open University[303] im vorigen Jahre gehalten – und diese zweite Tradition führt ziemlich gerade auf das Dritte Reich zu und in dasselbe hinein. Die Weimarer Republik ist ja nicht dasselbe wie das Bauhaus oder der Werkbund der zwanziger Jahre. Man kann durchaus eine gewisse Kontinuität vom Wilhelminismus über Weimar bis ins Dritte Reich und darüber hinaus feststellen, man kann auch auf gut historisch-materialistische Weise darauf hinweisen, daß gewisse gemeinsame Züge zu erwarten sind, da die gleichen sozio-ökonomischen Bedingungen auch und gerade im Bauen gewisse Voraussetzungen und auch Auffassungen festlegen. Dem könntest Du allenfalls zustimmen; aber – da stimme ich Dir zu – wenn man das festgestellt hat, so hat man herzlich wenig gesagt. Denn das Wichtige sind in der Tat nicht die Gemeinsamkeiten, sondern die Nuancen – um es einmal absichtlich understating so zu nennen, das Interessante ist die ganz besondere Form, welche die Nazi-Architekten gefunden haben – und die wichtige Frage ist hier, warum sie sie gefunden haben –, oder auch die sehr besondere Prägung der Architektur, die man heute ein wenig unscharf die funktionalistische nennt – und die Ideen – oder auch Ideologien – , die *dieser* Architektur zugrunde liegen. Diesen Wandlungen gegenüber eine Kontinuität gleichwohl zu behaupten und, wenn irgend möglich, zu definieren, halte ich für legitim, sogar für lobenswert. Leider sind die Speer-Laternen eben hierfür das denkbar ungeeignetste Objekt – und die Mittig-Methode die denkbar ungeeignetste Methode. Wenn er vollends die Laternen an der Stalin-Allee[304] zu positiven Gegenbeispielen erhebt, während es sich da nun *wirklich* nur um Nuancen handelt – dann legt er seine Karten auf den Tisch und zeigt, woher der Wind weht, nämlich aus der tief unsicheren, abhängigen und ungeklärten Kunstlehre der DDR –. Wenn ein Kritiker sich *zwingt*, zu einer bestimmten Phase einer Entwicklung Ja zu sagen, obwohl er doch weiß und auf jeden Fall wissen sollte, daß es sich hier um eine Phase handelt, in der «sozialistische» Resultate gar nicht zu erwarten sind, erst dann disqualifiziert er sich als Kritiker überhaupt.

Er wird dann nämlich eben das, was die offiziellen Lobredner des Dritten Reiches waren: einer, der par ordre de Mufti vergessen muß, was ihm jede Kulturgeschichte – marxistisch oder nicht – gelehrt haben sollte, nämlich, daß man gültige Resultate nicht durch Dekret bewirken kann, daß weder das völkische Reich, noch das sozialistische auf Grund einer Machtübernahme urplötzlich in Erscheinung tritt, fix und fertig wie Athena dem Hirn des Zeus entstieg.

Ich sage das alles aber, weil ich eine historisch-materialistisch gegründete Geschichte der Architektur – und das hieße auch Kritik der Architektur – durchaus für möglich und sogar für wünschenswert halte. Nur müßte sie allerdings historisch-materialistisch sein – und eben das ist Mittigs Fummelei nicht.

Vielen Dank noch einmal für Deine Rezension.

Yours ever

J.

Form – Entschuldigung

## An Herbert Ensslin

27. Oktober 1977

Herrn Pfarrer
Herbert Ensslin
Taubenstraße 61
7000 Stuttgart 1

Sehr geehrter Herr Pfarrer Ensslin,

obwohl ich gar nicht weiß, wie ich Sie an diesem traurigen Tage ansprechen soll und was ich Ihnen sagen kann, fühle ich seit Tagen und heute unwiderstehlich stark das Bedürfnis, Ihnen zu sagen, daß es in Deutschland einige gibt, die Anteil nehmen. Ihre Tochter hat so viel gelitten wie wenige Menschen. Ich wage nicht mir auszudenken, was Sie gelitten haben. Daß ihr Tod in jeder Hinsicht dunkel ist, haben Sie heut selbst gesagt. Auch dies ist quälend. Es wäre sehr anmaßend, wollte ich einem Diener der Kirche Mut zusprechen. Ich bitte Sie nur, meinen Händedruck anzunehmen.

Ganz mit Ihnen

Ihr J. P.

## An Helmut Gollwitzer

29. 5. 78

Herrn Professor
Dr. Helmut Gollwitzer
Kirchengemeinde Dahlem
1000 Berlin 33

Sehr verehrter Herr Gollwitzer,

mit Verwunderung habe ich gesehen, daß unter einem Aufruf,[305] welchen Sie und auch ich unterzeichnet haben, nur drei Namen stehen: Ihrer, der der Frau Drewitz und meiner.

Ich brauche Ihnen nicht zu versichern, daß ich es als eine Ehre empfinde, daß mein Name in dieser Gesellschaft erscheint; trotzdem halte ich das Verfahren für nicht ganz korrekt und habe in diesem Sinne eben an Herrn Dieter Hoffmann-Axthelm geschrieben. Ich schrieb, daß mir dieses Vorgehen darum bedenklich erscheint, weil die Unterschriebenen sich, selbst wenn sie wollten, dagegen nicht wehren können, weil dies der Sache – Verteidigung der Herausgeber des Buback-Nachrufs – schaden würde. Ich nehme an, daß auch Sie dieser Meinung sind.

Inzwischen sind wir drei nun auf Grund der Unterschriften zu einem Comité ernannt worden, und dies scheint mir aus dem gleichen Grunde nicht korrekt zu sein.

Da aber dieses Comité nun (ohne unser Zutun) offiziell geworden ist, so werde ich auch dagegen nichts unternehmen und hoffe, daß auch Sie damit einverstanden sind. Wir werden also irgendwann in nicht zu ferner Zeit zusammenkommen müssen, Frau Drewitz, Sie und ich, und überlegen, was in dieser Sache unsere Aufgaben sind.

Mit bestem Gruß, ergebenst

Ihr

J. P.

# An Ingrid Krau

2. 6. 79

Liebe Ingrid,

es ist sehr lieb von Ihnen, daß Sie auf eine schnelle Antwort verzichten, weil ich so viel zu tun habe; aber eben weil ich so viel zu tun habe, möchte ich mir den Luxus leisten, Ihnen zu schreiben. Jemand hat gesagt, wenn man seine Pflicht wirklich tun will, tut man nichts anderes. Ich tue mal was anderes; denn einmal habe ich mich über Ihren Besuch und über den Brief sehr gefreut, und zweitens kann ich Gedanken niemals einrosten lassen. Sie verflüchtigen sich dann. Es ist besser, gleich dazu Stellung zu nehmen, was Sie mir zu lesen gegeben haben. «Pflichtgemäß» habe ich allerdings nur die Mahler-Literatur gelesen. Die Rosa-Briefe[306] können warten.

Also Mahler und die Isolationsfolter, Mahler und die Verjährung.

Ad 1: Auch ich sehe da nicht recht durch. Mahlers Stellung zu den Leiden der Isolationshaft scheint mir mehr eine religiöse zu sein als eine politische; denn es ist da im wesentlichen von dem Bestehen der Leiden die Rede, nicht aber davon, ob ein Staat das Recht hat, sie aufzuerlegen. Ich sage «im wesentlichen»; denn es ist auch von einer anderen, in der Tat politischen Frage die Rede. Davon nämlich, welche Wirkung die Angriffe auf den Staat wegen der Isolationshaft auf junge dem Staat gegenüber kritische Menschen haben. Mahler sagt, die Angriffe würden solche Menschen in den Terror treiben, da es einem fascistischen Staat gegenüber kein anderes Mittel gebe als die Gewalt.

Wenn man dem Worte fascistisch endlich die Ruhe gewähren wollte, die es verdient, so wäre diese Frage einfacher. Die Bundesrepublik ist nicht fascistisch, trotz vieler Fascisten in Amt und Würden und trotz fascistischer Neigungen bei vielen ihrer Getreuen. Sie ist etwas anderes schon aus dem Grunde, daß sie es nicht nötig hat, fascistisch zu sein. «Alte Rollen, abgespielte Rollen», sagte Bonaparte, als man ihn mit Caesar und Cromwell vergleichen wollte. Zu diesen alten, abgespielten Rollen gehört gegenwärtig der Fascismus. Warum die Bundesrepublik nicht fascistisch zu sein braucht, und was sie wirklich ist, das wäre immerhin bedenkenswert. Daß aber der Hinweis auf die Formen der Unterdrückung, die sie ausübt, wenn man darauf verzichtet, diese Formen fascistisch zu nennen, junge Menschen, die dem Staat kritisch gegenüberstehen, dem Terrorismus in die Arme treibt, vermag ich nicht einzusehen. *Diese* Reaktion war immer ein Kurzschluß; ich gebe zu, daß der Kurzschluß durch das Jonglieren mit dem Wort fascistisch nahegelegt wurde: Mit Fascisten kann man nicht reden, man kann sie nur ermorden. Daß das Selbstmord ist, daß es die Auseinandersetzung mit diesem Staat erschwert hat und erschwert, daß es unserer Sache schadet, der Sache der Veränderung, das wissen wir ja alles. Aber auch hier haben sich die Zeiten etwas geändert, und gegenwärtig sehen, meine ich, viele der jungen Leute, die um1970 Terroristen geworden wären, daß es durchaus andere Formen der Auseinandersetzung gibt. Dazu würde eine klare und scharfe Kritik der Isolationshaft von Seiten eines Mannes, der sie am eigenen Leibe erfahren hat, beitragen. Indem Mahler sagt, man könne sie überstehen, sie setze dann sogar geistige Kräfte frei, *scheint* er zu sagen: «So schlimm ist das ja nicht.» Und das, meine ich, hat er nicht einmal beabsichtigt. Fazit: wie Sie, kann ich Mahler in diesem Punkte nicht zustimmen.

Ad 2: Dagegen stimme ich ihm im Falle der Verjährung zu. Flechtheims Argumente scheinen mir alt und abgedroschen. Mahler weist auf zweierlei hin: auf das Prinzip der Verjährung und auf die Expediency ihrer Aufhebung heute. Was er über das Prinzip der Verjährung sagt, wird wohl niemand bestreiten wollen. Über die Expediency ihrer Aufhebung sagt er noch nicht einmal genug, obwohl er da Wichtiges andeutet. Die Bundesrepublik hat da alles versäumt zu tun, was nötig gewesen wäre; und zwar absichtlich. Natürlich befand sie sich in einer schwierigen Lage, da sie von aktiven Nazis in einem Maße durchsetzt war, daß sie sich sozusagen selbst den Prozeß hätte machen müssen, wenn sie allen denen den Prozeß machen wollte, deren Gewissen in dieser Hinsicht nicht rein sein konnte. Heute ist eine Aufhebung der Verjährungsfrist ein Mittel, vor sich selbst und nach außen gut dazustehen. Daß die Sache in den meisten Fällen akademisch ist, wissen natürlich alle. Es sind keine Zeugen mehr da, die, die noch da sind, erkennen in dem Graubart in der Anklagebank den forschen SS-Mann nicht wieder, der sie malträtiert hat, kurz, es wird zu weiteren Freisprüchen kommen, mangels an Beweisen, so wie das im Majdanek-Prozeß bereits der Fall gewesen ist.

Besonders aber hat, meine ich, Mahler recht, wenn er darauf hinweist, daß diese Vergangenheit nicht dadurch zu bewältigen ist, daß man sich die «Schuldigen» herausgreift. Als ob wir nicht alle schuldig wären. Ich sage mit Bedacht «wir alle», obwohl ich doch ein schönes Alibi habe: 33 bin ich ausgewandert. Ich war nicht dabei, kein Gericht könnte mich belangen. Heißt das, daß ich nicht mit dem Nationalsozialismus kokettiert habe? Ich will Ihnen eine für mich sehr kompromittierende Geschichte erzählen: Als ich ausgewandert war, erschien bei dem Hausmeister der Wohnung, die ich zuletzt innehatte, ein Herr von der Gestapo: «Hier hat Herr Posener gewohnt, ein Kommunist.» «Kein Kommunist.» «Also ein Sozialist.» «Kein Sozialist.» « Aber ein Jude.» «Jawohl, Herr Posener ist Jude.» « Dann ist er auch Kommunist.» «Ich will Sie mal was sagen», bemerkte der Hausmeister, ein alter Kumpel von der Ruhr, «wenn der *nicht* Jude gewesen wäre, dann wäre er ein besserer Nazi als Sie.» Worauf der Herr von der Gestapo noch bemerkte: «Na, was das angeht, besserer Nazi als ich, das könnte schon sein.»

Ich will Ihnen hier nicht etwa Geständnisse machen; aber was habe ich an Juden gesehen, die gern, liebend gern mitgespielt hätten, was habe ich in Palästina an Zionisten gesehen, die Fascisten waren! Da schreibt im Tagesspiegel eine alte Jule namens [...]. Die berichtet aus Israel. Das ist immer noch so eine.

Man muß also den nationalsozialistischen Staat in seiner Aktion genau kennenlernen und besonders in seiner Vorgeschichte und in dem Umfange seiner Wirkung in Deutschland. Das zu tun hat man, auf jeden Fall bis vor kurzer Zeit, vermieden. Und jetzt hält man sich an die paar überlebenden Aktiven, die, wie Mahler richtig sagt, auf ihre Art ebenfalls Opfer gewesen sind und will alles Unbewältigte auf sie abladen, wohl wissend (wie gesagt), daß es gar nicht mehr geht, daß man empörende Freisprüche herstellen wird. Aber dann sind wir in Ordnung, dann haben wir bis über das Letzte hinaus unser Möglichstes getan.

Ich hätte das so genau nicht auszuführen brauchen, denn ich paraphrasiere ja nur Horst Mahler. Er hat mich eben überzeugt: Bis gestern war ich auch gegen die Verjährung, weil ich in erster Linie an die dachte, die sie wollen, und zwar aus ganz anderen Gründen als Horst Mahler. Übrigens sind diese Leute nicht ganz undumm; denn sie wissen ja, daß Freisprüche dabei herauskommen werden. Warum also sollten sie sich nicht des billigen Mittels der Nicht-Verjährung bedienen, um sich rein zu waschen? Oder gibt es da noch viele, die sich selbst bedroht fühlen? Das glaube ich nicht. Die ganze CDU kann doch nicht aus Filbingers bestehen. Ich glaube, die sind einfach in ihren allgemeinen Sympathien getroffen, und natürlich halten sie es für gut, den ganzen Zwischenfall endlich zu vergessen; was indessen auch nicht ganz undumm ist; denn je länger die Leute an den Zwischenfall denken, um so später werden sie an die Gegenwart denken. Die ganze Nazi-Angelegenheit verschafft ja den Bundesrepublikanern ein Alibi:

Ei ja, da bin ich wirklich froh,
Denn, Gottseidank, ich bin nicht so.

wie der gute Onkel Nolte gesagt hat. Sie erinnern sich ja auch an die beiden Zeilen, die vorhergehen:

Das Gute, dieser Satz steht fest,
Ist stets das Böse, was man läßt.[307]

In diesem Sinne ist die «bewältigte» Vergangenheit allen denen nützlich, die es nicht mehr nötig haben, Fascisten zu sein.

Herzlichst, und mit Dank an Manfred Walz dafür, daß er mir die Texte herausgesucht hat.

Ihr

J

Anmerkung zur Frage der Schuldigen eines Regimes: Der Repräsentant des Convents Carrier hat in Nantes ziemlich schlimm gewütet. Die Guillotine schien ihm in der Vendée zu langsam zu arbeiten, er lud die Leute auf Schiffe, die er in der Loire versenken ließ, er dachte sich auch den Scherz der «revolutionären Hochzeiten» aus: Da wurden ein Mann und eine Frau zusammengebunden und so in den Fluß geworfen. Robespierre wollte ihn zur Verantwortung ziehen, kam aber nicht mehr dazu. Nach dem 9. Thermidor brachte man Carrier nach Paris und stellte ihn vors Revolutionsgericht. Carrier sah sich um und sagte: «In diesem Raum ist jeder Tisch schuldig.»

P.S. Habe inzwischen die Rosa-Briefe gelesen. Man müßte mehr über Jogiches wissen und über diese Beziehung, um sich da ein Urteil bilden zu können. Rosa zu verstehen und zu «genießen» ist wahrscheinlich für einen Mann nicht ganz leicht. Selbstgefühl und das Verlangen nach Erlösung durch die Liebe; Exaltation, Konsequenz, Weisheit. Sie hat Dinge über die Umstände gesagt, unter denen der Terror möglich und gültig ist – die Erklärungen der Berliner Beschuldigten im Falle Mescalero-Veröffentlichung[308] zitieren sie –, die zu bejahen mir nicht leicht fällt. Ihre Tragödie ist, daß sie mit offenen Augen in eine Aktion mit eingetreten ist, welche Liebknecht gegen ihren Willen ins Rollen gebracht hatte. Wenn die deutschnationale Zeitung von einem Blutbad spricht, das sie und Liebknecht angerichtet haben, so ist das stark übertrieben. Das Blutbad wurde in jenen Jahren stets von der anderen Seite angerichtet; aber es ist Blut geflossen, und Rosas Tragödie ist, daß sie *wußte*, daß es in diesem Augenblick vergeblich fließen würde (und daß ihr eigenes Blut dabei fließen müßte). Was mir neu war, ist, daß sie in ihre sehr negative Beurteilung ihrer Mitstreiter Liebknecht eingeschlossen hat: «ein Schritt nach links, ein Schritt nach rechts.» Womit sie wahrscheinlich recht hatte. (Der stärkste Beweis ist eben jenes impulsive Mitgehen Liebknechts mit der Spartacus-Revolution, die, wie er hätte wissen müssen, verfrüht war.) Rosa Luxemburg ist wahrscheinlich die einzige große Persönlichkeit der Jahre 18/19 gewesen. Ich möchte gern mehr über sie erfahren. Sicher gibt es Bücher. Kennen Sie gute?

Die Aktion Spartacus im Januar 19 hat die Reaktion in der Weimarer Republik beschleunigt. Sie wäre allerdings ohne diese Aktion auch gekommen. Als die Ärzte meinem Großvater sagten, eine Operation gäbe ihm bei seiner Krebskrankheit eine fifty/fifty Chance, sagte er: «Dann bin ich doch so und so verratzt.» Ungefähr so war die Lage der deutschen Revolution Anfang 19 auch. Man konnte operieren, man konnte zuwarten: so und so verratzt.

Ich war damals vierzehn Jahre alt. Liebknecht und Luxemburg waren für uns Bürgerkinder in Lichterfelde so etwas wie der Teufel und seine «Muhme die berühmte Schlange». Der Bericht des «Volkszornes» hat mich allerdings in helles Entsetzen gestürzt. Mir war immerhin auch damals klar, daß sich *das* niemals würde «bewältigen» lassen.

# An Lotte Cohn

8. 6. 79

Liebe Lotte,

in dem Film erscheint einmal Ihr Gesicht, und zwar groß. Das hat mich sehr gefreut. Auch Arieh Sharon kam eine ganze Zeit zum Sprechen. Übrigens war das ganze nicht schlecht, der gute Tumler hat seine Sache gut gemacht.[309] Was er alles hat weglassen müssen, wissen wir beide, er und ich. Der Film brachte die merkwürdigsten Reaktionen: Zwei alte Damen aus Wirsitz fragten mich, wie es da aussieht. Mein Großvater ist dort geboren, und die Guten dachten, das wäre ich: «Sie sprechen aber wirsitzisch», sagten beide übereinstimmend. Trude Böttcher rief an, die Tochter des «Portiers» in unserem Hause in Lichterfelde. Eine alte Dame, die einmal sechs Wochen als Kind in unserem Hause gelebt hatte – sie war 1914 Ostpreußen-Flüchtling – schrieb, sie hätte gern geweint bei dem Film, aber Tränen schaden ihrem alten Auge so (Bindehautentzündung). So habe sie sich denn zusammengenommen. «Was haben Sie für ein wunderbares Elternhaus gehabt!» Das war schon sehr rührend. Der Film war eine Begegnung mit mir selbst und fällt darum in eines der Themen Ihres schönen Briefes.[310] Ich war etwas verwundert darüber, wie angenehm ich doch letztenendes sein kann, war auch über meine Wirkung als Vorlesender erstaunt, ich meine, über den Eindruck, den ich auf mich selbst dabei machte. «Mann», sagte Margit Scharoun am Telefon, «Sie spielen ja alle an die Wand, Sie sollten Rollen kriegen.» Ergo, Sie haben recht: Man kennt sich nicht. Ich kenne das Üble an mir, glaube ich, sehr genau. Wovon man sich keine Vorstellung macht, ist eben die Wirkung auf andere. In meinem Falle ist sie mir immer noch ein Rätsel. Ich war ganz vergnügt, als der Film zu Ende war, daß er mir nicht peinlich gewesen ist. Davor hatte ich natürlich Angst. Wir haben ihn zusammen gesehen, Ikke und ich, Alan und Maria, seine Frau, Lukas und seine Freundin Mara.[311] Die fanden es auch nicht peinlich. Nur Ikke sagte später eine Stelle über den Bruder Ludwig betreffend: «Ja, der große Mann mit dem Bruder-Komplex.» Ach, übrigens hat mir der Sohn des Lehrers Haacke geschrieben, und zwar sehr nett und interessant. Er hatte von seinem Vater offenbar wenig Ahnung; aber das mag auch an der Verdüsterung seines Bildes durch sein Nazitum liegen.

Ihr Erlebnis mit Ihrer Freundin[312] ist wirklich meinem mit dem Lehrer Haacke sehr ähnlich. Wahrscheinlich haben das auch andere Juden erlebt. Wie diese unsere guten Freunde ihren Antisemitismus mit ihren eigenen Erfahrungen vereinigen konnten ist schwer vorzustellen. Wie man überhaupt den Juden eine so überwältigende Einwirkung auf das Leben in Deutschland hat zuschreiben können, ist nicht ganz leicht zu verstehen. Ich habe damals öfter Deutsche gefragt: «Wieviele Juden leben in Deutschland?» Die Antwort schwankte zwischen anderthalb und drei Millionen. Niemand wollte mir die 600 000 glauben, die es wirklich waren. Natürlich waren wir in einer Stadt wie Berlin sehr im Blickfeld. Ich machte den Schüttelreim:

Vor einem Bachkonzert im Kassenraum
Siehst Du meist Juden, andere Rassen kaum.

Nun ja, diese starke Gegenwart der Unseren an sichtbarer Stelle hat schon Herzl bemerkt und daraus seine Konsequenzen gezogen.

Was den Goethe und die Wahrheit betrifft, so haben Sie natürlich recht. Ich lese gerade Dichtung und Wahrheit, brauche lange dazu, weil ich einige andere Bücher dazwischen gelesen habe. Hätte man nur diese Quelle, so könnte niemand eine Goethe-Biographie geschrieben haben. Hat man Friedenthal gelesen,[313] so bemerkt man zwischen den Zeilen einiges, was man sonst überlesen hätte. Vieles in dieser Erzählung ist wunderbar, und das Ganze ist ein sehr kunstgerecht gebautes Werk. Es zeigt, wie schwierig es ist, sich zu erinnern, es zeigt auch, daß der alte Goethe Eindrücke, die der junge erhalten hat, ganz bewußt im Lichte seiner späteren Erkenntnisse stilisiert. Das betrifft zum Beispiel das Straßburger Münster. Vieles wird verschwiegen, und zu Recht, weil vieles uns nichts angeht. Ob Goethe sich besser gekannt hat, als wir uns selbst kennen, bleibt eine offene Frage. «Er weiß wenig von sich», läßt Thomas Mann in dem Lotte-Roman Riemer sagen, den Adlatus. Vielleicht hat er von seiner schöpferischen Kraft nicht eben viel gewußt, und ich könnte mir vorstellen, daß sie ihm selbst erstaunlich gewesen ist. Faust: «Und werde selbst mir ein Idol.»

Es ist überhaupt sehr die Frage, wieviel die großen Künstler in dieser Hinsicht von sich selbst verstehen. Ich glaube nicht, daß einer von denen nicht gewußt hat, daß er etwas sehr Besonderes war. Sie waren auch nicht bescheiden. («Nur die Lumpe sind bescheiden», sagte Goethe.) Aber mir scheint, sie haben sich selbst anders eingeschätzt und auf andere Dinge in ihrem Werk Wert gelegt als die Nachwelt. Und in dieser Beziehung hat die Nachwelt auch durch das Vergehen der Zeit ebenso aus ihrer Umgebung herausgehoben wie die großen Alpengipfel, deren Bedeutung man ja auch erst von weitem sieht: So ein Bach, den die Leipziger schließlich genommen haben, weil sie, wie ein Ratsherr sagte, die Besten nicht bekommen konnten und sich mit einem Mittleren begnügen mußten. (Sie wollten Telemann haben oder einen Organisten aus Darmstadt, von dem man nicht einmal mehr den Namen in der Musikgeschichte erwähnt.) Die anderen, die Nebengipfel, waren sicher keine belanglosen Erscheinungen. Aber der Eine wächst dann zu einer Größe, von der er selbst wohl nichts gewußt hat. Bei Goethe war es allerdings schon anders. Er stand auch in der eigenen Zeit als der Eine da, und er wußte das immerhin.

Obwohl Sie aber mit der Kritik der «wahren Wahrheit» recht haben, möchte ich doch sagen, daß ich das etwas anders gemeint habe, als Sie es verstehen. Friedenthal geht sehr genau auf das Unsystematische bei Goethe ein, er zitiert Schiller: «Goethe arbeitet nicht genug», er spricht von unproduktiven Perioden. Ganz so wird es wohl doch nicht gewesen sein. Man weiß, daß Goethe sich nicht an ein Werk gezwungen hat, wenn er sich nicht produktiv dazu angeregt fand, man weiß aber auch, daß er, besonders im Alter, einen wahren Kult mit der Zeit getrieben hat. In einer Beziehung muß er sich sehr genau gekannt haben: Er wußte, wie man mit den erstaunlichen Kräften umzugehen hat, die ihm verliehen waren, wann etwas gelingen konnte und wann nicht. Dies, allerdings, ist ein Teil seiner Größe: Eben dadurch, daß er sich nicht an einer Arbeit zu Tode abmüht, bleibt er frisch und kann jeder Arbeit seine ganze Kraft geben. Diese Ökonomie im Umgang mit seinen Kräften ist wahrhaft bewundernswert.

Übrigens schreibt er, daß er in Straßburg zuerst anfing, an den Faust zu denken, und daß er oft daran gedacht hat. Er habe aber damals nichts aufgeschrieben. Das soll ihm mal einer nachmachen. Und auch das, daß er sich, wenn er sich zu einer Arbeit nicht aufgelegt fand, ja nicht hingesetzt hat und nichts getan. Dann hat er eben ein anderes Unternehmen voran gebracht. Er hat also diese Fäden alle gleichzeitig in der Hand gehabt und konnte den einen weiterspinnen, wenn er den anderen nicht angreifen wollte – oder konnte.

Es ist eigentlich sehr schön, daß wir beide uns auf unsere alten Tage mit Goethe beschäftigen. Ich habe mir zum Fünfundsiebzigsten einen guten Goethe gewünscht. Ich habe einen von meinen Eltern geerbt, und der ist zwar nicht vollständig, aber doch sehr reichhaltig. Das sind aber sechs schwere Bände, und man braucht leichte, handliche Bände, um im Bett zu schmökern.

Dann habe ich mir aus Versehen den Insel-Goethe angeschafft: aus Versehen, weil ich beim Durchsehen im Buchladen eine Seite umgeknickt hatte; und da das ganze Ding so billig war, habe ich ihn eben gekauft. Aber da steht nur wenig drin, das ist eine viel zu enge Auswahl. Irgendwann hört man, Goethe habe sich sehr interessant über Mirabeau geäußert, und das finde ich nicht in dem elterlichen Goethe, noch in dem Insel-Goethe. Gerade solche Sachen möchte man aber nachlesen, wenn die Gelegenheit gerade sich bietet, ich meine, wenn man so etwas erfährt; und das leisten meine Goethes beide nicht.

Vielleicht komme ich doch mal zum Schmökern. Jeden Tag bekomme ich irgendein Buch geschickt, und immer will der freundliche Spender, daß ich es bespreche. Meistens muß ich auch; denn die Bücher sind von guten Bekannten geschrieben, und man kann die Leute ja nicht vor den Kopf stoßen. Eines allerdings lerne ich langsam: die hundert Einladungen abzulehnen, hier, dort und noch woanders einen Vortrag zu halten. Es geht einfach nicht mehr. Man kommt nicht mehr zum Leben. (Und man sagt ohnehin immer das gleiche). Das immerhin ist heute anders als früher, wo es noch keine Flugzeuge gab. Man hat Leute, die sich einen Namen gemacht haben, nicht so verschlissen und verbraucht. Man hat sie arbeiten lassen. Vielleicht schaffe ich es auch noch einmal. Heute früh habe ich eine ganz unangenehme Arbeit der erwähnten Art gemacht und gönne mir darum jetzt am Nachmittag die Zeit, an Sie zu schreiben, nachdem ich mit großem Vergnügen Ihren Brief gelesen habe. Schreiben Sie bald wieder!

Ihr J.

## An Tilman Buddensieg

1. 5. 80

Lieber Tilman,

Dein Brief[314] ist sehr interessant, und ich bin Dir dankbar für die Mühe, die Du Dir mit mir gibst. Es kam mir in dem Buch nicht darauf an, Friedrich Naumann zu beurteilen. Dazu weiß ich zu wenig über ihn, und Naumann war nicht Thema meines Buches.[315] Es kam mir auch nicht darauf an, Schultze-Naumburg zu beurteilen oder Theodor Fritsch. Ganz besonders ist es mir nicht darum zu tun gewesen, den Nachweis zu führen, wer von diesen Gestalten der Zeit des Kaisers dem Nationalsozialismus gegenüber tadlig oder untadlig gewesen sei. Der Nationalsozialismus kam später. Es tut mir nun fast leid, daß ich ihn überhaupt erwähnt habe; aber im Falle Schultze-Naumburgs (zum Beispiel) war die Erwähnung wohl nicht zu umgehen. Natürlich stehe ich etwas anders zum Nationalsozialismus als meine deutschen Leser. Ich darf ihn, dank meines bequemen Alibis, einfach als eine geschichtliche Erscheinung ansehen. Meine deutschen Freunde beziehen ihn auf sich selbst und messen an ihm Gestalten der Vergangenheit in unserem Jahrhundert.

Was den Naumannschen Katechismus angeht, so steht vieles in ihm, was mir nicht sehr gefällt, was ich aber als der Zeit zugehörig anerkenne. Dazu gehören auch die Bemerkungen zur Judenfrage.[316] Natürlich ist hier, bei dieser Frage, der Nachteil auf meiner Seite. Hier bin *ich* empfindlich. Meiner Mutter Familie ist alteingesessen, mein Großvater väterlicherseits war ein Ostjude (Wirsitz in der Provinz Posen, daher dann der Name: ursprünglich hieß er Samuel). Was bin ich nun? Ein Alteingesessener, der sagen darf, es könne eine Judenfrage gar nicht geben oder ein Ostjude, der sich als Zuwanderer sehen muß? Was die Zuwanderer selbst angeht: Haben sie den Schaden angerichtet, den man ihnen damals zugeschrieben hat? Es hat in den zwanziger Jahren viele «arische» Schieber gegeben; aber die Namen Barmat, Kutisker, Sklarek wurden erwähnt, und sie wurden sehr gezielt erwähnt. Waren, will ich fragen, die Ostjuden Anlaß oder Bestätigung des Antisemitismus? Und was sind die wahren Ursachen dieses Antisemitismus, schon beim «Rembrandtdeutschen», schon bei Dühring? (und bei Marx, bei Gott!...)

Du nennst Naumann untadlig. Ist das ein historischer Begriff? Untadlig wem gegenüber? Den Juden? Ich weiß nicht, die Behandlung der Judenfrage im Katechismus befriedigt mich nicht ganz; dem zukünftigen Nationalsozialismus gegenüber? Wahrscheinlich; obwohl in den Nationalsozialismus sogar liberales Gedankengut eingeflossen ist: der Begriff der Volksgemeinschaft zum Beispiel, die Lehre, daß der Klassenkampf durch die Entwicklung des Kapitalismus überholt sei. Aber untadlig ist auf keinen Fall ein historisch gültiges Epithet.

Und daß man Naumann von rechts her einen Judenknecht genannt hat, besagt wenig. Den armen Helmut Schmidt nennt man von rechts her einen Sozialisten, einen Kollektivisten. Das ist er ganz gewiß nicht. Den Franz-Josef Strauß nennt man von links her einen Fascisten; und man muß der Wahrheit die Ehre geben: *Das* ist er nicht. Der politische Kampf ist nun einmal nicht zimperlich mit den Namen, die er für den Gegner benutzt. Daß man ihn einen Judenknecht genannt hat, macht Naumann nicht zu einem Judenfreund. Daß er im Kampf gegen das Junkertum mit Juden gemeinsam gekämpft hat, macht ihn auch nicht zu einem Judenfreund. Daß er jüdische Freunde hatte, macht ihn auch nicht zu einem Judenfreund. Vielleicht sehe ich die Sache post festum nicht mehr richtig; aber mir scheint, eine Judenfrage selbst in dem Sinne, in dem Naumann sie gesehen hat, ist eine sehr gefährliche Sache gewesen. Und ich darf Dir gestehen, daß sie mir meine Jugend versaut hat – von späteren Jahren zu schweigen –, sogar in der «harmlosen» Form des kulturellen Antisemitismus, welcher fragte: «Habt Ihr einen Beethoven? Nein. Na, da seht Ihr, daß Ihr kulturell unproduktiv seid. Und bildet Euch nicht ein, daß Ihr einen Beethoven auch nur verstehen könnt. Dazu fehlt Euch eben das Arische.» Hab ich mich doch wirklich gefragt, ich Armer, ob ich den Beethoven verstehen kann! Ich weiß aber jetzt, daß ich es kann – und konnte. Und ich weiß, daß diese Art der Fragestellung unzulässig ist, daß sie ganz andere Dinge verbirgt oder verschleiert – und daß diesem Ablenkungsmanöver dann Millionen zum Opfer gefallen sind.

Die Sache ist natürlich schwierig. Die Zionisten haben auch stets behauptet, daß es eine Judenfrage gibt, da hast Du ganz recht. Vielleicht gab es eine Judenfrage, und das zu verstehen gehört zum Verständnis der Zeit. Wenn es so ist, dann gehört es auch zum Verständnis der Zeit zu sehen, daß ein Nationalsozialismus sehr denkbar war und nicht zu erschrecken, wenn man Vorformen – oder doch Vor-Fragen an unwahrscheinlichen Stellen findet.

Alles Gute Dir

J.

## An Maya Sharon[317]

Julius Posener
Kleiststr. 21
1000 Berlin 37
802 94 78

07. 08. 1984

Liebe und Verehrte,

auch für mich ist da ein großes Stück meines Lebens zum Ende gekommen. Arieh ist einer der Ersten gewesen, die ich kennengelernt habe, als ich 1935 ins Land kam. Das sind also rund fünfzig Jahre; und obwohl Leute unseres Alters, ich meine Ariehs und meines, anfangen, mit dem halben Jahrhundert so umzugehen, als bedeute es in einem langen Leben gar nichts mehr, so bedeutet es eben doch sehr viel. Und Sie wissen, daß meine Beziehung zu Arieh immer eine der Bewunderung gewesen ist, von jenem Tage im Herbst 35 an, als er mir das damals neue Krankenhaus in Petach Tikwah[318] gezeigt hat, und ich ihm mein Erstaunen darüber ausdrückte, daß es so «schwer» wirke, so materiell, so wenig bauhäuslerisch. Er sagte: «Ja, ja, Sie haben ganz recht: Ich werde immer noch schwerer in meinem Bauen.» Ich höre es noch. Natürlich höre ich es; denn seine Stimme hat sich ja nicht verändert, und auch nicht die Art, wie er so etwas sagte: beiläufig, nicht ganz «ernst», aber im Grunde eben doch sehr ernst. Ja, diese Stimme werden wir nun also nicht mehr hören. –

Sagen Sie, wie ist er denn gestorben? «In Paris», das sagt ja nicht viel, das braucht auch nicht viel zu bedeuten. Mein Bruder Ludwig, den Sie vielleicht gekannt haben (Universität Tel-Aviv ) ist in Zürich gestorben – of all places ! – auf einer wunderbaren Ferienreise mit seiner Frau Jael, (die Sie sicher kennen), in bester Stimmung, wenn man das so sagen darf. Ich habe ihn am Anfang dieser Reise noch gesehen, in München: frisch und kräftig und aufnahmefähig. War es so mit Arieh? Hat er sich nicht quälen müssen? Man möchte es ihm wünschen.

Auf jeden Fall sehe ich daraus, daß er bis ans Ende gereist ist, so wie er bis nahe zum Ende beinahe jedes Jahr nach Berlin in die Akademie gekommen ist, wo ich ihm begegnen durfte – wieder – als einem der wenigen Menschen, die mich daran erinnert haben, daß es sogar in einem Leben, das alle paar Jahre woanders von vorne angefangen hat, so etwas gegeben hat wie Bleibendes: die paar Leute, die mit einem alt werden und einem dadurch beweisen, daß dieses Leben wirklich *eines* gewesen ist und nicht eine Folge von Fragmenten. Das wird nun nicht mehr so sein, und man wird sich daran gewöhnen müssen.

Ich spreche von mir. Ich sollte von Ihnen sprechen; aber das kann man nie in diesen Fällen. Ich habe einen Freund verloren, Sie so viel mehr. Nun hoffe ich, daß wir beide einander wiedersehen und zusammen an das denken können, was gewesen ist.

Ganz Ihr

Julius Posener

Bitte, grüßen Sie Eldar herzlich!

## An Adolf Max Vogt

Julius Posener
Kleiststr. 21
1000 Berlin 37
802 94 78

7. 1. 86

Prof. Dr. Adolf Max Vogt
School of Architecture and Planning
Dep. of Architecture. M. I. T.
77. Massachusetts Avenue Rm. 2 303
Cambridge, Mass., 02139

Lieber Adolf Max Vogt,

Willo v. Moltke erzählte mir vorgestern, daß Sie im MIT[319] sind, und gestern kam Ihr schönes Buch[320] an. – Vielen Dank! Ich habe es in einem Zuge gelesen, denn man unterbricht die Lektüre Ihrer Bücher nicht gern. Sie halten einen in Atem.

Ich erinnere mich an das Bild «Blick in die Blüte Griechenlands» von Hamburg her. Sie haben darüber gesprochen. Jetzt haben Sie das präzisiert und das Bild in seinen geschichtlichen Raum eingeordnet; und zwar fassen Sie diesen Raum sehr weit. Da steht Schinkels Gemälde eng beisammen mit Beuths Schule, die eine Bildung durch Anschauung und Tätigkeit vermitteln sollte im Gegensatz zu Humboldts Universität, welche einer Bildung als Sprache und Geschichte dient. Die Schluß-Gegenüberstellung ist überzeugend: Ingres' Apotheose Homers[321] und Schinkels «Blick». Bei Ingres ist der Tempel lediglich Hintergrund; und durch seine Stellung im Hintergrund einer Zentralperspektive konventioneller Hintergrund; zudem ein Hintergrund, der ganz in Erscheinung tritt. Bei Schinkel ist der Tempel die Sache selbst; und zwar der Tempel als *Prozeß*: sein Bau; und der Tempel als unfertig auch in dem Sinne, daß man seine Basen nicht sieht: Sie sprechen von dem Schwindelgefühl, welches diese Darstellung erweckt.

Das ist ein polemischer Abschluß. Das Wort ist stark, und ich wünschte, mir fiele ein besseres ein. Ich bleibe aber dabei. Gegenüber dem Humboldtschen Bildungsideal, welches, wie wir wissen, einigen Schaden getan hat nicht nur, weil es rückgewandt ist, sondern darum besonders, weil es beidem entgegensteht: der sinnlichen Anschauung und der Kraft zu erfinden, stellt dieser Bildungsansatz eine Befreiung durch Anschauung zur Erfindung dar. Es ist ja wohl kein Zufall, daß Sie Peschkens Ausdruck Maschinen-Zeichnung[322] anerkennen. Darf ich Ihnen gestehen, cher ami, daß ich Schinkel (wie er in diesem Gemälde erscheint) als ganz so fortschrittlich nicht zu sehen vermag? Sie erwähnen meinen Hinweis auf gewisse Ausdrücke aus dem Englischen Tagebuch: die rauchenden Obelisken, der ägyptische Charakter einer Industrielandschaft.[323] Darin aber muß man wohl den Versuch Schinkels sehen, das völlig Neue durch den Hinweis auf das durch die Kultur uns Vermachte in diese Kultur, in ein gewohnt-Gebildetes einzubeziehen und es auf diese Art seiner Schrecken zu entkleiden. Denn Schinkel *ist* erschrocken. Der Bericht aus Manchester,[324] den Sie erwähnen – und von dem Sie eine Seite abbilden, – ist von diesem Schrecken voll. Das Gemälde, von dem Sie ausgehen – und bei dem Sie bis zum Ende bleiben - der «Blick in die Blüte Griechenlands», ist aber betont, emphatisch, ein Bildungsgemälde.

Sie selbst sprechen von der «Collage» von Versatzstücken im Mittelgrund und gebrauchen absichtlich dieses krasse Wort, um zu beschreiben, was dort geschieht: Allenthalben werden *schöne* Gegenstände plaziert, an denen ein feierlicher Zug vorüberschreitet. Die sichtbarsten sind *falsch* plaziert: die Amazone, welche «in wenigen Sekunden» mit ihrem Opfer in dem Abgrund verschwinden wird, über die sinnende Frau hinweg, welche sich zum Sinnen den denkbar ungeeignetsten Ort ausgesucht hat. Auch jene Halbkreisbank ist falsch plaziert, welche wie eine Lückenbüßerin zwischen zwei schönen Gebäuden liegt; denn es darf hier nichts ohne Figur sein, und eine jede Figur ist schön.

Das bezieht sich aber auch auf den Bauvorgang selbst. Man darf wohl annehmen, daß ein Kenner der menschlichen Anatomie wie Schinkel diese ziehenden, schiebenden, rückenden Figuren so gestaltet und so angeordnet hat, daß sie wirklich den Block dort ziehen, schieben, rücken. Und doch sieht es aus, als bewegten sie nicht den Block, sondern nur sich selbst. Ehrlich: Wenn die beiden, die den Block in der «nicht seitenverkehrten» Darstellung der Figur 5 vorwärtsschieben möchten, irgendeine Bewegung verursachen werden, so will ich Giovanni heißen. Ebenso «von zweiter Hand beschäftigt» wirken jene Künstler, die miteinander meditieren. Sie sehen nicht aus, als beschäftige sie eine tatsächliche Schwierigkeit. Es ist unmöglich, sich einen groben Ausdruck (im Eifer des Gefechts gebraucht) über ihre ernsten und schön geschürzten Lippen kommend vorzustellen; aber dergleichen wäre auch den Arbeitenden unmöglich. Wie der von der Geschichte verschönte Cambronne werden sie etwas von der Garde bemerken, die lieber stürbe, als sich ergäbe, ehe sie rufen würden, wie der echte Cambronne: Merde!!!

Worauf will ich hinaus? Ich habe es schon angedeutet: daß Schinkel angesichts einer die Bildung und das schöne Leben bedrohenden Situation, welche ihm deutlich war – spätestens seit der englischen Reise, aber man darf getrost sagen, auch vorher – sich und die Welt, die von ihm emaniert an Gütern der Bildung, der Kultur, des schönen Lebens festhält, welche es in dieser Form nie gegeben hat, welche es nicht geben konnte und in keiner Zukunft würde geben können; welche man aber jetzt, nachdem man Ihre Studie aufmerksam angesehen hat, in seinem Werke deutlicher als vorher erkennt: deutlicher als einem lieb ist. –

Verweilen wir noch einen Augenblick bei dieser Übertreibung. Wäre Schinkel ein Gegner des Fortschrittes, so wäre sie leicht zu deuten. Sie wäre dann auch uninteressant. Es handelt sich aber hier wirklich, scheint mir, um die gleiche Erscheinung, die ihn in einer modernen Fabriklandschaft alte Kulturgüter sehen läßt, Obelisken zum Beispiel. Es handelt sich um den Wunsch, die Hoffnung, den Versuch, das Neue, das man bejaht, an *das* Alte zu binden, das man ebenfalls bejaht: ein Wunsch, eine Hoffnung, einen Versuch, welche angesichts des rapiden Fortschrittes stark übertrieben sein *müssen*; welche gleichwohl – oder vielleicht eben deswegen – von Vornherein zum Scheitern verurteilt waren. Und deren genauestes Zeugnis, eben das Gemälde «Blick ...» mich deswegen nicht angenehm berührt.

Hier freilich spricht einer, der älter ist als Sie, verehrter Freund. Wir – und die Generationen unserer Eltern und Großeltern (Mies und Behrens) – haben ja den Schinkel gegen seine Intentionen interpretiert, um ihn bewundern und genießen zu dürfen. Dergleichen geschieht immerfort. Wenn einer so lange gelebt hat wie ich, beginnt er, die eigenen Absichten und die eigene frühere Umgebung nicht mehr recht verständlich zu finden; das heißt, der historische Prozeß hat bereits dem eigenen Leben gegenüber eingesetzt: der Prozeß, welcher aus dem Ganzen, das man nicht mehr treu wiederherstellen kann, das «Bleibende» herausfiltert; will sagen das, was man in der Gegenwart noch – oder wieder – anerkennen kann. So haben *wir* in Schinkel eine große architektonische Kraft gesehen; und das «Architektonische» haben wir als eine nicht leicht zu definierende Eigenschaft verstanden, welche den Arbeiten Schinkels gemeinsam sei, ob er nun griechisch gebaut habe, byzantinisch oder gotisch. Ich habe darüber 1967 einen Schinkel-Festvortrag gehalten: «Schinkels Eklektizismus und das Architektonische».[325] Dabei habe ich jenes Architektonische als ein Korrelat zum Eklektischen sehen wollen: so als habe Schinkel, in welcher Sprache auch immer er sich ausgedrückt hat, eine Eigenschaft des Bauwerks verwirklichen wollen, welche diesen «Gewändern» gemeinsam sei, sie aber transzendiere. Diese Auffassung hat es uns leicht gemacht, Schinkels Genius anzuerkennen, ohne uns in seine stilistischen Einzelheiten verlieben zu müssen. Der Hinweis auf ein solches «Architektonische» ist bald nach1900 aktuell geworden, als Männer wie Auguste Perret davon gesprochen haben, daß die Architektur in welcher Gestalt auch immer stets das Gleiche getan habe. Der Begriff wurde in dem Augenblick geradezu unentbehrlich, als man daran ging, die Architektur von allen diesen «Gewändern» zu entblößen.

Ihre Studie zeigt mir den Irrtum dieser Auffassung. Wenn man sich ernsthaft mit Schinkel beschäftigt, wird man nicht verkennen, daß das Griechische mehr für ihn gewesen ist als eine «Vorliebe»: («aber er konnte auch Gotisch; und weder sein griechisches Griechisch noch sein nicht ungriechisches Gotisch war ihm das Eigentliche. Dies war «das Architektonische» eine übergreifende Eigenschaft.») Es ist nicht so: Das Griechische *war* – auf jeden Fall während gewisser Zeiten mehr für Schinkel als nur dies: Es war, das sehe ich nach dem Lesen Ihrer Studie, das Medium, welches der schnell ins Unerhörte abgleitenden Zivilisation den Halt geben sollte, der sie weiter zu schönen Werken – und zu einem schönen Leben befähigen könnte; (wobei es dann allerletztenendes *nicht* darauf ankam, ob ein Werk auf griechische Art griechisch war oder auf eine beinahe griechische Weise gotisch; (wobei man diese «beinahe griechische Weise» am Ende wirklich das Architektonische nennen dürfte, solange man nicht vergißt, daß die echt griechische Art (des Alten Museums etwa[326]) für Schinkel *mehr* gewesen ist als «das Architektonische».)

Die Frage, die *für mich* übrigbleibt, ist aber die: ob wir, ich meine, unsere Zeit, wieder so weit sind, daß wir Schinkels Griechentum als einen positiven, – das würde aber heißen, einen uns beeinflussenden – Wert begreifen. Das wäre Schinkel gegenüber gewiß richtig und eine Korrektur der Auffassung solcher Beurteiler wie, sagen wir, Peter Behrens, welcher in seiner Schinkel-Festrede[327] von Schinkel als einem Ingenieur-Architekten gesprochen hat, weil das ihm, Behrens, Gelegenheit gab, sich auf Schinkel zu berufen. Ist es also so? Erkennen wir – und benutzen wir – gegenwärtig wieder diese Seite Schinkels, sein Hellenentum? Ein Hellenentum, notabene, welches hellenischer sein wollte, nein, zu sein hatte, als das echte Hellenentum? Wenn so, dann scheide *ich* aus dieser Diskussion aus; denn ich kann mich mit dieser Seite seines Wesens nicht befreunden, obwohl ich mir einigermaßen zurechtlegen kann, wie er dazu gekommen sein mag, sie hervorzukehren. (Davon handelt ja dieser Brief.) Wir, die ganz Alten, können damit nichts anfangen, sie ist uns nicht lieb; nicht so sehr, weil sie süß ist (was sie zweifellos *ist*)? sondern, weil sie falsch ist: ein Bildungshellenentum, vielleicht ein Hellenentum aus Not, (wenn Ihnen das etwas annehmbarer erscheint). Auf jeden Fall eines, von dem wir Alten meinen, daß es seine Arbeit getan hat und abgelöst wurde.

Cambridge Mass. Ich freue mich, daß Sie dort sind. Wie lange werden Sie bleiben? Wollen Sie bitte Stanford Anderson von mir grüßen; und Sekler, wenn Sie diesen sehen. Ich war im Frühling 84 Gastprofessor in Columbia, New York, und bin natürlich nach Boston-Cambridge gekommen.

Am 16. dieses Monats werde ich an Ihrem Institut an der ETH[328] einen Vortrag halten. Werde in Zürich an Sie denken. Sie haben mich das letztemal dort in einer traurigen Situation gesehen: Mein Bruder war gerade dort gestorben. –

Alles Gute weiter in Cambridge,

Ihr J. P.

## An Walter Höllerer

29. 11. 87

Lieber Walter Höllerer,

vielen Dank für die George-Studie.[329] Ich finde sie wunderbar, sie ist, in diesem Augenblick 1968, der Versuch, Georges Bild von dem falschen Schatten zu befreien, der durch den Mißbrauch am Beginn des Dritten Reiches auf dasselbe gefallen ist; gleichzeitig, verstehe ich Sie recht, ein Versuch, das zu zeigen, was *nicht* gelten kann – und warum es nicht gelten kann – und das, was dennoch gilt. Sie haben ganz gewiß recht, wenn Sie von der Verzweiflung sprechen, die George bedrängt hat und von dem (wahrhaft verzweifelten) Versuch, das Wesen zu retten, das von allen Seiten her von Vernichtung bedroht ist: durch eine Utopie, durch die utopische Elite, durch die Stilisierung; welche letztere, wie Sie so schön zeigen, das Wesen selbst vernichtet, indem es statt der bezeichneten Gestalt die Gebärde setzt. Gerade von diesen Seiten habe ich viel gelernt.

Wenn ich dazu etwas sagen darf, dann lediglich als Angehöriger einer anderen Generation. *Meine* ersten Erlebnisse mit George waren natürlich noch *nicht* Sprechchöre in Schulen des beginnenden Dritten Reiches, vielmehr waren das eben die Äußerungen der Elite. Diese geht ja weiter als der Kreis selbst, aus dessen Reihen ich nur Berthold Vallentin kennen gelernt habe, (und zwar war ich da noch ein Kind). Zum weiteren Kreise aber zählte sich jeder George-Anhänger. Es ist das alte Spiel von des Kaisers neuen Kleidern: «wer nichts sieht, der *sieht* nichts – und der *ist* nichts». Nietzsche hatte dieses Spiel bereits gespielt, – und George ist einer von denen, die es mitgespielt, ja, gesteigert mitgespielt haben:

Sie hätte singen
Nicht reden sollen, diese neue Seele.[330]

Sie *hat* gesungen: so schlecht, daß es nicht einmal der Parodie von Morgenstern bedurfte, um das zu zeigen. Ich meine, auch wenn man *nicht* sagt: «Hab Acht – halb Neun»,[331] ist dieses Gedicht anspruchsvoll, pseudo-tief und im Grunde blöde. Sie – die neue Seele – hat ferner im Zarathustra gesungen und diesen Gesang selbst als das Wunderbarste bezeichnet, was einer lesen kann. Und doch wird man in diesem Buche auf Schritt und Tritt die «tiefe Mitternacht»[332] wiederfinden. Offenbar aber hat selbst George, der ganz gewiß ein Dichter gewesen ist, diesen Gesang als bare Münze genommen.

Er hat des Kaisers neue Kleider da sehen wollen, und der gläubige George-Leser meiner Zeit, ich meine jetzt die frühen zwanziger Jahre, hat sie in jedem Wort von George sehen wollen. Nun hat es aber mit des Kaisers neuen Kleidern die Bewandtnis, daß sie diejenigen, die sie sehen, zur Elite machen. Hätte der Junge im Märchen nicht geschrien: «Er hat ja gar nichts an!», so wären die alle Elite geblieben. Hier, bei der George-Sekte, gab es keinen Jungen, der das schrie. Ich wollte einen Augenblick lang diese Rolle spielen, indem ich ein Gedicht gegen George schrieb:

Immer irret der Seher: Du siehst die *Geschicke* der Menschen,
Dehn't sie bis in die Zukunft aus.

Darin kommt auch der komische Vers vor:

Jeder Kirschbaum, der blüht, während um ihn Morde geschehen
Straft Dich lügen.

Das war die erste Reaktion. Sie hielt nicht an, bald war ich unterworfen und fing nun an, Gedichte im «Stil Stefan George» zu schreiben.

Warum aber George (wie schon Nietzsche) eine so große Wirkung tat, liegt auch daran, daß man damals noch auf ein Hindurchgehen durch die verhaßte Entwicklung hoffen durfte, vielmehr meinte, hoffen zu dürfen. Man hoffte auf den Durchgang zurück – und vorwärts zu den Werten, welche gelten. Eine Utopie dieser Art vertrat damals nicht nur George. Um von meinem eigenen Gebiet zu sprechen, der Architektur, so schrieb Heinrich Tessenow, der Mann des Handwerks, der schöpferische und hoch kultivierte Mann aus Rostock im Jahre 1918 folgende Frage auf:

«Vielleicht ist es wirklich lächerlich, heute Handwerk und Kleinstadt zu wollen, oder vielleicht, bevor sie wieder blühen können, muß es zuvor noch etwas wie Schwefel regnen, ihre nächste Blüte ist vielleicht nur möglich in einer Pracht, die wir heute vielleicht nur schattenhaft verstehen können und will vielleicht Völker, die durch Höllen gegangen sind.»[333]

Für uns ist es nicht mehr leicht zu verstehen, daß einer, der das sagt, nicht eigentlich hätte wissen müssen, daß er da gar nicht mehr vom Handwerk und von der Kleinstadt *spricht*, wie man sie kannte, sondern von etwas Unbekanntem, das irgendwie auf das Bekannte bezogen war. Das hätte den Tessenows – und den Georges – jener Tage eigentlich klar sein müssen. Daß es ihnen nicht klar war, hängt damit zusammen, daß sie wirklich auf einen Durchgang gehofft haben: einen Durchgang vorwärts-zurück zu alten Werten, welche neue Werte sein werden. Daß sie etwas davon geahnt haben, daß die neuen Werte andere sein werden als die alten, die sie vertraten, zeigt sich in Georges jähem Auffahren im Gespräch mit Curtius bei der Frage nach dem Letzten und der Antwort:

Ja, das gibt es. Aber das geht Sie nichts an. Mit dem darf selbst ich mich nicht befassen.

Diese Propheten – und ich wähle mit Bedacht den Plural – sehen also vor sich die Möglichkeit eines Durchganges zum Vertrauten und ahnen doch, daß es das Vertraute nicht mehr sein wird. Damit räumen sie ein, daß die fatale und gehaßte Entwicklung, der sie sich gegenüber befinden, die sie beenden wollen, immerhin die Kraft haben dürfte, das, was sie wollen, ganz entschieden zu verändern.

In den rund sechzig Jahren, die seitdem ins Land gegangen sind, haben wir gelernt, daß nichts die Entwicklung umkehren wird, gegen die Nietzsche wohl zuerst aufgetreten ist und dann, mit der angespannten Willenskraft, von der Sie sprechen, George. Er erkannte, daß diese Entwicklung den Menschen selbst vernichten wird. Und wir sind etwa so weit: Wenn man anstelle von Glaube, Hoffnung, Liebe sagt: Investitionen, Umsatz, Arbeitsplätze, dann bleibt wenig übrig; und so weit sind wir ungefähr. Wir sind, ich hoffe immer noch, beinahe – so weit, daß wir eingesehen haben, daß die Nötigung, Dinge zu erwerben, die wir nicht brauchen und im Grunde nicht wollen, die Bedingung ist, auf der alles Weitere ruht: auch, zum Beispiel, das, was man mit Kultur bezeichnet. Für George wäre, trotz seines Abscheus und seiner Furcht vor dieser Entwicklung, der gegenwärtige Zustand undenkbar gewesen.

Und dies bringt mich zu einem anderen Punkt, den ich, als Mitglied einer älteren Generation, nicht ganz so sehe wie Sie. Ich spreche von dem, was George zum Nationalsozialismus beigetragen hat. Es ist eines, wie einer auf den fertigen Nationalsozialismus reagiert, ein anderes, ob er dazu etwas beigetragen hat: mehr nolens als volens. Was in diesen Nationalsozialismus eingeflossen ist, das habe ich als einer erlebt, der ihn hat aufkommen sehen: *Auch* Tessenow, und ich behaupte, auch George. Da ich das erlebt habe, bekam ich einen so großen Schrecken, als alles dies im Juni 1934 ausgestoßen wurde.[334] Damals sah ich ein Foto, es wurde kurz vor dem 30. Juni aufgenommen: Hitler mit dem General von – hab den Namen vergessen: er war der Chef der Reichswehr[335] –. Der General sieht wie einer aus, der dem Führer sagt, was zu tun ist. Das hat mich, glauben Sie es oder nicht, mehr entsetzt als alles, was ich vorher vom Dritten Reich gesehen und erfahren hatte. Ich sagte mir: «Wenn er so mit denen umgeht, die ihm bis gestern die Nächsten waren, wie wird er mit denen umgehen, die er immer gehaßt hat?» Das war *eine* Erwägung. Die andere war wirklich das Verschwinden des S.A.-Idealismus und der Weg zu einem ganz effizienten Militär- und Industriestaat. Bis dahin war wirklich viel in das Dritte Reich eingeflossen, was wir alle erlebt, geliebt, zum mindesten respektiert haben: auch Stefan George. –

Einzelheiten:

1) Ich kann die Interpretation von Jahr der Seele 28 «Ich trat vor Dich»[336] als von einem Gedicht von weich-zähflüssigem Rhythmus mit starren Wortgruppen, die eingesetzt sind, besonders gegen Ende: ich kann sie nicht mir zueigen machen. Ich habe das Gedicht, das mir eines der liebsten ist, dreimal gelesen. Ich sehe die «beiden Sprachen» in ihm nicht.
2) Die Leute aus dem Kreis haben davon gesprochen, daß George der Sprache wieder echte Bedeutung gegeben habe. Und wenn man die Liliencron und Dehmel liest, so kann man dem zustimmen. Darum, der echten Dichtung wegen, habe George seine Gedichte so monoton vorgetragen, nicht um ihnen die Eindringlichkeit der Predigt zu verleihen. Ich bin geneigt, das ebenfalls anzunehmen. Es entsprach der Bemühung um Form, dem Wert, den man auf Form legte; und ich meine, mit Recht. In der Form war die Utopie bereits erfüllt. Und Form tat not. Sie ist auch, in Wahrheit, *der* Beitrag, den der Dichter leisten kann. Sie ist das Eigentliche. Und da muß ich sagen, daß er in seiner Abgeschlossenheit, unter der Last der Kämpfe, von der er auch im Gedicht immer wieder spricht – und die ganz gewiß echt gewesen ist –, daß er in einer zur Unform oder zur falschen Form (Jugendstil) neigenden Zeit ein Werk echter Dichtung geschaffen hat, die sogar uns noch mehr wert ist als den Zeitgenossen, weil diese zu sehr von den Äußerlichkeiten wie der kleinen Schrift und dem monotonen Vortrag beeindruckt waren. Hier entsteht an der Wende des Jahrhunderts große Lyrik, es erscheinen auch einige Stücke großer Epik wie «Der Krieg».[337]

George hat für seine Unsterblichkeit gesorgt, auch wenn seine Doktrin keine – oder böse – Folgen gehabt hat; auch wenn der Prophet nicht ohne gewisse, nun ja, komische Züge gewesen ist. –

Noch einmal herzlichen Dank

Ihr J. P.

## An Otto H. Koenigsberger

Berlin, 25. 3. 89

Lieber Otto, liebe Freundin,

eben erst bekomme ich die Nachricht, daß Ihr umgezogen seid, was mich eben doch traurig stimmt. Schließlich habt Ihr dort auf dem Berge ich weiß nicht wie lange gesessen, es war eine der wenigen Adressen, auf die man sich verlassen konnte: gerade für mich wichtig, der ich im Leben mehr als hundertmal umgezogen bin. Nun, ich hoffe sehr, daß die neue Bleibe Euch befriedigt und daß Ihr dort glücklich seid.

Ich habe mich weiter viel in der Welt herumgetrieben, wie Ihr das von mir gewohnt seid, habe Vorträge gehalten, hier und da etwas geschrieben, wie das so geht. Das Poelzigbuch ist endlich fertig, nur werde ich die Liste der Werke ergänzen müssen, weil man im Hamburger Bahnhof in Berlin über tausend Zeichnungen gefunden hat: von ihm selbst, von Erich Zimmermann, vom Büro. Darunter sind dann auch Zeichnungen von Arbeiten, welche mir (und anderen) nicht bekannt waren. Mein Text wird auf Englisch in der Architectural History Foundation, New York, erscheinen und auf Deutsch bei Vieweg. Die andere größere Arbeit, die sich ihrem Ende nähert, sind die Lebenserinnerungen, für die ich von Campus, Frankfurt/M., einen Auftrag habe. Die habe ich bis zum Jahre 41 geschrieben und von 41 ab auf Kassetten gesprochen. Da ist noch viel zu tun, wenn ich die ausgedruckten Texte der Kassetten erhalten werde; aber immerhin kenne ich nun einigermaßen den Umfang des Ganzen. Das Sprechen hintereinanderweg war anstrengend, es war auch unbefriedigend, weil einem eben doch nicht alles einfällt wie beim Schreiben. Da wird also einiges zu tun bleiben.

Mir gehts gut. Du kennst noch das deutsche Wort «Unkraut vergeht nicht». So komme ich mir vor. Lebe immer noch in der Villa von 1914 von Erich Blunck, den Du wahrscheinlich auch auf der TH gekannt hast, zusammen mit meinem ältesten Sohn Alan und Frau und Tochter (sechs Jahre, Jennifer mit Namen). Wir haben eine Wohngemeinschaft in der alten Villa, eine dritte Partei sind zwei Ärzte, ein Ärzteehepaar. Wir sind befreundet, anders geht so etwas nicht. Der Alan hat sich das auch ursprünglich leichter vorgestellt, als es ist, es hat mit einigen der Mitwohner Schwierigkeiten gegeben. Jetzt ist das herrlich und in Freuden, und so muß es eben sein.

Bin Ende Februar in Jerusalem gewesen, wo die Familie meines älteren Bruders lebt, der selbst nicht mehr lebt. Es war, wie immer, wunderbar und ganz schrecklich. Ich bin am Tage der Gemeindewahlen im ganzen Lande abgereist. Das Ergebnis dieser Wahlen ist ebenfalls schrecklich: mehrheitlich für Shamir. Trotzdem braucht man wohl nicht alle Hoffnung aufzugeben. Ich bin zweimal in der alten Stadt gewesen, obwohl meine Schwägerin mich gewarnt hat, – und wie ich weiß, nicht zu Unrecht; aber wenn ein uralter Mann wie ich noch einmal nach Jerusalem kommt und das Eigentliche nicht sieht, dann ist das etwas wie verlorene Liebesmüh. Es *ist* das Eigentliche, eine Stadt in einer vergleichbaren Lage, und deren Gestalt diese Lage überhöht, wie das dort geschieht, kenne ich nicht irgendwo sonst in der mir bekannten Welt. Sie dürfte einzig sein. Wenn man nach dem Wege abwärts durch überwölbte Gassen durch ein Tor ins Helle tritt, ja, ins Weiße, aus dem dann weiter oben noch der blau gekachelte Bau mit der goldenen Kuppel der berühmten Moschee aufleuchtet, meint man jedesmal, den Himmel zu betreten. Und näher einem Himmel auf Erden ist die Baukunst wohl nie gekommen. Was das Schreckliche angeht, so sind nicht wenige Leute in Israel der Meinung, daß das nicht die Intifada sei. Sie haben Achtung vor der Intifada (Meine Schwägerin, die seit über fünfzig Jahren im Lande lebt, nannte es sogar Bewunderung). Das Schreckliche ist wirklich die Idee, welche, wie die Wahlen zu bekräftigen scheinen, immer noch vorherrscht: daß man auf irgendeine Art im Besitz des ganzen Landes bleiben könne, wenn man nur jetzt nicht nachgibt. –

Aber nun endlich, wie geht es Euch? Kommt ihr einmal hierher? Es wäre schön, wenn dieses Lebenszeichen eines von Euch bewirken würde.

Mit allen guten Wünschen,

Euer J.

## An Gabriel und Josette Epstein

Berlin, 13. 12. 89

Cher ami,

es kann durchaus sein, daß ich Dir für Deinen schönen Beitrag zu dem Buch, das meine Freunde mir zu meinem 85. Geburtstag gewidmet haben,[338] immer noch nicht gedankt habe. Eine Abschrift habe ich nicht in meinen Akten, – (und das sind die einzigen ordentlichen Akten, die ich habe, die Briefabschriften); aber natürlich kann ich mit der Hand geschrieben haben; und *so* ordentlich bin ich nun wieder nicht, von solchen Briefen wenigstens eine Notiz zu machen. Sollte ich es also wirklich versäumt haben, Dir zu danken, so erlaube mir, es jetzt nachzuholen; und zwar sehr herzlich.

Wir haben ja in diesem Monat in Berlin einiges erlebt, das ich zu erleben nicht mehr gehofft habe; und ich muß sagen, der Anfang dieses unwahrscheinlichen Endes der Mauer war berauschend; aber wie es bei den deutschen «Umbrüchen» geht – und ich habe deren etwa fünf erlebt –, es soll von einem Tage zu anderen nichts mehr gelten, was gestern noch als unumstößlich galt. Niemand will wirklich dabei gewesen sein; und die, die es nicht leugnen können, daß sie dabei waren, werden vor Gericht gestellt. Das finde ich schade. Man hätte ihnen ja sogar danken können; denn Leute wie Honecker sind nicht ohne Verdienst, sie haben auch etwas geleistet. Aber so ist das in diesem Lande, und es ist wohl doch das Zeichen einer gewissen politischen Unreife. Ich erinnere mich noch an das Jahr 45, als ich als Captain R.E. im Ruhrgebiet war. Ich hatte eine Sekretärin, die so wunderbar das *technische* Englisch beherrschte, daß ich sie verwundert fragte, woher sie denn das so gut könne. Sie sei in Remscheid an der technischen Schule Englischlehrerin gewesen, sagte sie; worauf ich mir die Frage nicht verbeißen konnte, wie denn sie, eine gute Antifaschistin, eine solche Stelle habe innehaben können. Sie erwiderte, sie sei in der Tat Nationalsozialistin gewesen; «und nicht», fügte sie hinzu, «weil ich die gute Stelle halten wollte. Nein, ich habe daran geglaubt.» Ich war begeistert, obwohl ich ihr das nicht verriet. Ich hatte das Gefühl, endlich einem ehrlichen Menschen begegnet zu sein. –

Ich komme auf das Buch für mich zurück, weil ich es erst jetzt ganz gelesen habe. Immer kam etwas dazwischen. Es ist ein wunderbares Buch, und ich bin sehr dankbar dafür. Daß die gute Sonja Günther die Geschichte meines Geburtshauses für mich erforscht hat – was ich selbst ja längst hätte tun können –, fand ich sehr schön, und einen Aufsatz wie den von Dieter Hoffmann-Axthelm über den Romantiker auf dem Preußischen Thron bewundere ich. Das Buch kann sich sehen lassen. Es soll sich, höre ich, gut verkaufen.

Nun werde ich also bald ohne jede Schwierigkeit nach Naumburg kommen, das ich gern noch einmal sehen würde. Ich habe es nur einmal gesehen, anno 1921, das ist nun bald siebzig Jahre her. Das Äußere des Domes ist sicher durch die ganz nahen Fabriken von Leuna belastet. Die Figuren aber, die berühmten, sind ja innen; und da ist die Gefahr auf jeden Fall weniger groß. Werden die Menschen sich besinnen, ehe sie die Welt ganz kaputtgemacht haben? Auch Politiker haben Kinder; und Firmenchefs ebenfalls. Sollen die einmal nach Luft japsen? Haben diese Leute wirklich noch immer nicht begriffen, daß wir es mit dem zu tun haben, was man in England im Kriege die emergency nannte, die emergency, welche vor allem Vorrang hatte?

Über den Umbau der Akademie durch Sawade habe ich schon geschrieben.[339] Ich muß Dir also doch gedankt haben. Schadet nichts: doppelt hält besser.

Alles Gute zum Neuen Jahre für Dich und Josette

Euer Julius

## An Egon Bahr

Julius Posener. [Berlin ] 37. Kleiststr. 21.
802 94 78

17. 12. 90

Herrn Egon Bahr

Verehrter Herr Bahr,

erlauben Sie mir bitte, daß ich mich Ihren Aufsatz in der «Zeit» vom 13.12.[340] betreffend an *Sie* wende: Einen Leserbrief, wie ich ihn vorhabe, würde die «Zeit» nicht drucken.

Sie erinnern in Ihrem Aufsatz an Kurt Schumachers Zurückweisung des Begriffes Kollektivschuld. Sie bekennen sich zu Schumachers Meinung und wenden sie, verstehe ich recht, auf die DDR an. Zuerst möchte ich Sie daran erinnern, daß die beiden Vorgänge, das Werden des Dritten Reiches und das der DDR voneinander verschieden sind. Der größte Unterschied ist der, daß der Nationalsozialismus in Deutschland gewachsen ist, der DDR-Kommunismus dagegen einem Teil des besiegten Deutschland auferlegt wurde. Lassen Sie mich auf diesem «in Deutschland gewachsen» bestehen! Man hat sich, besonders in linken Kreisen, daran gewöhnt, den Nationalsozialismus Faschismus zu nennen. Niemand wird das Gemeinsame der beiden Bewegungen in Frage stellen. Sie sind gleichwohl nicht dasselbe. Ich brauche Sie nur an die geistige Erbschaft des Nationalsozialismus zu erinnern: von Nietzsche über Langbehn, den George-Kreis, den Wandervogel, in gewissem Maße Spengler. Ich darf die populäre, sogar die gediegene Kunstgeschichte hinzufügen, also die «Blauen Bücher», aber auch Dehios «Geschichte der Deutschen Kunst».[341] Dehio sagt im Vorwort des großen Buches, die Betrachtung der deutschen Kunst und ihrer Geschichte solle einer Entschlüsselung dessen dienen, was man das deutsche Wesen nennen könne. Können Sie sich eine französische, eine englische, eine ... Kunstgeschichte vorstellen, die ein ähnliches Ziel verfolgen würde?

So, verehrter Herr Bahr , wurden *wir* erzogen (geboren 1904), diese Art von Deutschbewußtsein hat auf uns eingewirkt. Erinnern Sie sich an das Gespräch der Studenten im «Schlafstroh» in Thomas Manns «Doctor Faustus»! Das liegt vor dem Ersten Weltkrieg, und auch in diesem Gespräch ist das deutsche Wesen bereits das wesentliche. Dies ist *einer* der Gründe dafür – nur einer, aber immerhin einer –, daß Gedankengut aus der Nähe der NSDAP besonders, natürlich, in den Kreisen der gebildeten jungen Leute *aufgenommen* wurde. –

Kommen wir von hier gleich zur Frage nach einer kollektiven Schuld: es wäre wohl besser, von einer allgemeinen *Verantwortung* zu sprechen. Als ich anno 45 als Captain R. E. in Mühlheim (Ruhr) war, beklagte sich ein Architekt mir gegenüber über das Gerede von einer Kollektivschuld: Er, ein unpolitischer Mensch, Künstler, habe sich nichts vorzuwerfen. Ich fragte ihn, ob er anno 33 dem BDA (Bund Deutscher Architekten) angehört habe. Er bejahte. «Dann wußten Sie» – fuhr ich fort – «daß alle jüdischen Architekten aus dem BDA ausgeschlossen wurden.» Er wußte das. «Haben Sie protestiert?» Er hatte nicht protestiert. (Nicht einer hatte protestiert.) «Dies» – schloß ich – «ist das Maß Ihrer Schuld: nicht mehr, aber auch nicht weniger.»

Ich hatte 1933 oder 34 Chaim Weizmann in Paris sprechen hören. Er sagte, die Vertreibung aller Juden aus Deutschland sei das Ziel; aber die Führer der Bewegung seien vorsichtig und beobachteten die Reaktion auf jede Maßnahme gegen die Juden. «Hitler durfte zufrieden sein» sagte Weizmann. «*So* viel Zustimmung durfte er nicht erwarten.» Ich brauche Sie nicht an die Einzelheiten zu erinnern. Sie kennen sie. Am heftigsten haben die Universitätsprofessoren Beifall geklatscht.

Stellen Sie sich bitte einmal vor, Hitler *wäre* damals, am Anfang, einiger Skepsis begegnet, allenfalls sogar einem gewissen Protest. Es ist denkbar, daß es in diesem Falle bereits zu Maßnahmen wie den Nürnberger Gesetzen nicht gekommen wäre. Er traf auf keinerlei Skepsis, ganz gewiß nicht auf Widerstand.

Wenn in irgendeinem Punkte seiner Politik, durfte er sich in dem Kampf gegen das «Weltjudentum» bestätigt fühlen.

Das war so, verehrter Herr Bahr, ich habe es vor 1933 und im Jahre 33 miterlebt und dann von Paris aus recht genau beobachtet. Und *da* es so war, *kann man da eine Verantwortung des deutschen Volkes für das, was geschehen ist, leugnen?*

Erlauben Sie mir eine letzte Bemerkung, eine allgemeine: seit den Tagen jener denkwürdigen Kombination von Vertu und Terreur: Saint Just: Que voulez-vous, qui ne voulez pas la Vertu? Que voulez-vous, qui ne voulez pas la Terreur? – : seit jener denkwürdigen Verkettung von allgemeinsten Zwecken mit brutalsten Mitteln hat es mehrmals und an verschiedenen Orten Regierungen gegeben, die sich im Namen der Vertu – im weitesten Sinne – zum Terreur *verpflichtet* fühlten. Kommt ein solches Regime zu Fall, ist es ungemein schwer, zwischen denen, die mitgewirkt haben und den vielen zu unterscheiden, die hinter ihnen standen, sie zum Handeln drängten, ihnen Beifall spendeten. Ich meine, man kann es nicht, und man *soll* es nicht.

Im Nationalsozialismus schlägt eine seit langem vorbereitete tiefgehende Gesinnung sich nieder. Es schlagen sich in ihm aber auch die eben um jene Zeit lebhaft werdenden Zweifel am Fortschritt nieder; von den Zweifeln an der Arbeiterbewegung, sei es die von der SPD vertretene, sei es die kommunistische, nicht zu sprechen. Der Nationalsozialismus war keine Albernheit, vielmehr flossen in ihn Strömungen, Zweifel, Ängste, – auch Wunschvorstellungen, Ideale, welche man ernst nehmen sollte. Man kann verstehen, daß viele, die daran beteiligt waren oder mindestens daran geglaubt hatten dann, als das zu Ende ging, und *so* zu Ende ging, darin nichts mehr sehen wollten als einen bösen Traum, oder gar einen Zwang, dem man nicht habe widerstehen können. Ob aber dies die richtige Art ist, mit einem so tief greifenden Ereignis der Geschichte umzugehen, das bezweifle ich.

Darum bin ich dagegen, die gemeinsame Verantwortung der Deutschen zu leugnen. *Darum*, nicht, in erster Linie, weil ich selbst ein Verfolgter gewesen bin, ein Jude. Ich vergesse das nicht; aber ich meine, das sei ein anderes Kapitel, welches die Frage nach der Schuld, Verantwortung, Beteiligung *der Deutschen* nicht berühren muß. Man hat das behandelt, als ob es keinen [etwas] angegangen sei, mit Ausnahme einiger Führer. Darum hat man diese Vergangenheit nicht «bewältigt» – (ich brauche das fragwürdige Wort) –, was das einzige ist, *was* man mit ihr hat tun wollen: sie bewältigen: als etwas, meine ich, wofür niemand verantwortlich ist, das niemanden angeht, das für niemanden wirklich gewesen ist – ausgenommen jene Führer. Und die sind tot. Darum bin ich dafür, die Mitverantwortung in Erinnerung zu bringen, zu betonen, den Gedanken und Gesinnungen, die dahin geführt haben, mit Verständnis nachzugehen. Mit Verständnis, sage ich und denke dabei von Fern an die Psychoanalyse: Wenn man nicht lernt, was man wollen kann, was man hat wollen können, wird man über die Folgen eigener Wünsche nie hinwegkommen.

Und darum, verehrter Herr Bahr, widersteht es mir auch, die Verantwortung für das, was in der DDR geschehen ist, so eng einzugrenzen. Ich habe zwar eingangs gesagt, daß das Regime in der DDR *nicht* in Deutschland gewachsen sei; aber das hat fünfundvierzig Jahre gedauert: da *wird* etwas «eigen». Und dann ist der Sozialismus in Deutschland nichts Fremdes. Will man sich also von jenem Regime befreien, so muß man es zunächst gewissermaßen *anerkennen* und nicht *wieder* sagen: «All das hatte mit *uns* nichts zu tun.»

Dies, verehrter Herr Bahr, habe ich Ihnen ans Herz legen wollen. Verzeihen Sie die Form!

Eine Antwort erwarte ich nicht.

Mit guten Wünschen

ergebenst J. P.

## An Helmut Hentrich

Berlin, 23. 1. 90

Lieber Helmut,

es hat gar keinen Sinn, daß ich mich mit meinem vorgerückten Alter deswegen entschuldige, daß ich Dir für Deine guten Wünsche und das sehr schöne Bild immer noch nicht gedankt habe. Diese Entschuldigung hilft mir bei Jüngeren; aber bei Dir ist das etwas anderes. –

Laß mich also nachträglich sagen, daß ich mich sehr gefreut habe – und freue und Dir auch für Deine guten Wünsche herzlich danke.

Gestern bin ich endlich wieder in dem Kino Babylon vom Meister[342] gewesen. Ich hatte am Elften einen Vortrag in der Kunsthochschule Weißensee gehalten, und zwar über Poelzig; wobei ich es bemerkenswert finde, daß der Chef der dortigen Architekturabteilung (die beneidenswert klein ist), Herr Kuntzsch, mir das Thema gestellt hatte. Ich war schon einmal dort, in der bösen alten Zeit und habe über Tessenow gesprochen, ebenfalls auf Wunsch von Kuntzsch, (was sich beinahe reimt: auf Wuntzsch – von Kuntzsch.) Diesmal konnte er mich von zu Hause abholen. Sic transeunt. –

Kuntzsch habe ich gestern im Kino Babylon wiedergetroffen. Es waren eine Reihe von Leuten anwesend, auch jemand von der Denkmalpflege, und man hat mich dazu gebeten, weil man sehr ernsthaft die Absicht hat, die Räume des Babylon, also Kassenraum, Treppenhalle und Kino wiederherzustellen. Man hat es nämlich so verändert, daß es nicht mehr zu erkennen ist. Ich weiß nicht, ob man das schon vor 1945 gemacht hat oder nachher, es kommt auch nicht eben darauf an, da der Widerspruch gegen Poelzigs Raum bei beiden vorhanden gewesen sein muß, den Leuten im Dritten Reich und denen in der kommunistischen DDR. Man hat den sanften Übergang der Wand in die Decke beseitigt, indem man dort ein hartes Profil hingesetzt hat, unter dem man die Wand mit rotem Stoff bespannt hat und auf diesen Lampen über Lampen gesetzt, in unruhigen Mustern; so daß man vor Lampen den Raum nicht mehr wahrnimmt. Und so geht's weiter: alles ist hart, rechtwinklig, abgeschlossen, während bei Poelzig alles weich war, schwebend und einheitlich. Trotzdem wirken die Raummasse und die allgemeine Anordnung der Räume zueinander immer noch stark (!). Eine Gruppe von Leuten dort haben sich nun entschlossen, den Raum, vielmehr die Räume so wiederherzustellen, wie Poelzig sie gebaut hat; und nun suchen sie nach authentischem Material: Bildern, Plänen etc. Dafür gibt es zwei Archive, das von Dieter Radicke in der Plansammlung der T.U. und das Material, das im Hamburger Bahnhof gefunden wurde. Da dürfte man schon einiges finden. Es sollen übrigens 800000 Mark (Ost) zur Verfügung stehen. Nun möchte ich Dich fragen, cher ami, ob Du weißt, wer in Poelzigs Studio an dem Kino gearbeitet hat: Max Berling? Kurt Liebknecht? Die zu finden, die das damals gemacht haben, wäre eine große Hilfe, cf. Funkhaus.[343]

Am 9. Februar werden sie im Kino eine kleine Ausstellung eröffnen; ich soll auch ein paar Worte sagen. Und ich muß sagen, ich nehme mich dieser Sache mit Eifer an. Das Große Schauspielhaus ist zugrunde gegangen, das Capitol auch.[344] Bleibt an Räumen dieser Bestimmung nur das Babylon-Kino übrig. Und nach den von Heuss[345] und anderen gezeigten Bildern zu urteilen, ist das ein wichtigerer Bau gewesen, als ich gewußt habe. Jetzt weiß ich es. Daher meine Bitte an Dich, dabei, soweit Du etwas weißt, zu helfen. –

Wir sind am Ersten Weihnachtsfeiertag mit den Rädern an der Machnower Schleuse gewesen. Es hat sich nichts verändert! Am zweiten Tag waren wir mit dem Bus in Potsdam Sanssouci. Man konnte also wieder über die Glienicker Brücke laufen, was man, seit ich wieder in Berlin bin, nicht mehr konnte. Ich bin ja gerade zur Zeit des Mauerbaues angekommen, war sogar am 13. August in Berlin, um zu verhandeln (!). Das heißt, ich bin zum letzten Male vor gut sechzig Jahren über die Brücke gegangen – oder zur Machnower Schleuse. Das ist schon eine Sensation, eine glückliche. Ob alles, was man ferner beabsichtigt, unbedingt glücklich genannt werden kann, ist die große Frage. – Aber einstweilen genießen wir den Fall der Mauer. Ich war im Naturkundemuseum mit meiner Frau und deren Enkeltochter, wir waren auch vorgestern, meine Frau und ich, im Pergamonmuseum, diesem einzigartigen Museum. Dies allerdings war überwältigend, und wir haben uns versprochen, bald wieder dorthin zurückzukehren. Nach dem Besuch im Museum haben wir in einem mäßigen Café etwas gegessen, am Bahnhof Friedrichsstraße. Nun wohl, das Café mag mäßig gewesen sein, aber man saß in der Stadt. Westberlin ist nun einmal nicht die Stadt. Das alte Berlin, was davon geblieben ist, ist wirklich sehr schön.

Leb wohl, alles Gute und Beste,

Dein J.

# Anhang

# Anmerkungen zu den Briefen

(hs. = handschriftlich; masch. = maschinenschriftlich; hebr. = hebräisch; franz. = französisch; engl. = englisch)

An Gertrud und Moritz Posener, 10. 8. 1929, Handschrift mit Skizzen, ohne Unterschrift. => S. 19–20

[1] Wohin Posener während seines ersten Frankreichaufenthaltes (vom Frühjahr bis Weihnachten 1929) reiste.

An Gertrud und Moritz Posener, 14. 9. 1929, unvollständige Handschrift. => S. 22–23

An Gertrud Posener, 17. 6. 1933, masch. Durchschlag einer auszugsweisen Abschrift mit hs. Datierung und hs. Korrekturen. => S. 23

[2] Hauptstraße im Südwesten Berlins.

[3] In Paris, wo Posener lebte, nachdem er am 17. Mai 1933 Berlin verlassen hatte, um bei der Zeitschrift *L'Architecture d'Aujourd'hui* zu arbeiten.

An Gertrud Posener, 24. 6. 1933, auszugsweise masch. Abschrift mit hs. Datierung und hs. Korrekturen. => S. 24

[4] Sic, recte wohl Le Plessis, das heutige Le Plessis-Robinson.

[5] Die Luftschiffhallen, errichtet 1916 nach Plänen von Eugène Freyssinet, fehlen in kaum einer der zeitgenössischen Schriften des Neuen Bauens, u. a. wurden sie publiziert in: Sigfried Giedion: *Bauen in Frankreich. Bauen in Eisen. Bauen in Eisenbeton*. 2. Aufl. Leipzig/Berlin o.J. (1928); Erich Mendelsohn: *Rußland, Europa, Amerika*. Berlin 1929. Nachdruck: Basel/Berlin/Boston, 1989.

An Gertrud Posener, 2. 7. 1933, masch. Durchschlag einer auszugsweisen Abschrift mit hs. Korrekturen. => S. 24–26

[6] Goi (hebr.): Volk, meint in der biblischen Sprache jedes Volk, bezeichnet später und im Jiddischen alle Nichtjuden.

[7] Der Bruder Karl Posener.

[8] Angehörige des 1913 in Deutschland gegründeten jüdischen Wandervogels «Blau-Weiß».

[9] *L'Architecture d'Aujourd'hui*, für die Posener seinerzeit arbeitete.

[10] Nicht überliefert.

Von Hans Poelzig, 25. 7 . 1933, Handschrift. => S. 26–28

[11] Nicht überliefert.

An Gertrud Posener, Oktober 1933, Handschrift. => S. 28–29

[12] *L'Architecture d'Aujourd'hui.*

[13] Der Arc de Triomphe.
[14] Nicht überliefert.

An Thomas Mann, 19. 11. 1933, Maschinenschrift mit hs. Unterschrift und hs. Korrekturen (Thomas-Mann-Archiv der ETH Zürich). => S. 29–33

[15] Thomas Mann hatte seine bereits zugesagte Mitarbeit an der unter dem Patronat von André Gide, Aldous Huxley und Heinrich Mann von Klaus Mann im Amsterdamer Querido-Verlag herausgegebenen Exil-Zeitschrift *Die Sammlung* zurückgezogen. Daraufhin wurde er in der in Wien erscheinenden *Arbeiter-Zeitung* vom 19. Oktober 1933 angegriffen. Mann verteidigte sich in einem am 28. Oktober in der *Arbeiter-Zeitung* erstmals publizierten Brief vom 25. Oktober, der in zahlreichen europäischen Zeitungen und Zeitschriften veröffentlicht wurde. Vgl. «Thomas Mann erwidert». In: *Arbeiter-Zeitung*, Wien, 28. Oktober 1933, 46. Jg., Nr. 298, S. 2.
[16] *Das Neue Tagebuch*, Paris, 1. Jg. (1933)–8. Jg. (1940).
[17] *Das Blaue Heft. Theater, Kunst, Politik, Wirtschaft*, Berlin/Wien, 3. Jg. (1921/22)–13. Jg. (1933/34), H. 11; damit Erscheinen eingestellt.
[18] Gemeint ist der 1933 in Berlin erschienene erste Band *Die Geschichten Jaakobs* des Romanzyklus' *Joseph und seine Brüder*.
[19] Ein Beitrag, der sich auf die Vorgänge um *Die Sammlung* bezieht, ist in der *Deutschen Freiheit* nicht erschienen. Dort findet sich lediglich am 23. 6. 1933 Thomas Manns Wiederholung seines «Bekenntnis zum Sozialismus» (1933), auf die Posener sich inhaltlich allerdings nicht zu beziehen scheint. Vgl. Thomas Mann: «Ich erneuere das Bekenntnis». In: *Deutsche Freiheit*, Saarbrücken/Straßburg, 22. Juni 1933, 1. Jg. (1933), Nr. 3, S. 5 (Feuilletonbeilage «Deutsche Stimmen»).
[20] Gegen den Vorwurf, nur aus Rücksicht auf den deutschen Markt seine Mitarbeit aufgekündigt zu haben, hatte Thomas Mann sich in seiner Erwiderung zur Wehr gesetzt.
[21] In: Thomas Mann: *Der Zauberberg*. Berlin 1924, 6. Kapitel.
[22] Thomas Mann: «Von deutscher Republik. Gerhart Hauptmann zum 60. Geburtstag», Rede, gehalten am 15. Oktober 1922 im Beethovensaal, Berlin. In: *Die Neue Rundschau*, 33. Jg. (1922), H. 11.
In dieser Rede hatte sich Thomas Mann zur parlamentarischen Demokratie der Weimarer Republik bekannt und damit frühere, demokratieskeptische Äußerungen, wie etwa die in seinen *Betrachtungen eines Unpolitischen* (1918), explizit verworfen.

Von Thomas Mann, 29. 11. 1933, Maschinenschrift mit hs. Unterschrift, hs. Korrekturen und einem Stempelaufdruck «Diktiert» (Thomas-Mann-Archiv der ETH Zürich). => S. 33–35

[23] Erschienen in Berlin 1918.

An Gertrud Posener, 16. 12. 1934, Handschrift ohne Unterschrift. => S. 35–39

[24] Der Bruder Karl Posener, der Arzt war.
[25] Posener bezieht sich auf die Promotion des Bruders Ludwig.
[26] In einem Brief an Salman Schocken beschreibt Posener die Arbeit bei *L'Architecture d'Aujourd'hui*. Demzufolge hatten Pierre Vago als rédacteur en chef und Posener als sécrétaire de la rédaction alternierend jeweils ein Heft der Zeitschrift zu redigieren. Vgl. Julius Posener an Salman Schocken, Anhang zum Brief vom 31. 5. 1936 (nicht in dieser Ausgabe).

[27] In Boulogne sur Seine, dem Redaktionssitz von *L'Architecture d'Aujourd'hui*, wohnte Posener bei dem portugiesischen Bildhauer Ernesto da Canto de Maya y Faria.
[28] William Shakespeare: *Coriolanus*, III/3, 129-137.
[29] William Shakespeare: *Macbeth*, IV/3, 164-175.
[30] William Shakespeare: *Othello*, II/3, 254-257.
[31] William Shakespeare: *Coriolanus*, III/1, 180.
[32] William Shakespeare: *Coriolanus*, I/1, 1-13.
[33] William Shakespeare: *Julius Caesar*.
[34] William Shakespeare: *Twelfth Night; or, What You Will*.
[35] William Shakespeare: *The Tempest*.
[36] William Shakespeare: *Coriolanus*, III/2, 134-146.
[37] William Shakespeare: *The Winter's Tale*, IV/4, 86-92.

Von Max Raphael, 15. 2. 1935, Handschrift. => S. 40–41
[38] In einem Brief vom 10. Mai 1934 an Raphael hatte Posener eine nicht überlieferte Literaturliste übersandt und in Aussicht gestellt, daß er die Zeitschrift *Baumeister* «vorkramen» würde. Ob Raphaels Dank sich noch auf diesen Vorgang bezieht, konnte nicht zweifelsfrei ermittelt werden. Im folgenden kommentiert Raphael möglicherweise die auch in deutschen Architekturzeitschriften ausführlich dokumentierte V. Triennale di Milano (1933), auf der in der sogenannten «Galerie der Völker» die Architektur verschiedener Länder präsentiert wurde. Posener, der die Ausstellung besucht hatte, spricht in seinen Memoiren von den «nationalen Architekturen» als dem zentralen Thema der Triennale.
Vgl. Brief vom 10. 5. 1934 von Julius Posener, Max-Raphael-Archiv, Germanisches Nationalmuseum, Nürnberg (nicht in dieser Ausgabe);
Herbert Hoffmann: «Die V. Triennale, Mailand 1933, und das neue Bauen in Italien». In: *Moderne Bauformen*, 32. Jg. (1933), S. 391–412;
Werner Daniel: «Von der Mailänder Triennale 1933». *Deutsche Bauzeitung*, 67. Jg. (1933), H. 19, S. 376–379;
Julius Posener: *Fast so alt wie das Jahrhundert*. Basel/Berlin/Boston 1993, S. 222 f.
[39] Möglicherweise der Kongreß «L'évolution des architectures nationales» der III. Réunion internationale d'architectes in Prag vom 5.–20. Oktober 1935.
[40] Eugène-Emmanuel Viollet-le-Duc: *Entretiens sur l'architecture*. 4 Bände. Paris 1858–1872.
[41] Frz.: Füllung, Füllwerk.
[42] Frz.: Strebepfeiler.
[43] Gottfried Semper: *Der Stil in den technischen und tektonischen Künsten oder praktische Ästhetik. Ein Handbuch für Techniker, Künstler und Kunstfreunde*. 2 Bände. Frankfurt am Main 1860 (Bd. 1), München 1863 (Bd. 2).
Raphael benutzte, wie aus dem folgenden hervorgeht, die zweite, 1878 (Bd. 1) und 1879 (Bd. 2) in München erschienene Auflage von Sempers Schrift.
[44] Ebd., Bd. 1 (1878), S. 5 und 6/7.

An Gertrud Posener, 28. 2. 1935, masch. Abschrift mit hs. Korrekturen. => S. 42–44
[45] Nicht überliefert.
[46] Gemeint ist die Redaktion von *L'Architecture d'Aujourd'hui*.
[47] Galút (hebr.): Zerstreuung, Exil.

An Max Raphael, 24. 4. 1935, Handschrift (Nachlaß Max Raphael, Germanisches Nationalmuseum, Nürnberg). => S. 44

Von Max Raphael, 8. 8. 1935, Handschrift auf Ansichtskarte mit der romanischen Fassade der Kirche von Benet in der Vendée. => S. 45

[48] Nicht überliefert.

[49] «Habitations à Bon Marché». Sonderheft der *L'Architecture d'Aujourd'hui*, das sich den Bauten aus dem gleichnamigen, 1928 verabschiedeten staatlichen französischen Wohnungsbauprogramm widmete. Vgl. *L'Architecture d'Aujourd'hui*, 6. Jg. (1935), H. 6.

[50] Von einem Treffen mit Mendelsohn in Paris berichtet Posener auch in seinen Memoiren. Demzufolge hatte Posener sich an Mendelsohn gewandt, weil er Frankreich verlassen wollte. Mendelsohn, der ihm zunächst abgeraten hätte, nach Palästina auszuwandern, habe ihm schließlich Arbeit in seinem Jerusalemer Büro angeboten.
Julius Posener: *Fast so alt wie das Jahrhundert*. Basel/Berlin/Boston 1993, S. 228; vgl. auch die Briefe an die Mutter vom 2. 6. 1936 und an Erich Mendelsohn vom 31. 1. 1937.

Von Max Raphael, 24. 8. 1935, Handschrift. => S. 46–48

[51] Die Siedlung in Pessac (bei Bordeaux) von Le Corbusier, errichtet 1925.

[52] Marginalie von Julius Posener: «Poissy? Garches?».
In Poissy hat Le Corbusier von 1929 bis 1931 die Villa Savoye errichtet, in Garches 1927 die Villa Stein.

[53] Frz.: Putz.

[54] Marginalie von Julius Posener: «nein».

[55] Marginalie von Julius Posener: «Ist er unbewußt?».

An Max Raphael, 26. 8. 1935, masch. Durchschlag mit hs. Korrekturen, ohne Unterschrift, auf der Rückseite des letzten Blattes notierte Posener mit Tinte «Le Corbusier Brief an Raphael» und mit Bleistift «Gelesen: 16. 4. 55». => S. 48–51

[56] Raphael arbeitete in den dreißiger Jahren an Studien über Perret, die allerdings erst posthum aus dem Nachlaß publiziert wurden. Vgl. hierzu: Max Raphael: *August Perrets Architekturtheorie* (1934) sowie ders.: *August Perret und die geistige Situation der jungen Architekten*. In: ders.: *Für eine demokratische Architektur. Kunstsoziologische Schriften*. Herausgegeben von Jutta Held. Frankfurt/Main 1976, S. 33–44; 45–52.

[57] Posener meint offensichtlich die 1928 nach Plänen Auguste Perrets errichteten Forschungslaboratorien des Marineamtes in Paris.
Galbe (franz.): Schwellung, Ausbauchung.
Coffrage (franz.): Verschalung.

[58] Vgl. Anm. 52.

Von Le Corbusier, 10. 9. 1935, Maschinenschrift in französischer Sprache mit hs. Unterschrift und hs. Korrektur. => S. 52

[59] Posener hatte im Rahmen seiner Tätigkeit bei *L'Architecture d'Aujourd'hui* u. a. die Herausgabe von Le Corbusiers Schrift *La Ville Radieuse* (Paris 1935) betreut.

An Gertrud Posener, 6. 10. 1935, Handschrift. => S. 54–55

An Gertrud Posener, 9. 10. 1935, masch. Durchschlag einer auszugsweisen Abschrift mit hs. Korrekturen. => S. 56–60

[60] Die Schwägerin Charlotte Posener.

An Gertrud Posener, 15. 10. 1935, auszugsweise masch. Abschrift mit hs. Korrekturen. => S. 60–61

[61] Pluralform von Moslem.

An Le Corbusier, 3. 11. 1935, Maschinenschrift mit hs. Unterschrift und hs. Korrekturen (Fondation Le Corbusier, Paris). => S. 62–67

[62] 1931 hatte Le Corbusier im Anschluß an eine Algierreise erste Skizzen für die städtebauliche Reorganisation der Stadt erarbeitet. Vgl. hierzu auch Le Corbusier et Pierre Jeanneret: *Ouevre Complète de 1929–1934*. Zürich 1935, wo das Algierprojekt auf 1930 rückdatiert ist.

[63] Unter dem Protektorat Wilhelms II. hatten sich seit der Kaiserreise 1898 katholische und evangelische Verbände aus dem Deutschen Reich als Bauherren von Kirchen und Hospizen in Jerusalem betätigt. Auf Wunsch Wilhelms II. waren diese Bauten ausschließlich im (neo)romanischen Stil, dem Stil der Kreuzzugszeit, gehalten. Vgl. «Die neuen deutschen Bauten in Jerusalem». In: *Deutsche Bauzeitung*, 15. Jg. (1911), S. 1–5, 13–15, 25–26, 33–42, 45–46, 69–71.

[64] Anspielung auf die Werkbundausstellungen in Stuttgart 1927 und Breslau 1929, die zu Manifestationen des Neuen Bauens in Deutschland wurden.

[65] Pluralform von Kvuzah (hebr.): Gruppe. Bezeichnung für eine kollektive ländliche Siedlung.

An Gertrud Posener, 23. 11. 1935, unvollständige Maschinenschrift. => S. 67–71

[66] Die Briefe Nr. 1–3 sind nicht überliefert.

[67] Die Briefe Nr. 1–9 der Mutter sind nicht überliefert.

[68] Wohl eine von Erich Mendelsohn veranlaßte Reise durch Palästina. Vgl. Julius Posener: *Fast so alt wie das Jahrhundert*. Basel/Berlin/Boston 1993, S. 235.

[69] Der Bruder Ludwig Posener.

[70] Gruppierung innerhalb der zionistischen Bewegung, die die Gründung eines autonomen jüdischen Staates gegebenenfalls auch außerhalb Palästinas befürwortete.

[71] 1903 schlug die englische Regierung die Gründung einer autonomen, selbstverwalteten jüdischen Ansiedlung unter britischer Oberhoheit in Ostafrika vor. Herzl befürwortete trotz eigener Bedenken diesen sogenannten Uganda-Plan, um den bedrängten Juden Rußlands eine Heimstatt bieten zu können, aber auch, weil mit der Schaffung einer solchen autonomen Siedlung die politische Anerkennung des jüdischen Volkes als Nation vorangetrieben worden wäre. Der VI. Zionistenkongreß (August 1903) lehnte das Uganda-Projekt mehrheitlich ab. Der VII. Zionistenkongreß (1905) stimmte dann mit großer Mehrheit gegen jede kolonisatorische Tätigkeit außerhalb Palästinas.

Vgl. Theodor Herzl: *Tagebücher 1895-1904*. Berlin 1922. Neuausgabe: Theodor Herzl: *Briefe und Tagebücher*. Hrsg. v. Alex Bein. Bd. 2: *Zionistisches Tagebuch 1895–1899*. Berlin 1983. Bd. 3: *Zionistisches Tagebuch 1899–1904*. Berlin 1985.

[72] Wohl Alexander Klein. In seiner Autobiographie würdigt Posener zwar das Werk Kleins, eine persönliche Begegnung erwähnt er jedoch nur am Rande. Bemerkungen in der Korrespondenz lassen aber auf eine intensive Auseinandersetzung mit Klein

schließen. Vgl. die Briefe an Salman Schocken vom 31. 5. 1936, an Gertrud Posener vom 2. 8. 1937 und von Erich Mendelsohn vom 5. 8. 1940 sowie Julius Posener: *Fast so alt wie das Jahrhundert*. Basel/Berlin/Boston 1993, S. 250.

[73] Erich Mendelsohn.

[74] Erich Kempinski, zur Organisation von Mendelsohns Büro in Jerusalem s. auch Ita Heinze-Greenberg: «Bauen In Palästina». In: *Erich Mendelsohn. Architekt 1887–1953. Gebaute Welten. Arbeiten für Europa, Palästina und Amerika*. Hrsg. v. Regina Stephan. Ostfildern-Ruit 1998, S. 240–287, insbes. S. 241 f.

An Gertrud Posener, Pessach 1936, Handschrift auf Ansichtskarte mit der Kirche von Ain Karem. => S. 71

An Salman Schocken, 31. 5. 1936, Kopie einer Maschinenschrift mit hs. Unterschrift und hs. Korrekturen. => S. 71–77

[75] *L'Architecture d'Aujourd'hui*. Ein von André Bloc 1948 ausgestelltes Zeugnis datiert Poseners Tätigkeit als Redakteur bei *L'Architecture d'Aujourd'hui* auf die Zeit von Mai 1933 bis September 1935.

[76] Sam Barkai.

[77] Der 5. Kongreß des CIAM vom 28. 6.-2. 7. 1937 in Paris.

[78] Der im Nachlaß überlieferten, zeitgenössischen Korrespondenz Poseners mit Richard Kauffmann ist zu entnehmen, daß nicht nur der Text für *L'Urbanisme* in Zusammenarbeit mit Kauffmann entstehen sollte, sondern daß Kauffmann ursprünglich, neben Sam Barkai und Posener, auch als Verfasser des Beitrages für *L'Architecture d'Aujourd'hui* vorgesehen war. Vgl. Brief an Kauffmann vom 12. 12. 1935 (nicht in dieser Ausgabe).
Erschienen sind schließlich Sam Barkai und Julius Posener: «Architecture en Palestine». In: *L'Architecture d'Aujourd'hui*, 7. Jg. (1937), H. 9, S. 2–34, und, allerdings nicht in der Zeitschrift *L'Urbanisme*, Julius Posener: «Traditionelles und modernes Bauen in Palästina». In: *Das Werk. Schweizer Monatsschrift für Architektur, freie Kunst, angewandte Kunst*, 25. Jg. (1938), H. 9, S. 257–271.

[79] Siehe hierzu auch Poseners Kritik am Y.M.C.A.-Building im Brief an Gertrud Posener vom 2. 6. 1936.

[80] *Palestine Review*, Jerusalem, 1. Jg. (1936) -. Die erste Ausgabe erschien am 17. 4. 1936. Der Herausgeber konnte nicht ermittelt werden.

[81] Das Krankenhaus Asuta in Tel-Aviv wurde 1935 errichtet nach Plänen von Josef Neufeld,
das Krankenhaus in Petach Tikwah 1936 nach Plänen von Arieh Sharon,
der Chader Ochel in Tel Jossef (d. i. der Speisesaal eines Kibbuz) 1936 und
der Chader Ochel in Deganya 1934 nach Plänen von Leopold Krakauer,
die Schule in Deganya 1928 nach Plänen von Richard Kauffmann, auf den auch die städtebauliche Planung dieses Kibbuz zurückgeht,
die Villa und die Bibliothek Schocken in Jerusalem 1934 bis 1936 nach Plänen von Erich Mendelsohn.
Architekt und Bauzeit des Merkas Mischari (hebr.: Geschäftszentrum) in Sfat konnten nicht ermittelt werden.

[82] Tageszeitung; *Palestine Post*, Jerusalem, 8. Jg. (1932)–26. Jg. (1950).

[83] Ursprünglich lautete der Text: «des durchschnittlichen deutschen Zionisten».

[84] Die im folgenden erwähnte Zeitschrift *Habinyan Bamisrach Hacarov. A magazine of architecture and town-planning*, Tel-Aviv, deren 1. Heft im August 1937 erschien. Von Dezember 1937 bis April 1939 war Posener einem von Arieh Sharon 1948 ausgestellten Zeugnis zufolge verantwortlicher Herausgeber der Zeitschrift.

[85] Wohl Alexander Klein.

[86] *Gazit*, Tel-Aviv, 1. Jg. (1932)-47. Jg. (1979).

[87] Gemeint ist die avantgardistische Architektenvereinigung «Chug Adrichalei Erez Israel», der Posener zufolge unter anderem Arieh Sharon, Lotte Cohn, Benjamin Tschlenov, Yehuda Finkelstein, Zeev Rechter, Dov Carmi und Samuel Mestechkin angehörten. Vgl. Julius Posener: *Fast so alt wie das Jahrhundert*. Basel/Berlin/Boston 1993, S. 248.

[88] Vermutlich bezieht Posener sich hier auf den am 19. 4. 1936 ausgebrochenen, ersten arabischen Aufstand gegen das rasche Anwachsen der jüdischen Bevölkerung in Palästina.

An Gertrud Posener, 2. 6. 1936, Handschrift. => S.78–81

[89] Gemeint sind vermutlich Araberaufstände. Der Vetter Heinz Oppenheimer lebte in Rehovot, der Vetter Julius Oppenheim in Kfar Saba.

[90] *Jüdische Rundschau*, Berlin, 7. Jg. (1920)-43. Jg. (1938). Die Zeitung erschien halbwöchentlich.

[91] Young Men's Christian Association. Das Gebäude der Y. M. C. A. wurde von 1928 bis 1932 errichtet nach Plänen A. L. Harmons, des Architekten des Empire State Building in New York.

[92] Gemeint ist das Projekt einer Académie Européenne Méditerranée, das Mendelsohn zusammen mit Hendricus Theodorus Wijdeveld und Amédée Ozenfant ursprünglich für Südfrankreich entwickelte und später in Palästina verwirklichen wollte. Zu diesem Projekt einer internationalen Kunstschule vgl. auch Ita Heinze-Greenberg: «'Das Mittelmeer als Vater der internationalen Stilkunde zu übersehen, überlassen wir gerne den Schultzes aus Naumburg' – Das Projekt Mittelmeerakademie und die Emigration». In: *Erich Mendelsohn. Architekt 1887–1953. Gebaute Welten. Arbeiten für Europa, Palästina und Amerika.* Hrsg. v. Regina Stephan. Ostfildern-Ruit 1998. S. 214–223.

[93] Erich Kempinski.

[94] Kvuzah (hebr.): Gruppe. Bezeichnung für eine kollektive ländliche Siedlung.

[95] Nicht überliefert.

[96] Infolge eines Finanzskandals, der sogenannten Stavisky-Affäre, brachen am 6. Februar 1934 in Paris Unruhen aus, die zum Rücktritt des Kabinetts Daladier führten.

[97] Julius Posener: «L'Architecture du III. Reich». In: *L'Architecture d'Aujourd'hui*, 7. Jg. (1936), H. 4, S. 9–47.

Von Erich Mendelsohn, 4. 6. 1936, Handschrift. => S. 81–82

[98] Nicht überliefert.

[99] Vgl. Brief an Salman Schocken vom 31. 5. 1936.

[100] Vgl. Anm. 80.

[101] Gemeint sind wohl die Siegesfeiern anläßlich der Ausrufung König Viktor Emanuel III. zum Kaiser von Abessinien. Im Oktober 1935 war Italien in Abessinien (Äthiopien) eingefallen, am 9. Mai 1936 rief Mussolini Viktor Emanuel zum Kaiser von Abessinien aus.

[102] Hebr.: Land Israel, Palästina.

An Gertrud Posener, 24. 6. 1936, Handschrift ohne Unterschrift. => S. 83–85

[103] Hauptstraße in Marseille.

[104] Geflügeltes Wort für selbstverschuldete Widrigkeiten nach Molières *Georges Dandin*.

[105] Raymond Eddé.

[106] Posener war auf Empfehlung Max Loebs zunächst als Vertreter des Architekten Michel Rubinstein in den Libanon gereist, übernahm schließlich die Bauausführung der Villa des libanesischen Präsidenten, Emile Eddé, nach Plänen Rubinsteins. Die Geschichte seines Beirut-Abenteuers erzählt Posener auch in seinen Memoiren, vgl. Julius Posener: *Fast so alt wie das Jahrhundert*. Basel/Berlin/Boston 1993, S. 245-246.

Von Erich Mendelsohn, 3. 8. 1936, Handschrift. => S. 85–88

[107] Nicht überliefert.

[108] Hebr.: Zerstreuung, Exil.

An Gertrud Posener, 10. 8. 1936, Handschrift. => S. 88–89

[109] Im Sommer 1936 hatte Gertrud Posener ihren Sohn Ludwig Posener und dessen Familie besucht, die 1934 zunächst nach Schweden emigriert waren.

[110] Gemeint sind die Araberunruhen.

[111] Gemeint sind die Familie Heinz Oppenheimer und der Vetter Julius Oppenheim.

[112] Zitiert nach: (Leon Pinsker:) *Autoemanzipation. Mahnruf an seine Stammesgenossen von einem russischen Juden*. (1882), S. 22.

[113] Brief des britischen Außenministers Arthur James Balfour vom 2. November 1917 an den britischen Zionistenführer Lord Lionel Walter Rothschild, in dem die britische Regierung die Gründung einer nationalen jüdischen Heimstätte in Palästina unter Wahrung der dort bestehenden nichtjüdischen Gemeinschaften zu unterstützen versprach.

[114] Franz.: Chère Maman, ich bin hungrig, und ich schließe diesen Brief, indem ich Dich ermahne, Dich in Berlin ein wenig auszuruhen, wo Du das schon in Schweden nicht konntest.

[115] Der Bruder Karl Posener.

Von Erich Mendelsohn, 29. 8. 1936, Handschrift. => S. 90–91

[116] Der High Commissioner der britischen Mandatsregierung in Palästina, Sir Arthur Wauchope.

[117] Das britische Regierungskrankenhaus, errichtet 1937/38.

[118] Auf dem Mount Scopus in Jerusalem errichtete Mendelsohn von 1934 bis 1940 unter Einbeziehung bereits vorhandener Gebäude die Hebräische Universität und von 1934 bis 1939 das Hadassah-Universitätshospital. Salman Schocken war Chairman des Executive Council. Vgl. Ita Heinze-Greenberg: «'Ich bin ein freier Bauer' – Bauen in Palästina 1934 bis 1941». In: *Erich Mendelsohn. Architekt 1887–1953. Gebaute Welten. Arbeiten für Europa, Palästina und Amerika*. Hrsg. v. Regina Stephan. Ostfildern-Ruit 1998, S. 240–287, insbes. S. 262–275.

[119] Marginalie von Julius Posener: «Nach Beyrouth, wo ich für den Präsidenten ein Haus baute. J.P.»

An Gertrud Posener, 4. 11. 1936, Handschrift. => S. 91–92

[120] Platz und Verkehrsmittelpunkt in Beirut. Am Place des Canons wohnten Michel Rubinstein und offensichtlich auch Posener.

An Gertrud Posener, 18. 11. 1936, Handschrift. => S. 92–94

[121] Nicht überliefert.

[122] Zu Beginn des Jahres 1936 war in Syrien ein sechswöchiger Generalstreik gegen die französische Mandatsherrschaft ausgebrochen, der in den Libanon ausstrahlte und dort noch gegen Ende des Jahres zu Unruhen führte. Der Libanon war ebenfalls französisches Mandatsgebiet, was den im folgenden erwähnten Einsatz von Truppen aus der französischen Kolonie Senegal erklärt.

[123] Nicht überliefert, gemeint ist der Bruder Karl Posener.

[124] Die 1934 von Antoun Saadé gegründete Syrische Nationale Sozialistische Partei wandte sich sowohl gegen den Panarabismus als auch gegen den libanesischen Nationalismus und setzte sich für eine großsyrische Nation ein.

Von Salman Schocken, 4. 1. 1937, Kopie eines masch. Durchschlags mit hs. Namenszeichen. => S. 94

[125] Nicht überliefert.

[126] Wahrscheinlich Poseners Idee, eine von einem eigenen Institut getragene Architekturzeitschrift zu gründen, wie er sie im Brief an Salman Schocken vom 31. 5. 1936 skizzierte.

An Erich Mendelsohn, 31. 1. 1937, Maschinenschrift mit hs. Unterschrift, hs. Korrekturen und Stempel «2. Feb. 1937» (Kunstbibliothek, Berlin) . => S. 95–96

[127] Nicht überliefert.

[128] Vgl. Anm. 87.

[129] Die Weltausstellung in Paris 1937.

[130] Die Bibliothek Schocken und das Haus für Chaim Weizmann, beide errichtet 1936/37 nach Plänen Erich Mendelsohns.

[131] Marginalie von Erich Mendelsohn: «lernen Sie englisch!».

[132] Seit 1902 in London erscheinende Architekturzeitschrift.

Von Erich Mendelsohn, 6. 2. 1937, Handschrift. => S. 97

[133] Sic, recte Giedion und Pevsner. Angespielt wird auf die Schriften: Sigfried Giedion: *Bauen in Frankreich. Bauen in Eisen. Bauen in Eisenbeton*. 2. Aufl. Leipzig/Berlin o.J. (1928), und Nikolaus Pevsner: *Pioneers of Modern Design. From William Morris to Walter Gropius*. London 1936.

An Erich Mendelsohn, 20. 3. 1937, Handschrift (Kunstbibliothek, Berlin). => S. 98

[134] Posener bezieht sich auf einen Brief Mendelsohns an seine Frau vom 29. 10. 1924 aus Chicago, in dem es über Eliel Saarinen heißt: «Klar bewußt, wo seine Arbeit steht, damit Freund der folgenden Generation.» Daß Posener den erst 1961 publizierten Brief schon 1937 kannte, wirft ein weiteres Licht auf sein Verhältnis zu Mendelsohn. Das weiter unten folgende Zitat «unzerreißbare Kontur» scheint ebenfalls auf einen Brief Mendelsohns an seine Frau anzuspielen. Vgl. *Erich Mendelsohn: Briefe eines Architekten*. Hrsg. v. Oskar Beyer. München 1961, S. 70, 74.

[135] Der Brief ist mit Bleistift geschrieben. Publizierte Glückwünsche Poseners konnten nicht ermittelt werden.

[136] William Shakespeare: *Julius Caesar*. III/2, 77.

Von Erich Mendelsohn, 30. 3. 1937, Handschrift. => S. 99

[137] Im Schocken Verlag ist weder eine eigenständige Publikation über Mendelsohn nachzuweisen, noch über Architektur im allgemeinen. Möglicherweise ist ein Beitrag in der von Schocken erworbenen hebräischen Tageszeitung *Haaretz* gemeint, in der Posener später tatsächlich publizierte. Vgl. Brief von Erich Mendelsohn vom 5. 8. 1940.

An Gertrud Posener, 2. 8. 1937, Maschinenschrift mit hs. Unterschrift und hs. Korrekturen. => S. 100–103

[138] Julius Posener: «Traditionelles und modernes Bauen in Palästina». In: *Das Werk. Schweizer Monatsschrift für Architektur, freie Kunst, angewandte Kunst*, 25. Jg. (1938), H. 9, S. 257-271.

[139] Zusammen mit Barkai hatte Posener seinen Beitrag über die Architektur in Palästina für *L'Architecture d'Aujourd'hui* verfaßt, vgl. Anm. 78.

[140] Schifrah: hebräischer Name, auch Hausangestellte; Gvereth (hebr.): Frau.

[140a] Nicht überliefert.

[141] *L'Architecture d'Aujourd'hui.*

[142] Alexander Klein.

[143] 1920 in England gegründete, seit 1926 in Jerusalem ansässige zentrale Finanzorganisation für das Aufbauwerk in Palästina.

[144] Vgl. die Briefe an Erich Mendelsohn vom 31. 1. 1937 und von Mendelsohn vom 6. 2. 1937.

[145] *Habinyan Bamisrach Hacharov. A magazine of architecture and town-planning*, vgl. auch Anm. 84; zum «Chug Adrichalei Erez Israel» vgl. Anm. 87.

[146] Vgl. den Brief von Salman Schocken vom 4. 1. 1937. Posener suchte trotz dieser Absage auch weiterhin die Unterstützung Schockens. Schocken schrieb daraufhin am 15. 8. 1937 an Valentin Frank, offensichtlich Redakteur bei Schockens Tageszeitung *Haaretz*. Auf den 24. 8. 1937 ist ein Vermerk Franks über eine Unterredung mit Posener datiert. Darin heißt es: «Herr Posener möchte unter allen Umständen seinen Gedanken eines Buches ‚Heutige Architektur in Palästina' verwirklichen, ohne daß er nach meinem Eindruck irgendwelche festumrissene Vorstellungen sowohl vom geistigen Gehalt als auch von der äußeren Gestaltung eines solchen Buches hat. Er spricht lediglich sehr allgemeine und verallgemeinernde Gedanken zu diesem Thema aus, die keineswegs ausreichen, die Sache voran zu bringen, geschweige denn eine baldige Realisierung des Planes zu diskutieren. [...]
Ich schlage aufgrund des momentanen Status vor, diese Angelegenheit ruhen zu lassen und auch erst dann wieder aufzunehmen, wenn man den Eindruck gewonnen hat, daß hier ernsthafte Absicht, wirkliches Können und eine ausreichende Zuverlässigkeit vorliegen. Ob es je möglich ist, diesen Eindruck zu erhalten, scheint mir persönlich zweifelhaft.»

[147] Leo Adler. Was Posener mit dem Fall Adler meint, war nicht zu ermitteln. In einem Brief an den Bruder Ludwig vom 9. 1. 1939 erwähnt er Adler noch einmal. In dem Brief heißt es: «Schocken scheint, nach Mendelsohns Verblühen, ein Institut für Bauforschung etc. etc. auf ganz vernünftiger Basis aufmachen zu wollen. Er hat darüber mit Salkind verhandelt, der ihm meinen und Adlers Namen als Redakteure für das Organ genannt hat, das die Nachfolge der beiden heute konkurrierenden Blätter in diesem Falle übernehmen würde. Das beste wäre, wir machten es beide, und ich bin ganz zufrieden, daß Salkind nicht auch Barkais Namen genannt hat. Er hat mir allerdings die ganze Sache nur zufällig, im Café, mitgeteilt, sonst hätte ich sie nicht

erfahren. Ich habe Schocken das «Werk» geschickt («Habinyan» hatte ihm Salkind gegeben) und ihn um eine Unterhaltung gebeten. Ich glaube, es wird gut sein, auch Adler aufzusuchen, damit es nicht wieder eine bittere Konkurrenz gibt. Wenn Schokken seine Sache wirklich auf die Beine stellt, so wird er wohl Adler und mich, und noch einige andere (Klein, Walter Strauss, Brutzkus) zu ständiger Mitarbeit brauchen.»

148 Der Bruder Karl Posener und Frau.

Von Le Corbusier, 21. 10. 1937, Maschinenschrift in französischer Sprache mit hs. Unterschrift. => S. 104

149 Nicht überliefert.

149a Wohl das Palästina-Heft der *L'Architecture d'Aujourd'hui*, vgl. Anm. 78.

An Gertrud Posener, 14. 6. 1938, Handschrift. => S. 105–107

150 Nicht überliefert.

151 Posener bezieht sich hier wohl auf das Ende der Transfermöglichkeiten ins westliche Ausland oder nach Übersee. Das Transferabkommen des Deutschen Reiches mit Palästina wurde erst 1939 aufgekündigt.

An Erich Mendelsohn, 18. 7. 1940, Handschrift (Kunstbibliothek, Berlin). => S. 107–108

152 Im Nachlaß findet sich eine Dienstbescheinigung der Regierung von Palästina, wonach Posener vom 10. 3. 1940-12. 5. 1941 zunächst als Zeichner, seit dem 10. 7. 1940 als Stellvertretender Leiter der öffentlichen Bauten im Ministerium für öffentliche Bauten (Department of Public Works) angestellt war.

153 Posener arbeitete 1931 am Potsdamer Platz als Hilfsbauführer auf der Baustelle des Columbushauses, errichtet nach Plänen Erich Mendelsohns.

154 Vorort von Jerusalem, Wohnort des Bruders Ludwig Poseners.

155 Dante Alighieri.

Von Erich Mendelsohn, 5. 8. 1940, masch. Durchschlag mit hs. Unterschrift (Kunstbibliothek, Berlin). => S. 108–109

156 In der hebräischen Tageszeitung *Haaretz* hatte Posener Arnold Whitticks Buch *Eric Mendelsohn* (London 1940) kritisch besprochen. Eine Übersetzung der Besprechung befindet sich bei der Posener-Korrespondenz im Erich-Mendelsohn-Archiv der Kunstbibliothek, Berlin.

157 Hebr.: Siedlung, Bevölkerung. Bezeichnet die jüdischen Einwohner Palästinas.

158 Alexander Klein.

An Erich Mendelsohn, 5. 8. 1940, Handschrift (Kunstbibliothek, Berlin). => S. 109–110

Von Erich Mendelsohn, 8. 8. 1940, masch. Durchschlag mit hs. Unterschrift. (Kunstbibliothek, Berlin). => S. 111

An Ludwig Posener, 30. 11. 1941/3. 12. 1941, Handschrift mit Skizze. => S. 112–114

159 In einem Lager der britischen Armee bei der unterägyptischen Stadt Ismailia am Suez-Kanal, wo Posener einen Offizierslehrgang absolvierte, nachdem er sich im Sommer 1941 als Freiwilliger zur britischen Armee gemeldet hatte und schließlich einer Einheit der Royal Engineers zugeteilt worden war.

[160] Wohl Irene Herzberg (verh. Bloomfield), die seinerzeit bei Charlotte und Ludwig Posener lebte, sowie der Neffe Peter Posener.

An Ludwig Posener, 25. 12. 1941, Handschrift. => S. 115–116

[161] Posener hatte den ersten Teil seines Weihnachtsurlaubs in Jerusalem verbracht.

[162] Ammontempel.

An Charlotte Posener, 31. 12. 1941, Handschrift. => S. 117

[163] Im Camp bei Ismailia.

[164] Unteroffiziersrang in der britischen Armee.

[165] In das Jerusalemer «Astoria», in dem Posener als Zivilist häufig verkehrte, war er nach seinem Eintritt in die Armee nicht mehr eingelassen worden, weil der Zutritt nur Offiziersrängen gestattet war. Vgl. Unveröffentlichte Memoiren, S. 328.

[166] Nach Luxor und Karnak in Oberägypten und nach Kairo.

An Ludwig Posener, 7. 1. 1942, Handschrift mit Skizzen. => S. 118–122

[167] Des Ammontempels in Karnak.

[168] Der Tempel von Edfu.

[169] Gemeint ist das zuvor beschriebene Schema des Ammontempels in Karnak.

Von Erich Mendelsohn, 3. 9. 1942, Handschrift in englischer Sprache (Kunstbibliothek, Berlin). => S. 123–124

[170] Nicht überliefert.

[171] Unteroffiziersrang in der britischen Armee.

[172] Public Works Department. Vgl. Anm. 152.

[173] Wohl die Berge der Wüste zwischen Jerusalem und dem Toten Meer, die östlich von Jerusalem gelegen in der Nachmittagssonne eine purpurne Farbe annehmen.

An Ludwig Posener, 23. 9. 1942, Handschrift. => S.125–129

[174] Vermutlich der Brief Ludwigs vom 8. 8. 1942 (nicht in dieser Ausgabe).

[175] Vermutlich der Stützpunkt bei Ismailia.

[176] Engl.: Lastauto.

[177] Die anschließenden Seiten des paginierten Briefes sind auf anderem Papier geschrieben und mit «Oktober 42» datiert.

[178] Irene und Stalin: vermutlich Namen für die Lorries.

[179] Engl.: Tornister.

[180] Der Neffe Peter Posener.

An Ludwig Posener, 21. 11. 1942, Handschrift. => S. 129–130

[181] Gemeint sind die im Oktober von der 8. Armee unter General Montgomery eröffnete britische Gegenoffensive bei El Alamein, die am 4. 11. 1942 zum Rückzug der deutschen und italienischen Truppen aus Ägypten geführt hatte, sowie die Landung amerikanischer und britischer Truppen in Nordwestafrika am 7./8. 11. 1942.

[182] Das von den Briten besetzte El Agheila (Lybien) war im Februar 1941 von dem kurz zuvor aufgestellten deutschen Afrikakorps unter General Rommel eingenommen worden. Am 13. 12. 1942 mußte die deutsch-italienische Panzerarmee El Agheila aufgeben.

[183] Posener spielt hier auf die ambivalente Haltung des französischen Regimes unter

Pétain an, der im Oktober 1942 einen erneuten Kriegseintritt ausschloß, zugleich aber in Beratungen mit Adolf Hitler die Verteidigung des Kolonialreiches gegen englische Angriffe zusicherte und seine Unterstützung versprach.

Von Erich Mendelsohn, 15. 8. 1943, Handschrift in englischer Sprache. => S. 130–132

[184] Abkürzung für Fellow of Royal Institute of British Architects und American Institute of Architects.

[185] Anspielung auf die Vulgärinterpretation der Einsteinschen Relativitätstheorie in Sigfried Giedions Buch *Space, Time and Architecture. The Growth of a New Tradition*, Cambridge 1941. Vgl. hierzu auch den Brief Erich Mendelsohns vom 31. 7. 1950.

[186] Wohl die Neubebauung des «Golden Triangle» in Pittsburgh.

[187] Nicht überliefert.

An Ludwig Posener, 11. 9. 1943, Handschrift. => S. 132–133

[188] Gemeint sind Walt Disneys Filme «Fantasia» (1940/41) und «Schneewittchen und die sieben Zwerge» (1937).

[189] Disney hatte für «Fantasia», den er als «Konzert für Millionen» bezeichnete, klassische Musikstücke verwandt, u.a. Bachs «Toccata und Fuge in d-Moll» und die im Brief erwähnte «Pastorale» von Beethoven.

[190] Vgl. auch den Brief an Gertrud Posener vom 10. 8. 1936.

[191] Bis 1943 erschienen von Saul Bellow *Two Morning Monologues* (1941) und *The Mexican General* (1942).

[192] Pietro Badoglio wurde nach Mussolinis Sturz am 25. 7. 1943 italienischer Regierungschef und schloß am 3. 9. 1943 einen separaten Waffenstillstand mit den Aliierten.

An Erich Mendelsohn, 5. 10. 1943, Handschrift in englischer Sprache (Kunstbibliothek, Berlin). => S. 134–135

[193] Das jüdische Neujahrsfest wird bereits Ende September begangen.

An Erich Mendelsohn, 11. 1. 1944, Handschrift in englischer Sprache (Kunstbibliothek, Berlin). => S. 135–136

[194] Wohl Lewis Mumford: *The Condition of Man*. London 1944. Mendelsohn und Mumford waren befreundet.

[195] Jaroslav Hasek: *Der brave Soldat Schwejk*. (1917, deutsche Übersetzung 1929).

An Erich Mendelsohn, 3. 7. 1944, Handschrift in englischer Sprache (Kunstbibliothek, Berlin) . => S. 136–137

[196] Marginalie von Julius Posener: «Confirm my address!».

[197] Mendelsohn hatte in einem Brief vom 16. 5. 1944 (nicht in dieser Ausgabe) die Übersendung seiner 1944 bei University of California Press publizierten *Three Lectures on Architecture* angekündigt.

[198] Johann Wolfgang von Goethe: *West-Östlicher Divan*. (1819).
Jacob Burckhardt: *Weltgeschichtliche Betrachtungen*. Berlin 1905.

[199] Nach Plänen Erich Mendelsohns 1937/38 errichtet.

[200] Gemeint sind die nach Plänen Mendelsohns von 1934–1940 errichteten Universitätsgebäude auf dem Mount Scopus in Jerusalem, vgl. auch Anm. 118.

[201] Ort in Weißrußland. Posener spielt wohl auf aus Rußland emigrierte Juden an.

An Erich Mendelsohn, 22. 7. 1944, Handschrift in englischer Sprache (Kunstbibliothek, Berlin). => S. 138–142

[202] Thomas Edward Shaw (d. i. Lawrence von Arabien): *The Odyssey of Homer*. London 1935.

Es ist Odysseus, der im 17. Gesang zu dem Sauhirten Eumaios die zitierten Worte spricht.

[202a] Erich Mendelsohn: *Three Lectures on Architecture*. (1944).

[203] Gemeint sind die Vorträge Mendelsohns «Das Problem einer neuen Baukunst», gehalten im «Arbeitsrat für Kunst» 1919 und «Die internationale Übereinstimmung des neuen Baugedankens oder Dynamik und Funktion», gehalten in «Architectura et Amicitia», Amsterdam, 1923. Beide Vorträge wurden publiziert, auszugsweise in: *Wasmuths Monatshefte für Baukunst*, 8. Jg. (1924), H. 1; vollständig in: *Erich Mendelsohn. Das Gesamtschaffen des Architekten. Skizzen, Entwürfe, Bauten*. Berlin 1930.

[204] Gemeint sind Walter Gropius' Fabrik auf der Werkbundausstellung in Köln 1914, der Hauptbahnhof in Hamburg von Reinhardt und Süssenguth, dessen Glashalle im Werkbundjahrbuch 1914 abgebildet war, Mies van der Rohes Hochhausmodell von 1921/22 und die Wohnhäuser, die Le Corbusier 1927 für die Stuttgarter Weißenhofsiedlung errichtet hat.

[205] Vgl die Briefe von Mendelsohn vom 5. und 8. 8. 1940.

[206] Himmel XVII. Gesang. In: Stefan George: *Die Göttliche Komödie. Übertragungen*. Berlin 1932. (Gesamt-Ausgabe der Werke, Bd. X/XI.).

[207] Von dem britischen Ingenieur Sir Donald Baley entwickelte Stahlbrücke, die rasch auf- und abgebaut werden kann.

[208] Abkürzung für Officer Cadett Training Unit.

Von Erich Mendelsohn, 20. 8. 1944, Handschrift in englischer Sprache. => S. 143–144

[209] Distinguished Service Cross, militärische Auszeichnung.

[210] Vgl. Anm. 82.

An Erich Mendelsohn, 6. 12. 1944, Handschrift in englischer Sprache (Kunstbibliothek, Berlin) . => S. 144–146

[211] Im Brief vom 20. 11. 1944 (Kunstbibliothek, Berlin, nicht in dieser Ausgabe) schreibt Mendelsohn, daß er Posener künftig mit Julius ansprechen werde.

[212] Harold Lord Alexander, britischer Feldmarschall, als Stellvertreter Eisenhowers an der Eroberung Italiens beteiligt.

An Ludwig Posener, 22. 3. 1945, Handschrift. => S. 147–148

[213] Hebr.: Orangenhaine.

[214] Ende 1943 war der Vesuv ausgebrochen.

Von Erich Mendelsohn, 7. 4. 1945, Handschrift in englischer Sprache. => S. 149–150

[215] Mendelsohns Planungen für den Mount Scopus (Hebräische Universität, 1934–1940, und Hadassah Hospital, 1934–1939) wurden nur in Teilen realisiert. Das Modell mit der ursprünglichen Planung wurde auf der Weltausstellung in Paris 1937 gezeigt. Möglicherweise war dies der Anlaß der Reise mit Dr. Yassky, wohl ein Regierungsvertreter für die Planungen auf dem Mount Scopus. Vgl. Ita Heinze-Greenberg: «'Ich bin ein freier Bauer' – Bauen in Palästina 1934 bis 1941». In: *Erich Mendelsohn*.

*Architekt 1887–1953. Gebaute Welten. Arbeiten für Europa, Palästina und Amerika.* Hrsg. v. Regina Stephan. Ostfildern-Ruit 1998, S. 240–287, insbes. S. 262–275.

[216] Dr. Yassky, mit dem Mendelsohn offensichtlich noch immer in Verhandlungen stand.

[217] Nach Plänen Mendelsohns war von 1938 – 1940/41 in Rehovot bereits das Daniel-Wolf-Forschungslabor des Weizmann-Institutes errichtet worden. Die im Brief erwähnten Entwürfe für eine Erweiterung des Institutes wurden nicht verwirklicht. Das Musikkonservatorium blieb ebenfalls Entwurf.
Hans ist wohl Mendelsohns Jugendfreund, der Pianist und Beethoven-Interpret Hans Erich Riebensahm.

[218] Amerikanische Architekturzeitschrift. *Pencil Points.* New York, 1. Jg. (1920)–26. (1945), seit 27. Jg. (1946) *Progressive Architecture.*

An Ludwig Posener, 8. 5. 1945, Handschrift. => S. 151–152

[219] Wohl Bocholt am Niederrhein.

An Charlotte Posener, 18. 6. 1945, Handschrift. => S. 152–154

[220] Engl. Abkürzung für Konzentrationslager.

[221] Parteigenossen. Gemeint sind Mitglieder der NSDAP.

[222] Nicht überliefert.

An Ludwig Posener, 2. 8. 1945, Handschrift. => S. 154–156

[223] Vgl. Johann Wolfgang von Goethe: *Italienische Reise*, Teil III, 2. römischer Aufenthalt 1787 unter «Rom, den 11. August 1787», Sophien-Ausgabe I, 32, S. 57.

[224] Die «Admiral Graf Spee», eines der drei bei Kriegsausbruch vorhandenen deutschen Panzerschiffe, wurde am 17. 12. 1939 von der Besatzung gesprengt, nachdem sie bei einem Gefecht mit drei britischen Kreuzern im Südatlantik stark beschädigt worden war.

[225] Bei der Familie Jansen war Posener einquartiert. Vgl. den Brief an Charlotte Posener vom 18. 6. 1945.

[226] Alijah (hebr.): bezeichnet die Einwanderung von Juden in Palästina; Alijah Chadaschah: neue Einwanderung. Gemeint sind hier die mit der großen Einwanderungswelle 1933/34 ins Land gekommenen Juden.

[227] Abkürzung für Public Works Department, vgl. Anm. 152.

[228] Wilhelm Busch: *Balduin Bählamm.* München 1883.

An Charlotte Posener, 28. 8. 1945, Maschinenschrift mit hs. Absender, hs. Unterschrift und hs. Korrekturen. => S. 157–159

[229] Die zur zusätzlichen Rechtfertigung des englischen Kriegseintritts verbreiteten Aufnahmen aus dem Konzentrationslager Bergen-Belsen. In seinen unveröffentlichten Memoiren (1. Fassung, S. 65) berichtet Posener, daß diese Bilder in jedem Company Office aufzuhängen waren.

An Erich Mendelsohn, 23. 3. 1946, Maschinenschrift mit hs. Unterschrift und hs. Korrekturen (Kunstbibliothek, Berlin). => S. 159–163

[230] Brief vom 24. 2. 1946 (nicht in dieser Ausgabe), in dem Mendelsohn seinen Umzug nach San Francisco und die Eröffnung des eigenen Büros erwähnt.

[231] Der dritte Satz des späten Beethoven-Quartetts Opus 132, a-Moll (1824/25), ist überschrieben «Heiliger Dankgesang eines Genesenden in der lydischen Tonart».

[232] Schlußvers des Gedichtes «Adler und Taube» (1774) von Johann Wolfgang von Goethe.
[233] Vom 1. 8. 1945 (nicht in dieser Ausgabe).
[234] Sir Victor Gollancz: *Nowhere to Lay their Heads. The Jewish tragedy in Europe and its solution.* London o. J. (1945).
[235] Die Korrespondenz mit Gollancz ist nicht überliefert.
[236] In London erschienene Tageszeitung.
[237] Posener hatte als Bürger des Mandatslandes Palästina (seit dem 7. 11. 1938) nur eingeschränkte Bewegungsfreiheit in Europa. Zum britischen Staatsbürger wurde er erst am 7. 11. 1948.
[238] Jüdische Hilfseinheit.

Von Erich Mendelsohn, 28. 4. 1946, masch. Durchschlag in englischer Sprache mit hs. Namenszeichen. => S. 164–165
[239] Gemeint sind die Synagoge und das Gemeindezentrum B'nai Amoona, St. Louis, 1946–50 und die Synagoge und das Gemeindezentrum, Cleveland, 1946–52.

An Ludwig Posener, 20. 7. 1946, Handschrift. => S. 166–168

Von Erich Mendelsohn, 14. 7. 1947, Handschrift in englischer Sprache. => S. 169
[240] Julius Posener: *In Deutschland 1945-1946.* Jerusalem 1947. (Als Manuskript gedruckt).
[241] Anspielung auf Sir Christopher Wren (1632-1723), der in England über 50 Kirchen erbaute und großen Einfluß im Bereich der Sakralbauten ausübte.
[242] Im Brief vom 25. 5. 1947, Kunstbibliothek, Berlin (nicht in dieser Ausgabe), hatte Posener vorgeschlagen: Frank Lloyd Wright und Le Corbusier sollten nach Palästina kommen, «und jeder sollte nur ein Meisterwerk bauen und dann gehen, jedoch nicht, ohne eine Notiz am Eingangstor des jeweiligen Gebäudes angebracht zu haben: ‚Zum Anschauen; zum Träumen; als Lehrstück: Aber: Kopieren streng verboten!'»

Von Le Corbusier, 25. 6. 1948, masch. Durchschlag einer Abschrift in französischer Sprache. => S. 170
[243] Nicht überliefert.

Von Erich Mendelsohn, 28. 6. 1948, Handschrift in englischer Sprache. => S. 170–172
[244] Überliefert, nicht in dieser Ausgabe.
[245] Nicht überliefert.
[245a] Gemeint sind die schließlich doch nicht ausgeführten Projekte zweier Synagogen und zweier jüdischer Gemeindezentren in Baltimore und Washington.

Von Lotte Cohn, 3. 9. 1948, Handschrift. => S. 172–174
[246] Zur Hochzeit Julius Poseners und Charmian Middletons.
[247] Am 14. 5. 1948 hatte der jüdische Nationalrat den Staat Israel proklamiert. Am 29. 11. 1947 war der sogenannte Teilungsplan der Vereinten Nationen von den Juden angenommen und damit der Weg zur Gründung des Staates Israel geebnet worden. Bereits am 30. 11. 1947 begannen die arabischen Angriffe auf die jüdische Gemeinde in Palästina. Bis zum Abschluß des Waffenstillstandsabkommen im Juli 1949 dauerte der Unabhängigkeitskrieg in Israel an.
[248] Hebr.: Vereinigung.

[249] 1937 hatte Posener in der Siedlung Kfar Schmaryahu bei Herzliah das Wohnhaus für ein aus Norwegen eingewandertes Ehepaar Mendelsohn errichtet. Die Siedlung war von einer Baugesellschaft geplant worden, für die Lotte Cohn tätig war, so daß Posener seinerzeit eng mit ihr zusammengearbeitet hatte.

Von Erich Mendelsohn, 25. 4. 1949, Handschrift in englischer Sprache. => S. 176–177

[250] Nicht überliefert.

[251] An der Brixton School of Architecture, wo Posener seit Ende 1948 unterrichtete.

[252] Chaim Weizmann, der erste Präsident des Staates Israel.

An Klaus Müller-Rehm, 17. 8. 1949, Maschinenschrift mit hs. Unterschrift und hs. Korrekturen (Privatbesitz, Berlin). => S. 178–181

[253] Posener hatte in der deutschen Zeitschrift *Blick in die Welt* über die Architekturausbildung in Großbritannien berichtet. Julius Posener: Schule für Architekten. In: *Blick in die Welt. Illustrierte Monatsschrift,* 4. Jg. (1949), H. 5, S. 14–16.

[254] Jules Posener: L'Architecture du III. Reich. In: *L' Architecture d' Aujourd' hui*, 7. Jg. (1936), H. 4, S. 9–47.
Vgl. auch Brief an die Mutter vom 2. 6. 1936.

[255] Die arabischen Aufstände in Palästina.

[256] Gemeint ist wohl das Wohnhaus für das Ehepaar Mendelsohn bei Herzliah. In einem Brief vom 28. 12. 1937 an seine Schwägerin Charlotte Posener (nicht in dieser Ausgabe) erwähnt Posener ein weiteres, allerdings nicht ausgeführtes Bauprojekt für seinen Vetter Heinz Oppenheimer.

[257] Vom 1. 4.– 31. 7. 1947 arbeitete Posener im Büro des Architekten Max Loeb.

[258] Julius Posener: *In Deutschland 1945–1946*. Jerusalem 1947. (Als Manuskript gedruckt).

[259] Der Kommilitone Richard Rothschild.

Von Erich Mendelsohn, 31. 7. 1950, Maschinenschrift mit hs. Namenszeichen (Kunstbibliothek, Berlin). => S. 182

[260] Nicht überliefert.

[261] Sigfried Giedion: *Space, Time and Architecture. The Growth of a new Tradition*. Cambridge 1941.

An Klaus Müller-Rehm, 5. 4. 1955, Maschinenschrift mit hs. Unterschrift und hs. Korrekturen. => S. 183–184

[262] Poseners Mutter Gertrud war eine geborene Oppenheim. Der Besitz der Oppenheims, unter anderem Poseners Geburtshaus in der Potsdamer Straße 118b, in dem er auch als angehender Architekt vor seiner Emigration gelebt hatte, war 1938 im Rahmen von Zwangsverkäufen «arisiert» worden.

[263] Klaus Müller-Rehm: *Wohnbauten von heute*. Berlin 1955. Im Vorwort dankt Müller-Rehm unter anderem «Dipl.-Ing. Julius Posener, Blackheath, England» für die «Beibringung aufschlußreicher Korrespondenz».

[264] Gemeint ist die damalige Hochschule für Bildende Künste, an der Müller-Rehm unterrichtete.

[265] Das Haus Potsdamer Straße 118 b.

[266] Die Hauptgeschäftsstraße Kölns.

[267] Hans Poelzigs Verwaltungsgebäude für den IG-Farben-Konzern, errichtet von 1928–31.

[267a] Errichtet nach Plänen von Werner March für die Olympiade in Berlin 1936.

An Le Corbusier, 28. 6. 1956, Handschrift in französischer Sprache mit Eingangstempel «30. Juni 1956» (Fondation Le Corbusier, Paris). => S. 185

An Le Corbusier, 27. 12. 1958, Maschinenschrift in französischer Sprache mit hs. Unterschrift und hs. Korrekturen (Fondation Le Corbusier, Paris). => S. 186–187

[269] *PETA. The Journal of the Federation of Malaya Society of Architects.* 1. Jg. (1956). Posener war – wohl seit 1957 – einer der Herausgeber der Zeitschrift, in deren Juliheft 1957 sein Beitrag *Architecture in Malaya. Impressions of a Newcomer* veröffentlicht wurde, auf den er sich im Brief möglicherweise bezieht.

An Klaus Müller-Rehm, 24. 1. 1959, Maschinenschrift mit hs. Unterschrift und hs. Korrekturen (Privatbesitz, Berlin). => S. 187–190

[270] Carl Wilhelm Voltz von der 1955 eröffneten Hochschule für Gestaltung in Ulm, deren Architekt und erster Rektor Max Bill war.

[271] Henri Frankfort: *The Art and Architecture of the Ancient Orient.* Harmondsworth, Middlesex 1954. (The Pelican History of Art, Bd. 7.).

[272] Julius Posener: «Choisy. Buchkritik zu Auguste Choisy: History of architecture». In: *The Architectural Review.* 120. Bd. (1956), S. 234–236, Oktober 1956.

[273] Ein solcher Brief ist nicht erhalten; zum Personalmangel am Technical College in Kuala Lumpur vgl. den folgenden Brief der Ausgabe.

An Klaus Müller-Rehm, 20. 12. 1960, Maschinenschrift mit hs. Unterschrift und hs. Korrekturen (Privatbesitz, Berlin). => S. 190–191

[274] Vom 5. 12. 1960, Privatbesitz, Berlin (nicht in dieser Ausgabe).

[274a] Vom 2. 11. 1960, Privatbesitz, Berlin (nicht in dieser Ausgabe). Müller-Rehm hatte für Posener die Möglichkeiten einer Anstellung als Professor für Baugeschichte an der Hochschule für Bildende Künste in Berlin sondiert.

An Klaus Müller-Rehm, 1. 8. 1961, Maschinenschrift mit hs. Unterschrift. => S. 192–193

[275] Vom 19. 7. 1961, Privatbesitz, Berlin (nicht in dieser Ausgabe).
Die Korrespondenz zwischen Müller-Rehm und Posener (Privatbesitz, Berlin) betrifft im Juli 1961 vor allem die Beibringung vollständiger Personalunterlagen für eine Berufung Poseners an die Hochschule für Bildende Künste, Berlin. Am 10. Juli 1961 hielt Posener einen Vortrag in Berlin.

Von Lotte Cohn, 17. 2. 1962, Handschrift. => S. 194–196

[276] Hebr.: Du bist es wert! Du hast es verdient!

[277] Hebr.: Heranwachsende, Jugendliche.

[278] Ernst Loevisohn, mit dem Lotte Cohn seit 1952 ein gemeinsames Architekturbüro hatte.

An Alfred Gellhorn, 19. 4. 1970, Maschinenschrift mit hs. Unterschrift und hs. Korrekturen. => S. 196–198

[279] Anläßlich des 85. Geburtstages von Alfred Gellhorn.

[280] Gellhorn hatte in einem Brief vom 6. 4. 1970 angefragt, ob man die Deutsche Presse Agentur für das Datum interessieren könnte. Erschienen ist schließlich: Julius Posener: «Glückwünsche für Alfred Gellhorn». In: *Bauwelt,* 61. Jg. (1970), H. 22, S. 856.

[281] Gutsanlage Garkau in Ostholstein, errichtet 1922–1926 nach Plänen Hugo Härings; Einsteinturm in Potsdam, 1919–1921 und die Hutfabrik Friedrich Steinberg, Hermann & Co, in Luckenwalde, 1921–1923, errichtet nach Plänen Erich Mendelsohns.
[282] Das nach Plänen Mendelsohns 1924–1929 errichtete Pelzhaus C. A. Herpich & Söhne in Berlin und sein Entwurf für eine Trikotagen- und Strumpffabrik in Leningrad, 1925.
[283] Errichtet 1926/27 in Berlin-Dahlewitz, publiziert in: Bruno Taut: *Ein Wohnhaus*. Stuttgart 1927.
[284] Pavillon Suisse, Cité Universitaire, Paris, 1929–1933; Unité d'Habitation, Marseille, 1947-1952; Wallfahrtskirche Notre-Dame-du-Haut, Ronchamp, 1950–1954.
[285] Die Staatliche Akademie für Kunst- und Kunstgewerbe, Breslau, Wirkungsort Hans Scharouns in den zwanziger Jahren.
[286] Im September 1966 war Posener nach Barcelona gereist. Vgl. hierzu Julius Posener: «Barcelona – Gaudí im Auge». In: *Bauwelt*, 58. Jg. (1967), H. 1–2, S. 26ff..

An Gerd Albers, 22. 1. 1972, masch. Durchschlag mit hs. Namenszeichen und hs. Korrekturen. => S. 199–202
[287] 1963–1974 im Westteil Berlins nach einem Gesamtplan der Architekten Werner Düttmann, Georg Heinrichs und des im folgenden erwähnten Hans Müller errichtete Großsiedlung. Beteiligt an diesem Projekt war auch der Architekt Peter Pfankuch, ein Schüler Hans Scharouns.
[288] Julius Posener: «Knots in the master's carpet». In: *Architectural Design*, 17 Jg. (1947).
[289] Hochschule der Bildenden Künste, heute Hochschule der Künste, an der Posener 1961–1971 lehrte.

An Hermann Fehling, 24. 11. 1974, masch. Durchschlag mit hs. Namenszeichen und hs. Korrekturen. => S. 203–207
[290] Rede Hermann Fehlings anläßlich der Eröffnung des von ihm und Daniel Gogel 1972-1974 errichteten Max-Planck-Institutes für Bildungsforschung in Berlin-Dahlem am 16. Oktober 1974. Der Bau gehört mit seinen expressiven Foyers und Gängen zu den herausragenden Beispielen der Berliner Schule Hans Scharouns. Die Rede und der zuvor erwähnte Brief sind im Nachlaß nicht überliefert.
[291] Errichtet in Jerusalem in mehreren Etappen zwischen 1959 und 1984.
[292] Vermutlich meint Posener die 1973 errichtete Stadthalle in Jerusalem.
[293] An der ehemaligen Dorfaue in Berlin-Lichterfelde, am Hindenburgdamm, bauten Hermann Fehling und Daniel Gogel 1970–1974 das Institut für Hygiene und medizinische Mikrobiologie der Freien Universität Berlin.
[294] Gemeint ist die Abteilung Baukunst der Akademie der Künste, deren Mitglieder Hermann Fehling, Al Mansfeld und Julius Posener waren.
[295] Ulrich Conrads: «Zum Neubau des Max-Planck-Instituts für Bildungsforschung in Berlin». In: *Bauwelt*, 65. Jg. (1974), H. 38, S. 1255 und Hellmut Becker: «Der Neubau des Max-Planck-Instituts für Bildungsforschung in Berlin. Architekten: Hermann Fehling, Daniel Gogel». In: ebd., S. 1256–1269.
[296] Gestrichen hat Posener: [vergleichbar etwa mit den Formen in Scharouns Wohnheim in Breslau].
[297] Das Gebäude der Akademie der Künste in Berlin–Tiergarten, errichtet von Werner Düttmann 1958–1960. Hier hatte Posener ein Arbeitszimmer.

[298] Charles Francis Annesley Voysey: *Vernunft als Grundlage der Kunst*. 1906. Auszüge in: Julius Posener: *Anfänge des Funktionalismus*. Berlin 1964. (Bauwelt Fundamente 11), S. 74–75.

[299] Bezieht sich auf den 1963 fertiggestellten Bau Hans Scharouns in Berlin-Tiergarten für das Philharmonische Orchester.

[300] Die 1966–1968 von Bernhard Hermkes erbaute Architekturfakultät der Technischen Universität Berlin am Ernst–Reuter-Platz.

An Tilman Buddensieg, 24. 6. 1976, masch. Durchschlag mit hs. Namenszeichen und hs. Korrekturen. => S. 208–209

[301] Die von Tilman Buddensieg verfaßte Rezension erschien in der *Kunstchronik*, 29. Jg. (1976), S. 148–164.

[302] Klaus Herding und Hans-Ernst Mittig: *Kunst und Alltag im NS-System. Albert Speers Straßenlaternen*. Gießen 1975.

[303] In London, Vortrag nicht ermittelt.

[304] Heute: Karl-Marx-Allee, Magistrale im Ostteil Berlins. Posener spielt auf den zu Beginn der fünfziger Jahre im Sinne der Kunstdoktrin des «Sozialistischen Realismus» errichteten Teil der Anlage an. Die Laternen gestaltete Fritz Kühn.

An Herbert Ensslin, 27. 10. 1977, masch. Durchschlag mit hs. Namenszeichen. => S. 210

An Helmut Gollwitzer, 29. 5. 1978, masch. Durchschlag mit hs. Namenszeichen. => S. 211

[305] Nicht überliefert. Offensichtlich handelte es sich um einen Aufruf zur Unterstützung der Herausgeber des pseudonym verfaßten sogenannten Buback-Nachrufes. Siegfried Buback war am 7. April 1977 als Generalbundesanwalt von Terroristen ermordet worden. Der «Nachruf» diskutierte diese Ermordung. Seine Herausgeber, unter anderem der Hannoveraner Professor für Psychologie Peter Brückner, sollten disziplinarrechtlich belangt werden.

An Ingrid Krau, 2. 6. 1979, masch. Durchschlag mit hs. Namenszeichen und hs. Korrekturen. => S. 212–215

[306] Mit der «Mahler-Literatur» sind Beiträge aus der in West-Berlin erscheinenden Zeitschrift *Der Lange Marsch, Zeitung für eine neue Linke*, Heft 40/41 (1979) gemeint, die Ingrid Krau als Ausrisse bzw. Kopie in einem Brief vom 29. Mai 1979 übersandt hatte. Es handelte sich – in der Reihenfolge, in der Posener auf sie eingeht – zum einen um den Artikel von Tilman Fichter und Siegward Lönnendonker, «Zwei Justizskandale. Die Terrorurteile gegen Horst Mahler und Peter-Paul Zahl» (S. 13–16), in denen auch die Auseinandersetzung «Mahler contra Zahl» dargestellt wurde. Mahler, der zu dieser Zeit noch selbst eine Strafe wegen Mitgliedschaft in einer kriminellen Vereinigung verbüßte, hatte sich 1978 nicht an der sogenannten «Antifolterkampagne» für in Isolationshaft einsitzende Häftlinge der Roten Armee Fraktion beteiligt und diese Kampagne als bloße «Rekrutierungsmaßnahmen für die RAF und ihre Ableger» bezeichnet (ebd., S. 15). Zum anderen handelte es sich um konträre Stellungnahmen Ossip K. Flechtheims und Horst Mahlers «Zur Verjährung von NS-Verbrechen» (S. 6-8). Flechtheim trat für die Aufhebung der Verjährungsfrist ein, Mahler sah damit eine der wichtigen Errungenschaften moderner Rechtsprechung in Gefahr, nämlich die Überwindung des Gedankens eines «absoluten Verbrechens und

der absoluten Strafe». Julius Posener war seit 1976 neben Helmut Gollwitzer und Ingeborg Drewitz einer der prominenten Sprecher für das in Berlin gegründete Komitee «Freiheit für Horst Mahler».
Des weiteren hatte Ingrid Krau Ausrisse aus der Zeitschrift *Courage*, Heft 1, 1979, S. 18–29 übersandt, wo die Autorinnen Sibylle Plogstedt und Hilke Schlaeger unter dem Titel «Ich habe verfluchte Lust, glücklich zu sein» Auszüge aus dem Briefwechsel Rosa Luxemburgs mit Leo Jogiches publiziert hatten.

[307] Wilhelm Busch: *Die fromme Helene*. München 1893.

[308] Gemeint ist der unter dem Pseudonym Mescalero verfaßte Nachruf auf Siegfried Buback. Vgl. Anm. 305.

An Lotte Cohn, 8. 6. 1979, masch. Durchschlag mit hs. Namenszeichen und hs. Korrekturen. => S. 216–219

[309] Gemeint ist Wolfgang Tumlers biographisches Filmporträt Julius Poseners «Grüß Dich, altes Haus», das 1979 im Fernsehen ausgestrahlt wurde.

[310] Vom 1. 6. 1979 (nicht in dieser Ausgabe).

[311] Gemeint sind die Ehefrau Margarete Posener, der Sohn Alan Posener und Lukas Manthey, der Sohn von Margarete Posener.

[312] Lotte Cohn hatte in ihrem Brief vom 1. 6. 1979 (nicht in dieser Ausgabe) berichtet, daß eine ihrer engsten Freundinnen, mit der sie auch an der TH Charlottenburg studiert hatte, begeisterte Nationalsozialistin wurde.

[313] Richard Friedenthal: *Goethe. Sein Leben und seine Zeit.* München 1963.

An Tilman Buddensieg, 1. 5. 1980, masch. Durchschlag mit hs. Namenszeichen und hs. Korrekturen. => S. 219–220

[314] Vom 16. 4. 1980 (nicht in dieser Ausgabe).

[315] Julius Posener: *Berlin auf dem Wege zu einer neuen Architektur.* München 1979.

[316] In *Berlin auf dem Wege zu einer neuen Architektur* hatte Posener Schriften von Friedrich Naumann auszugsweise publiziert und auch antisemitische Äußerungen in Naumanns *National-Sozialem Katechismus* (1897) dokumentiert.

An Maya Sharon, 7. 8. 1984, Maschinenschrift mit hs. Unterschrift und hs. Korrekturen. => S. 221 –222

[317] Der Brief hat Maya Sharon offensichtlich nicht erreicht, im Nachlaß findet sich der Briefumschlag mit einem Retour-Vermerk der israelischen Post.

[318] Errichtet 1936 nach Plänen Arieh Sharons. Vgl. auch den Brief an Salman Schocken vom 31. 5. 1936.

An Adolf Max Vogt, 7. 1. 1986, masch. Durchschlag mit hs. Namenszeichen und hs. Korrekturen. => S. 222–226

[319] Massachusetts Institute of Technology.

[320] Adolf Max Vogt: *Karl Friedrich Schinkel. Blick in Griechenlands Blüte. Ein Hoffnungsbild für «Spree-Athen».* Frankfurt am Main 1985.

[321] Gemalt 1827, Louvre (Paris).

[322] Goerd Peschken: «Karl Friedrich Schinkel. Das Architektonische Lehrbuch». In: *Karl Friedrich Schinkels Lebenswerk.* Hrsg. v. Margarete Kühn. München/Berlin 1979, S. 53.

[323] Julius Posener: «Schinkels Englische Reise». In: *Karl Friedrich Schinkels Werke und Wirkungen.* Berlin 1981, S. 81.

[324] In: *Karl Friedrich Schinkel: Briefe, Tagebücher, Gedanken.* Hrsg. v. Hans Mackowsky. Berlin o. J. (1921).

[325] Julius Posener: *Schinkels Eklektizismus und das Architektonische.* Berlin 1967. (Schriftenreihe des Architekten- und Ingenieurvereins zu Berlin, H. 19.).

[326] Nach Plänen Karl Friedrich Schinkels 1825–1830 in Berlin errichtet.

[327] Peter Behrens: *Zum Problem der technischen und tektonischen Beziehungen.* Berlin 1927. Neu abgedruckt in: *Schinkel zu Ehren. Festreden 1846–1980.* Ausgewählt und eingeleitet von Julius Posener. Hrsg. v. Architekten- und Ingenieur-Verein zu Berlin. Berlin o. J. (1980).

[328] Dem Institut für Geschichte und Theorie der Architektur (gta) der Eidgenössischen Technischen Hochschule, Zürich.

An Walter Höllerer, 29. 11. 1987, masch. Durchschlag mit hs. Namenszeichen und hs. Korrekturen. => S. 226–230

[329] Posener meint einen Vortrag, den Walter Höllerer am 16. 5. 1968 an der Taylor Institution gehalten hat.
Walter Höllerer: *Elite und Utopie. Zum 100. Geburtstag Stefan Georges.* Oxford 1969 (Oxford German Studies, Vol 3). Neu abgedruckt in: Ders.: *Zurufe, Widerspiele. Aufsätze zu Dichtern und Gedichten.* Berlin 1992.

[330] Stefan George: *Nietzsche.* In: Ders.: *Der Siebente Ring.* Berlin 1931. (Gesamt-Ausgabe der Werke, Bd. VI/VII.).

[331] Christian Morgenstern: *Das Gebet.* In: Ders.: *Galgenlieder.* (1905).

[332] Gemeint ist das «trunkne Lied» aus Friedrich Nietzsches *Also sprach Zarathustra*, aus dem auch das folgende Zitat «tiefe Mitternacht» stammt. In: *Friedrich Nietzsche: Gesammelte Werke in 6 Bänden.* Hrsg. v. Karl Schlechta. Bd. 3. München/Wien 1980, S. 558.

[333] Heinrich Tessenow: *Handwerk und Kleinstadt.* Berlin 1919.

[334] Die Ermordung des SA-Stabschefs Ernst Röhm und fünf weiterer SA-Führer am 30. 6. 1934 im Auftrag Adolf Hitlers bildeten den Auftakt zur Beseitigung jeder innerparteilichen Opposition.

[335] Wohl der Reichswehrminister, General Werner von Blomberg.

[336] Stefan George: *Das Jahr der Seele.* Berlin 1928, S. 28. (Gesamt-Ausgabe der Werke, Bd. IV.).

[337] Stefan George: *Der Krieg.* Berlin 1917.

An Otto H. Koenigsberger, 25. 3. 1989, masch. Durchschlag mit hs. Namenszeichen und hs. Korrekturen. => S. 230–231

An Gabriel und Josette Epstein, 13. 12. 1989, Maschinenschrift mit hs. Unterschrift und hs. Korrekturen. => S. 232–233

[338] *Architektur-Experimente in Berlin und anderswo. Für Julius Posener.* Hrsg. v. Sonja Günther und Dietrich Worbs. Berlin 1989.

[339] Gemeint ist die 1989 geplante Erweiterung des Akademiegebäudes im Hansaviertel, Berlin.

An Egon Bahr, 17. 12. 1990, masch. Durchschlag mit hs. Namenszeichen und hs. Korrekturen. => S. 233–236

340 Egon Bahr: «Spätere Liebe nicht ausgeschlossen. Die Deutschen in Ost und West müssen einander erst kennenlernen». In: *Die Zeit*, Nr. 51, vom 14. 12. 1990.

341 Georg Dehio: *Die Geschichte der Deutschen Kunst*. 3 Bde. Berlin/Leipzig 1923–1926.

An Helmut Hentrich, 23. 1. 1990, masch. Durchschlag mit hs. Namenszeichen und hs. Korrekturen. => S. 236 –238

342 Hans Poelzigs Kino Babylon am Berliner Rosa-Luxemburg-Platz, errichtet 1927–1929.

343 Hans Poelzigs Haus des Rundfunks in Berlin, errichtet 1928–1931.

344 Hans Poelzigs Kino «Capitol» in Berlin, 1925, und das Große Schauspielhaus für Max Reinhardt in Berlin, 1919.

345 Theodor Heuss: *Hans Poelzig. Bauten und Entwürfe. Das Lebensbild eines deutschen Baumeisters*. Berlin 1939.

Julius Posener in seinem Berliner Arbeitszimmer

# Biographische Zeittafel

4. 11. 1904
Julius Jakob Posener wird in Berlin, Potsdamer Straße 118 b, geboren als Sohn des Malers Moritz Posener und seiner Ehefrau Gertrud, geborene Oppenheim, einer Pianistin. Er hat zwei ältere Brüder: Karl, Geburtsdatum unbekannt, und Ludwig geboren am 20. Februar 1902.

1912–1923
Realgymnasium in Berlin-Lichterfelde und Berlin-Zehlendorf.

1923–1929
Studium an der Technischen Hochschule Berlin, unter anderem bei Erich Blunck und Hans Poelzig. Das Diplom ist auf den 23. Februar 1929 datiert.

1929
Frühjahr bis Weihnachten: erster Frankreichaufenthalt, Arbeit bei verschiedenen Pariser Architekten (Albert Laprade, Charles Siclis und André Lurçat).
27. Dezember: Tod des Vaters in Berlin.

1930
Frühjahr bis Juli: zweiter Frankreichaufenthalt, Arbeit bei Jean-Charles Moreux in Paris.

1931
Reise nach Stockholm als Korrespondent für die Zeitschrift *L'Architecture d'Aujourd'hui*. Tätigkeit im Büro Erich Mendelsohns auf der Baustelle zum Columbushaus am Potsdamer Platz in Berlin.

1932
Arbeitslos in Berlin

1933–1935
17. Mai 1933: Aufbruch zum dritten Frankreichaufenthalt, der den Charakter des Exils annimmt, obwohl Posener noch bis 1935 gelegentlich nach Deutschland zurückkehrt. In Paris hat Posener Arbeit als Redaktionssekretär bei der Zeitschrift *L'Architecture d'Aujourd'hui*, in der nun regelmäßig Artikel von ihm erscheinen und für die er weitgehend selbständig mehrere der im Zweimonatsrhytmus erscheinenden Hefte vorbereitet. Er macht die persönliche Bekanntschaft von August Perret, besucht
1933 mit der Redaktion von *L'Architecture d'Aujourd'hui* die V. Mailänder Triennale und betreut

1935 die Herausgabe von Le Corbusiers *La Ville Radieuse.* Daneben bereist er insbesondere die großen Kirchenbauten Frankreichs zum Teil zusammen mit dem Kunsthistoriker Max Raphael.

1935–1937
Oktober 1935: Auswanderung nach Palästina. Posener nimmt auf Empfehlung Erich Mendelsohns, mit dem er sich in Paris besprochen hatte, die Reiseroute über Marseille und Alexandria nach Haifa. Mendelsohn möchte Posener für den Aufbau der von ihm in Jerusalem geplanten Academie Méditerranéen gewinnen, die sich aber nicht realisieren läßt. Posener ist vorübergehend bei Mendelsohn als Zeichner angestellt, bevor er sich im Mai 1936 an den Jerusalemer Verleger und ehemaligen Warenhausunternehmer Salman Schocken, Mendelsohns wichtigsten Bauherren, wendet, um ihm die Gründung einer von einem eigenen Bauforschungsinstitut getragenen Zeitschrift vorzuschlagen. Nachdem auch dieser Plan scheitert, geht er auf Vermittlung des Architekten Max Loeb im Juni 1936 nach Beirut, um dort die Bauausführung des von dem Pariser Architekten Michel Rubinstein entworfenen Wohnsitzes des Präsidenten der libanesischen Republik zu übernehmen.

1937–1939
Zurück in Palästina entwirft Posener für eine von der Stadtplanerin Lotte Cohn projektierte Siedlung bei Herzliah nahe Tel-Aviv ein Haus und leitet dessen Bau. Zugleich wird ihm die Redaktion der Architekturzeitschrift *Habinyan Bamisrach Hacarov* übertragen. Darüberhinaus schreibt er Artikel über die Architektur in Palästina für die schweizerische Zeitschrift *Das Werk* und für *L'Architecture d'Aujourd'hui.*
7. November 1938: Einbürgerung in das Mandatsland Palästina.
9. Mai 1939: Tod der Mutter auf der Auswanderung nach Palästina in einem Hospital in Genua, wo Posener sie zuvor während mehrerer Wochen besucht. Vor seiner Rückkehr nach Palästina, reist er für zwei Wochen nach London, um dort seinen älteren Bruder Karl und dessen Frau zu treffen, die von dort aus nach Australien emigrieren werden.

1940
Im März nimmt Posener eine Stelle beim Public Works Department der Mandatsverwaltung von Palästina an. Zu seinen Aufgaben gehört die Bauausführung von Polizeistationen nach einem Einheitsentwurf, wie sie zur Befriedung der seit 1936 ausgebrochenen Araberaufstände landesweit errichtet werden.

1941–1944
Im Mai 1941 meldet sich Posener als Freiwilliger zur britischen Armee. Er wird einer Einheit der Royal Engineers der Middle East Forces zugeteilt und in verschiedenen Lagern in Ägypten ausgebildet.
Um Weihnachten 1941 ist er zu einem Offizierslehrgang in Ismailia in Unterägypten. Von hier aus besucht er die Tempel von Karnak und Luxor.
Im Sommer 1942 wird er – bedingt durch die zunächst erfolgreiche Offensive des deutschen Afrikacorps unter Rommel – nach einem Zwischenaufenthalt in der westägyptischen Hafenstadt Mersa Matruh wieder an den Suezkanal versetzt, in ein Camp gegenüber der Stadt Suez.
Im Februar 1944 wird er nach einem weiteren Lehrgang zum Lieutenant befördert und in den Norden Palästinas verlegt. Er ist hier als Garison Engineer unter anderem für den

Militärflughafen St. Jean [d'Acre], das ist die alte Seefestung Akko, zuständig. Im Sommer 1944 verhindert eine Lungenentzündung seine Ausbildung zum Fallschirmspringer und so überquert er erst Anfang Dezember 1944 mit der Nachhut der britischen Armee das Mittelmeer. Er landet bei Tarent und bleibt in den folgenden Monaten im weiteren Umkreis von Neapel.

1945
Von Neapel aus besichtigt Posener Paestum und Pompeji und ist Ende Januar 1945 für eine Woche in Rom. Ende März schifft sich seine Einheit nach Marseille ein und wird per Lastwagentransport an den Niederrhein gebracht.
Am 6. April 1945 überquert er bei Xanten den Rhein. Das Kriegsende erlebt er in Bocholt, einige Zeit später kommt er nach Lennep, von hier aus im Juni nach Mühlheim an der Ruhr.
Im August 1945 sieht er das zerstörte Münster, im September 1945 das zerstörte Köln. Ab Sommer 1945 ist er mehrfach in London. Er strebt eine Tätigkeit an als Verbindungsoffizier für die Belange der in Deutschland verbliebenen oder nach Deutschland zurückwandernden Juden an und bezeichnet sich scherzhaft als «self-styled Jewish L[iason] O[fficer]». Ende 1945 verschiebt er seine routinemäßige Entlassung aus der Armee und läßt sich zum General Staff Intelligence der British Army of the Rhine versetzen, also zur Beobachtung des allmählichen politischen Neuanfangs in Deutschland durch die Besatzungsmacht.

1946
Posener bleibt im westlichen Deutschland stationiert. Bei Barntrup erlernt er das Segelfliegen.
28. April 1946: Tod des Bruders Karl in Adelaide, Australien. Für die zweite Jahreshälfte ist Poseners Teilnahme an einer «educational conference on the subject of Germany» belegt. Wohl Anfang Dezember besucht er von Düsseldorf aus das zerstörte Berlin. Noch im Dezember verläßt er Deutschland und kehrt nach Palästina zurück.

1947
Auf den 25. April 1947 ist Poseners in London ausgestelltes Entlassungsschreiben aus der Armee datiert. Aber schon vom 1. April bis 31. Juli 1947 war er im Büro des Architekten Max Loeb in Haifa tätig. Daneben verfaßt er einen Bericht über seine Beobachtungen im Nachkriegsdeutschland, den er unter dem Titel *In Deutschland* und nur mit seinem Vornamen gekennzeichnet im Selbstverlag («Dr. Peter Freund») herausbringt. Er hält Vorträge vor deutschen Kriegsgefangenen in Ägypten. Im Oktober 1947 verläßt Posener Palästina, um sich in London für einen Posten bei der zivilen Kontrollkommission in Deutschland zu bewerben.

1948
Nachdem er für die Kontrollkommission nicht angenommen wird, bereist Posener vom 22. März bis 1. April 1948 noch einmal auf eigene Faust Deutschland, um sich nach einer Stelle als Lehrer, gegebenenfalls in der Erwachsenenbildung umzusehen. Er verfaßt hierüber einen zweiten Bericht, *In Germany again*, in dem er vorläufig abschließt mit dem Gedanken, aus seiner Position, von außen her, etwas für das physische und moralische Wiedererstarken seines ehemaligen Heimatlandes beitragen zu können.

11. August 1948: Eheschließung mit Elisabeth Charmian Middleton in London.
27. September bis 7. November: Anstellung beim Chefarchitekten von Buckinghamshire County Council. Sein Ausscheiden dort wird schon mit der in Aussicht stehenden Lehrtätigkeit bei der Brixton School of Building begründet.
13. November 1948: Posener legt den Eid auf King George VI ab und wird britischer Staatsbürger.

1948–1956
Dozent für Architektur an der Brixton School of Building, London.
8. Oktober 1949: Geburt des Sohnes Alan.
24. Juli 1953: Geburt der Tochter Jill.

1956–1961
Seit August 1956 Lehrer für Architektur, seit 1958 Leiter der von ihm aufgebauten Abteilung für Architektur am Technical College von Kuala Lumpur, Malaysia.
22. August 1959: Geburt des Sohnes Ben.
13. Mai 1961: endgültiges Auslaufen seines mehrfach verlängerten Vertrages in Kuala Lumpur. Posener kehrt nach London zurück. Er verhandelt in der Folge sowohl mit dem Technion in Haifa wie auch mit der Hochschule für Bildende Künste in Berlin um eine Stelle als Hochschullehrer.

1961–1971
Seit August 1961 außerordentlicher (seit 1967 ordentlicher) Professor für Baugeschichte an der Hochschule für Bildende Künste, Berlin.
1964 erscheint Poseners erstes Buch *Anfänge des Funktionalismus. Von Arts and Crafts zum Deutschen Werkbund, (Reihe Bauwelt Fundamente Bd.11.)*
1966: Scheidung von Elisabeth Charmian Posener, geborene Middleton.
1967: Außerordentliches (seit 1968 ordentliches) Mitglied der Akademie der Künste.
1968: Betreuung der ersten Retrospektive auf das Werk Erich Mendelsohns in Deutschland für die Akademie der Künste in Berlin und das Deutsche Bauzentrum in Darmstadt.
1970: In der Schriftenreihe der Akademie der Künste erscheint. *Hans Poelzig. Gesammelte Schriften und Werke,* herausgegeben von Julius Posener.
1970: Eheschließung mit Margarethe Bendig, geborene Hartwig.
1971: Emeritierung an der Hochschule der Künste. Posener nimmt in den folgenden Jahren Lehraufträge an der Technischen Universität wahr.

1969–1976
Erster Vorsitzender des Deutschen Werkbundes
1970–1975: Von der Fritz-Thyssen-Stiftung mitfinanzierter Forschungsauftrag an der Akademie der Künste zur Geschichte der neueren Architektur.
1976: Ehrendoktor der Philipps-Universität in Marburg.

1977
Zusammen mit Sonja Günther Katalog und Ausstellung *Hermann Muthesius* in der Akademie der Künste, Berlin.

1978
Ende des Lehrauftrages an der Technischen Universität Berlin. Die hier gehaltenen Vorlesungen *Zur Geschichte der Neuen Architektur* werden 1982/83 von der Zeitschrift *Arch+* als Sonderhefte herausgegeben.
25. August 1978: Tod des Bruders Ludwig während eines Aufenthaltes in der Schweiz.

1979
In München erscheint Poseners «opus magnum»: *Berlin auf dem Wege zu einer neuen Architektur: Das Zeitalter Wilhelms II.* Im selben Jahr zeigt das Fernsehen Wolfgang Tumlers Filmporträt *Grüß Dich altes Haus*, das Posener zu den Stätten seiner Biographie begleitet.

1980
Ehrenmitglied der Königlichen Akademie der Freien Künste, Stockholm.

1984
Gastprofessur an der Columbia University New York.

1990
Veröffentlichung der Autobiographie *Fast so alt wie das Jahrhundert.*

1992
Veröffentlichung des letzten Buchs. *Hans Poelzig. Reflections on his Life and Work*, Cambridge, Massachusetts (Deutsch: *Hans Poelzig, Sein Leben, sein Werk*, Braunschweig 1994).

1996
Heinrich Mann Preis der Akademie der Künste
29. Januar 1996: Julius Posener stirbt in Berlin.

# Namenregister

Kursiv gedruckte Zahlen verweisen auf Korrespondenz mit den genannten Personen.

Abela, Herr
Sekretär der 1934 gegründeten *Syrischen Nationalen Sozialistischen Partei* 93
Académie Mediterraneénne 11, 146, 150, 178, 247
Adenauer, Konrad (1876–1967).
Politiker (Zentrum, seit 1945 CDU), 1949–1963 Kanzler der Bundesrepublik Deutschland 196
Adler, Leo (1891–1962).
Architekt und Architekturtheoretiker, Schriftleiter von *Wasmuths Lexikon für Baukunst* (1929–1932), seit 1933 in Palästina, 1937–1938 Redakteur der zu dieser Zeit von Posener herausgegebenen Zeitschrift *Habinyan Bamisrach Hacarov* 102, 250
Admiral Graf Spee 154, 255
Ahlbach, Frau 56
Albers, Gerd (geb. 1919).
Stadtplaner, wie Julius Posener seit 1964 im Beirat der Reihe *Bauwelt-Fundamente,* in der 1975 seine *Entwicklungslinien im Städtebau* erschienen *199ff.*, 259
Alexander, Harold Lord (1891–1969).
Britischer Feldmarschall 254
Anderson, Stanford 226
Arbeiter-Zeitung 242
Arbeitskreis der Neuen Form 197
Archigram (1960–1974).
Assoziation von 6 Architekten, die mit ihren utopischen Entwürfen, etwa den *Living Cities* (1963), für Aufsehen sorgte 201
Architectural Design 200, 259
Architectural Review 96, 188, 258
Ascher, Günther (1908–1965).
Architekt, Studium an der TH Charlottenburg, seit 1933 in Palästina, leitete dort das Public Works Department (Ministerium für öffentliche Bauten) 179
Augustinus 133
Bach, Johann Sebastian 151, 217, 253
Badoglio, Pietro (1871–1956).
Vetter von Viktor Emanuel III., italienischer Marschall, befehligte die Truppen im Abessinienkonflikt, nach dem Sturz Mussolinis 1943 Ministerpräsident bis 1944 133, 253
Bahr, Egon (geb. 1922).
SPD-Politiker, als Berater Willy Brandts maßgeblich beteiligt an einer neuen Ostpolitik und der deutsch-deutschen Annäherung *233ff.*, 263
Baley, Sir Donald 254
Balfour, Arthur James (1848–1930).
1916–1919 britischer Außenminister 248
Barkai, Sam (1898–1975).
Maurer, Schreiner, Designer, Architekt, Mitarbeiter von Le Corbusier und Erich Mendelsohn, Mitbegründer der Architektenvereinigung *Chug Adrichalei Erez Israel,* in den dreißiger Jahren Palästinakorrespondent der Zeitschrift *L'Architecture d'Aujourd'hui* 100, 101, 246, 250
Barmafer, Frau 78
Bauwelt 196, 204, 258, 259
Becker, Hellmut (1913–1993).
1969–1981 Direktor des Max-Planck-Institutes für Bildungsforschung in Berlin 203, 259

Posener, Margarete (Ikke)
verheiratet mit Julius Posener seit 1970 196, 203, 204, 216, 238, 261
Posener, Maria
Schwiegertochter Julius Poseners 216, 231
Posener, Moritz (1862–1929).
Vater Julius Poseners *19ff.*, 241
Posener, Peter
Neffe Julius Poseners 114, 116, 117, 122, 128, 252
Posener, Ruth
Nichte Julius Poseners 116, 117, 122
Rachmaninow, Serge Wassiljewitsch 83
Radicke, Dieter
Leiter der Plansammlung der TU Berlin 237
Raphael, Max (1889–1952).
Kunsthistoriker und Philosoph, Studium der Nationalökonomie, Philosophie, Kunstgeschichte, später der Mathematik, Biologie und Naturwissenschaften; 1924–1932 Lehrer an der Volkshochschule Groß-Berlin, seit 1932 in Frankreich, seit 1941 in New York, verfaßte u.a. *Von Monet bis Picasso* (1913), *Der dorische Tempel. Dargestellt am Poseidontempel zu Paestum* (1930), *Proudhon, Marx, Picasso* (1933), *Zur Erkenntnistheorie der konkreten Dialektik* (1934) 11, 40*f.*, *44ff.*, 243, 244
Rechter, Zeev (1898–1960).
Architekt, Mitbegründer des *Chug Adrichalei Erez Israel* 247
Reinhardt, Max (1873–1943).
Schauspieler, Regisseur, Theaterleiter 263
Reinhardt und Süssenguth
Architekten 254
Riebensahm, Hans Erich (1906–1988).
deutscher Pianist, trat vor allem als Beethoven-Interpret hervor 255
Rilke, Rainer Maria 9, 10
Robespierre, Maximilian-Marie-Isidore (1758–1794) 215
Röhm, Ernst (1887–1934)
seit 1931 Stabschef der SA, am 30. 6. 1934 seines Amtes enthoben, am 1. 7. ermordet 262
Röntgen, Wilhelm Konrad (1845–1923). 158
Rommel, Erwin (1891–1944).
Generalfeldmarschall, Befehlshaber des Deutschen Afrikakorps 252
Rosen, Herr von 24, 26
Rothschild, Lionel Walter 248
Rothschild, Richard
Architekt, Studium an der TH Charlottenburg, mit Rothschild und Müller-Rehm hatte Posener während seiner Studienzeit ein gemeinsames Atelier 257
Rubinstein, Michel
Architekt 248
Saadé, Antoun
Gründete 1934 die *Syrische Nationale Sozialistische Partei* 93, 249
Saarinen, Eliel (1873–1950).
Der Arts- und Crafts-Bewegung nahestehender Architekt, seit 1922 in den USA 98, 249
Salkind, Nachum (1895–1976).
Architekt russischer Herkunft, seit 1933 in Palästina, vorher in Berlin tätig 250, 251
Die Sammlung 34, 242
Sawade, Jürgen (geb. 1937).
Architekt 233
Schäfer, Herr 45
Schäfer, Karl (1844–1908).
Architekt, seit 1878 Dozent (seit 1884) Professor für mittelalterliche Baukunst an der Bauakademie, 1894–1907 an der TH Karlsruhe, Lehrer Hans Poelzigs 28
Scharoun, Hans (1893–1972).
Architekt 196, 197, 259, 260
Scharoun, Margit 14, 216
Schiller, Friedrich 218
Schinkel, Karl Friedrich von 222–225, 260–262
Schmidt, Helmut (geb. 1918).
SPD-Politiker, 1974–1982 Kanzler der Bundesrepublik Deutschland 220
Schocken, Salman (1877–1959).
Warenhausunternehmer und Verleger,

# Geographisches Register

# Verzeichnis der militärischen Abkürzungen

| | |
|---|---|
| 2/Lt. | Second Lieutenant |
| Att.71 Inf. Bde. | Attached 71 Infantry Brigade |
| B. A. R., B. A. O. R. | British Army of the Rhein |
| B. L. A. | British Liberation Army |
| Brit. Gen. Hospital | British General Hospital |
| C. M. F. | Central Mediterranean Forces (seit 1943 u. a. in Italien stationierte Einheiten) |
| C. R. E. | Command Royal Engineers |
| Cdt. | Cadett |
| Coy. | Company |
| Cpl. | Corporal |
| D. S. C. | Distinguished Service Cross |
| G. S. I. | General Staff Intelligence |
| H. Q. | Headquarters |
| IB Corps | 1 British Corps |
| Inf. Bde. | Infantry Brigade |
| L./Sgt. | Lance-Sergeant |
| Lieut. | Lieutenant |
| M. E. F. | Middle East Forces |
| O. C. T. U. | Officer Cadett Training Unit |
| P., Pal. | Palestine |
| R. E. | Royal Engineers |
| R. E. B. D. | Royal Engineers Bomb Disposal |
| R. E. T. O. | Royal Engineers Technical Office [?] |
| RIO | Konnte nicht ermittelt werden |
| S./Sgt. | Staff-Sergeant |
| S. M. E. | School of Military Engineering |

Übersetzungen aus dem Englischen:
Karin Lelonek, Berlin
Übersetzungen aus dem Französischen:
Frauke Dölp, Bremen
und Klaus Rupprecht, Berlin

Die Deutsche Bibliothek – CIP-Einheitsaufnahme

**Julius Posener – ein Leben in Briefen**: ausgewählte Korrespondenz 1929–1990 / hrsg. von Matthias Schirren und Sylvia Claus. – Basel ; Berlin ; Boston : Birkhäuser, 1999
ISBN 3-7643-6065-8



Printed on acid-free paper produced from chlorine-free pulp
Umschlagentwurf: Ott + Stein, Berlin
Untere Umschlagsfotografie: Jill Posener
Printed in Germany
ISBN 3-7643-6065-8

9 8 7 6 5 4 3 2 1